京师青年教师出版资助基金
JINGSHI QINGNIAN JIAOSHI CHUBAN ZIZHU JIJIN

ZHANGHUA YANJIU

张华研究

王 媛◎著

北京师范大学出版集团
BEIJING NORMAL UNIVERSITY PUBLISHING GROUP
北京师范大学出版社

图书在版编目(CIP)数据

张华研究／王媛著.—北京：北京师范大学出版社，2015.8
（京师青年教师出版资助基金项目）
ISBN 978-7-303-16061-7

Ⅰ. ①张…　Ⅱ. ①王…　Ⅲ. ①张华（232 ~ 300）－人物研究
Ⅳ. ① K825.6

中国版本图书馆 CIP 数据核字（2014）第 084446 号

营　销　中　心　电　话　010-58805072 58807651
北师大出版社学术著作与大众读物分社　http://xueda.bnup.com

ZHANGHUA YANJIU
出版发行：北京师范大学出版社 www.bnup.com
北京市海淀区新街口外大街 19 号
邮政编码：100875
印　　刷：北京中印联印务有限公司
经　　销：全国新华书店
开　　本：890mm×1240mm　1/32
印　　张：10
字　　数：250 千字
版　　次：2015 年 8 月第 1 版
印　　次：2015 年 8 月第 1 次印刷
定　　价：56.00 元

策划编辑：曾忆梦　　责任编辑：曾忆梦
美术编辑：王齐云　　装帧设计：天泽润
责任校对：陈　民　　责任印制：马　洁

目 录

序　言

袁行霈

西晋实现了全国统一，在大一统的局面下，文化也出现了一些新的气象。但是由于西晋持续的时间较短，朝廷内部动乱剧烈，以致缺少令后人瞩目的文化建树。目前学术界对西晋文化的研究，包括对西晋文学的研究，仍存在一些薄弱环节，张华就是其中之一。

张华不仅是当时著名的文学家，也是文坛的领袖，而且是对时局产生过重要影响的政治家。王媛博士选择张华进行研究，对他的生平和政治生涯进行深入的考察，对其作品进行全面的整理和研究，进而说明西晋文坛重新整合的过程，以及整个太康文学的面貌，这个选题无疑是很有意义的。

本书对张华的研究，包括了他的各个方面，显示了作者从事多学科交叉研究的能力。其中关于张华如何由寒门走向朝廷重臣的论述，涉及西晋朝廷中的党派斗争；关于魏晋玄儒消长与张华创作之关系的论述，涉及哲学与文学的关系，所得出的结论都具有说服力。对张华文学的研究，包括文学主张、诗歌、赋、小说等各个方面，关于《诗品》张华条的辨析，关于张华情诗以及张华“情先于辞”这一观念的评论，以及张华开启了诗赋创作“重情”这一新的方向的论述，关于《鹪鹩赋》和《博物志》的多角度考察，均言之成理，持之有故。特别值得提出的是，本书作者对张华的研究建立在对张华全部作品(包括诗文、小说)的辑佚、校注的基础之上，文学研究与文献整理相结合，因而能够触类旁通，左右逢源。由此可以看出作者具有相当广博的基础知识，以及比较强的文献整理能力、文学研究能力和学术创新能力。

王媛博士在华南师范大学获得硕士学位后，随即考入北京大学国学研究院，跟随我攻读博士学位。相处四年，深知她聪敏勤奋，为人诚恳，是很有前途的青年学子。离开北大后有幸到北京师范大学任教，在李修生教授、韩格平教授领导的古籍研究所钻研和整理元代诗文集，视野进一步开拓，学问也日新月异地长进。从西晋到元代，她所跨出的步伐很大，但因古籍整理的基础踏实，所以她并没有感到很为难。她总是愉快地接受每一个新的任务，并尽力完成。我为她的进步感到高兴，为有这样一位学生感到欣慰。她未来的学术道路还很长，我相信，以她的毅力和功底，一定能够取得令人满意的成绩。在她的第一部研究著作出版之际，我愿对她表示衷心的祝福！

是为序。

2013 年 10 月 3 日

第一章 张华生活时代的政治与文化

第一节 魏晋党争下的士人命运

张华生于魏明帝太和六年(232)，卒于晋惠帝永康元年(300)。他所生活的时代，是一个“天下多故，名士少有全者”(《晋书·阮籍传》)的时代。

经历过汉末动乱之后，魏蜀吴三国各自割据一方，鼎立时间长达六十年。在这段时间里，三国之间不断发生战事，内部政党斗争也从未停止。从魏代中期开始，司马氏与曹氏之间的斗争持续二十多年，虽然最终以司马氏代魏立晋而结束，但魏代臣僚已经存在的对立关系则延续到西晋，在司马氏统治下演变成贾充党与任恺党之争。两党之争对士人命运影响极深，几乎当时所有名士都被卷入其中。直至晋惠帝即位以后，贾充党内部分化，才彻底结束朝臣对立的局面。但其后又进入贾后党与太子党斗争阶段，诸王的参与使得局面最终失去控制，并陷入混战中，造成了史上所称的“八王之乱”。

长期生活在党争中而又热衷仕途积极进取的魏晋士人，他们的生活、心态乃至文学写作，直接或间接地受到政治的影响。因此，在展开对张华生平及其创作的研究之前，回顾这个时代的政治背景很有必要。

一、曹魏党争与士人命运

景初三年(239)，魏明帝曹叡病重，下遗诏由年仅八岁的太子曹芳继位，并拜曹爽为大将军，都督中外诸军事，与太尉司马懿一同受遗诏辅少主。从此拉开了司马氏与曹氏两党斗争的序幕。

司马懿于建安十三年(208)被曹操辟为文学掾，历任黄门侍郎、议郎、丞相东曹属、丞相主簿等职，后升任太子中庶子，辅佐曹丕。在曹操与刘备、孙权对峙的过程中，“每与大谋，辄有奇策”。曹丕非常赏识司马懿的才能，黄初六年(225)任其为抚军大将军，领兵五千留守洛阳，后改镇守许昌。曹丕驾崩之后，司马懿与中军大将军曹真、镇军大将军陈群、征东大将军曹休同为辅政大臣。明帝即位，司马懿愈加受到重用，屡次率兵对抗吴国和蜀国的进攻，取得显赫功勋。相比之下，作为曹操养子、大司马曹真之子的曹爽，无论才器还是威望，都无法与司马懿相比，仅因其宗室身份及与明帝私谊甚笃而被委以辅政大权。

曹爽内外掌握兵权，位在太尉司马懿之上，引起很多朝臣的不满。为了安抚朝臣，正始初曹爽擢升司马懿为太傅。《三国志·曹爽传》载：“初，爽以宣王年德并高，恒父事之，不敢专行。”裴松之注曰：“宣王以爽魏之肺腑，每推先之。爽以宣王名重，亦引身卑下，当时称焉。”①由于曹爽谦卑自牧，处处推重司马懿，两人还没有出现大的矛盾。曹爽提高司马懿地位的同时，也想方设法保持权势提高威望。正始年间，曹爽任用了不少新人为朝廷重臣。《三国志·曹爽传》载：“爽弟羲为中领军，训武卫将军，彦散骑常侍侍讲，其余诸弟，皆以侯列侍

① 陈寿撰、裴松之注：《三国志》，中华书局1985年，284页。

从，出入禁闼，贵宠莫盛焉。南阳何晏、邓飏、李胜、沛国丁谧、东平毕轨咸有声名，进趣于时，明帝以其浮华，皆抑黜之；及爽秉政，乃复进叙，任为腹心。”①曹羲、曹训、曹彦是曹爽的兄弟，何晏是曹操养子，李胜、邓飏是明帝时因浮华案而被抑黜永不录用的士人，丁谧父子皆为曹氏所重，毕轨与曹魏皇室有姻亲关系。这些新人都与曹爽关系密切，逐步结成了政治团伙。

随着新人逐步走上政治舞台，曹魏政坛产生了一些变化：一是许多重要职位被新人替代，二是曹爽权力欲的日益膨胀。《三国志·卢毓传》载：“曹爽秉权，将树其党，徙毓仆射，以侍中何晏代毓。顷之，出毓为廷尉，司隶毕轨又枉奏免官。众论多讼之，乃以毓为光禄勋。”②又《曹爽传》载：“晏等进用，咸共推戴，说爽以权重不宜委之于人。及以晏、飏、谧为尚书，晏典选举，轨司隶校尉，胜河南尹，诸事希复由宣王。”③何晏代替卢毓出任吏部尚书之后，大力提拔旧人。《曹爽传》裴松之注引《魏略》：“晏为尚书，主选举，其宿与之有旧者，多被拔擢。”④尽管何晏所举的人各有才力，称乎其职，⑤但必然导

① 《三国志》，283页。

② 《三国志》，652页。

③ 《三国志》，284页。

④ 《三国志》，292页。

⑤ 西晋傅咸称：“正始中，任何晏以选举，内外之众职各得其才，粲然之美，于斯可观。”（见《晋书》1328页）裴徽亦说：“何、邓二尚书，有经国才略，于物理无不精。”（见《三国志》，819页）王永平在《曹爽、司马懿之争真相考论》（《扬州大学学报》，1999年第3期）中对曹氏与司马氏的关系有详细论述。

致一批人被排挤出权力中心，如中书监刘放、中书令孙资、太常高柔、散骑常侍钟毓、散骑常侍孙礼、少府王观等，不是被调换到非实权职位，就是被迫逊位辞职。

这些被剥夺权势的人不乏出身于世家大族者。如高柔出身于陈留圉县高氏家族，是袁绍外甥高干的族弟。钟毓出身于颍川长社钟氏家族，其父钟繇为魏太傅，弟钟会少有大名。卢毓出身于涿郡卢氏家族，其父卢植是汉末名儒。这些大族以经学传家，自东汉以来活跃在政治舞台上，彼此间或为门生故旧，或互相通婚，瓜葛牵连，根深蒂固，已经形成一股不可忽视的力量。曹爽动摇这一阶层的利益，令他们自然地站到同被排挤的司马懿一边。

正始十年(249)正月，少帝曹芳、大将军曹爽及其亲信一同去高平陵拜谒明帝墓，司马懿趁机发动兵变，以皇太后名义下令关闭洛阳城门，并派士兵迅速占领洛水浮桥。司徒高柔接管曹爽军队，王观接管曹羲军队。部署完了以后，才奏请曹芳罢免曹爽兄弟。曹爽在曹芳之前已获知消息，仓皇无措之际，大司农桓范建议挟持皇帝到许昌以谋抵抗，但曹爽犹豫不定，最终在许允、陈泰的劝说之下投降。曹爽还在做着保全富贵的美梦，洛阳城里却早已准备好他的断头台。不久他被诬造反，三族皆灭，其亲信何晏、丁谧、桓范等人同被处死。

此后，曹魏政权落入司马氏家族手中。司马懿于嘉平三年(251)八月去世，由其子司马师继位。嘉平六年(254)，曹芳企图联合李丰、张缉、夏侯玄等人废黜司马师，事败为司马师所废，改立高贵乡公曹髦。曹髦亦不甘心当一个傀儡皇帝，于甘露五年(260)五月率宫人三百余人攻伐司马氏府邸，试图作最后的奋力一搏。深明形势而不打算为曹氏卖命的与谋者王沈、王业，在曹髦等人走出宫门之前已先行向司马昭通风报信，司马昭随即派兵入宫镇压，曹髦在混战中被贾充指使武士所杀。事后司马昭迎立曹魏最后一任皇帝曹奂即位。

随着曹氏宗室势力被削弱，羽翼渐丰的司马氏流露出篡权夺位的勃勃野心。在朝臣或趋势迎合或无力作为的情况下，支持曹魏政权的地方势力纷纷起兵反抗。嘉平三年(251)，太尉王凌和兖州刺史令狐愚以讨伐孙吴为名发动兵变，谋立楚王曹彪为帝。司马懿亲率中军进行征讨，王凌事败自杀。正元二年(255)，扬州刺史文钦、镇东将军毌丘俭起兵于寿春。司马师领兵十万征讨，毌丘俭兵败被杀，文钦逃入东吴。甘露二年(257)，征东将军诸葛诞投降孙吴，率兵攻打淮河诸郡县。司马昭领兵二十多万征讨，诸葛诞被杀。这三次被称为“寿春三叛”的事件失败之后，支持曹魏宗室的主力基本被瓦解了。直至咸熙二年(265)，司马昭之子司马炎取代曹氏登基为帝，曹魏政权宣告终结。

在皇室厄难逐步加深的过程中，洛阳士人几乎都无可避免地卷入政治斗争的漩涡之中。尽管大多识时务地站到司马氏一方，但也不乏舍生取义的慷慨之士。以嵇康为例，嵇康与曹魏宗室有姻亲关系，娶沛王曹林之女(一说是曹林孙女)为妻，官至中散大夫。这重关系使他的命运与曹魏皇室息息相关。他作为一介文士所能作出的反抗就是不断攻击司马氏提倡的儒家礼教。儒家礼教的核心思想是正名分以教化天下，尤其强调树立君臣、父子、兄弟、夫妻、朋友的五伦关系。司马氏提倡礼教以迎合曹氏的反对者，但在君臣关系上打破得最彻底的恰是他们自己。嵇康致力于揭露司马氏的虚伪，在《释私论》中提出“越名教而任自然”予以嘲弄，又在《与山巨源绝交书》中声称自己“非汤武而薄周孔，在人间不止此事，会显世教所不容”。这引起了司马氏的严重不满。恰好嵇康的好友吕安因其兄吕巽冤屈入狱，言辞中涉及嵇康，因此嵇康也被投入牢狱。①经历了这件事，同时代的士人开始意识到司马氏提倡名教的政治目的，以及由此带来的精神压力。他们对嵇康的判决怀抱极大的同情。“康将刑东市，太学生三千人请以为师”，②但嵇康的影响力越大，就越坚定司马氏杀他的决心。

阮籍是另一类士人的代表。这类士人尽量避免参与党争，只是因缘际会不得不卷入其中。他们虽受到司马氏的优待，但并不认可司马氏篡权夺位的做法，对深受司马氏压迫的士人怀抱同情。阮籍平日为人“至慎”。嵇康在《与山巨源绝交书》中说：“阮嗣宗口不论人过，吾每师之，而未能及。”③《世说新语·德行》亦载：“晋文王称阮嗣宗至慎，每与之言，言皆玄远，未尝臧否人物。”④阮籍在曹氏与司马氏的政治斗争中，力图表现出不偏帮某一方。太尉蒋济辟他为掾属，阮籍开始表示应征，但是当蒋济派人迎接，他却已经离去。蒋济因此大怒，阮籍迫

---

① 《魏书·嵇康传》裴注引《魏氏春秋》曰：“康与东平吕昭子巽，及巽弟安亲善。会巽淫安妻徐氏，而诬安不孝，囚之。安引康为证，康义不负心，保明其事。安亦至烈，有济世志力。锺会劝大将军因此除之，遂杀安及康。”(见 605 页)

② 房玄龄等：《晋书》，中华书局 1974 年，1374 页。

③ 《晋书》，1371 页。

④ 刘义庆撰，刘孝标注，余嘉锡笺疏：《世说新语笺疏》，中华书局 1983 年，17 页。

于压力，在乡亲劝说之下只好赴任。曹爽辅政之后召阮籍为参军，阮籍“因以疾辞，屏于田里”。[①]曹爽被诛之后，司马氏辟阮籍为从事中郎。阮籍虽然应召任职，但又抱持“不问世事，遂酣饮为常”的消极态度，曾一度放弃朝廷职位，自求到东平为官，不过到官十余日即弃官而归。后来以步兵营有厨子能酿好酒，便求为步兵校尉。他在司马氏幕府任职期间，一方面行为“遗落世事”，另一方面“虽去佐职，恒游府内，朝宴必与焉”。[②]司马昭想与他结为姻亲，他故意大醉六十日，使对方不得言而止；司马氏需要他写《劝进表》，他“沉醉忘作……使者以告，籍便书案，使写之，无所改窜”。[③]阮籍没有像嵇康那样断然把自己放在与司马氏对立的地位，而是保持一种若即若离的关系。从这种关系中，可以隐约窥见他内心对于抗争还是妥协的纠结、苦闷和无奈。

二、晋初党争与士人命运

曹魏政权以高平陵事变为界基本上可以分为两个阶段：此前三十年由曹氏掌权，此后十五年则由司马氏掌权。司马氏和曹氏集团的斗争持续了几十年之久，置身于政治中心的士人逐渐分化为拥护司马氏和拥护曹氏两个不同的派别。因此魏晋禅代之后，晋武帝不仅从魏王曹奂那里继承了一个国家，同时也继承了关系极为复杂的朝臣群体。

晋武帝登位之后，党争并不因为司马氏的胜利而结束，而

---

① 《三国志·王粲传》裴注引《魏氏春秋》载：“后为尚书郎、曹爽参军，以疾归田里。”(见604页)据此则阮籍似曾担任曹爽参军。

② 《晋书》，1360页。

③ 《晋书》，1361页。

是转入了另一种形态，演变成在拥护司马氏政权前提下的两党之争：一方以贾充为首，另一方以任恺为首。《晋书·任恺传》载："(贾)充既为帝所遇，欲专名势。而庾纯、张华、温颙、向秀、和峤之徒，皆与恺善。杨珧、王恂、华廙等，充所亲敬，于是朋党纷然。帝知之，召充、恺宴于式乾殿，而谓充等曰：'朝廷宜一，大臣当和。'充、恺各拜谢而罢。既而充、恺等以帝已知之而不责，结怨愈深，外相崇重，内甚不平。"①除了以上提到诸人外，根据徐高阮先生的钩沉，贾充党成员还有何曾、荀顗、荀勖、冯紞、杨骏等人，他们主要是魏晋时期的儒学名士；任恺党成员还有裴秀、山涛、羊祜、王浑、裴頠、杜预、卫瓘等人，他们主要是魏晋时期的玄学名士。②

贾充党和任恺党之间势同水火的激烈斗争屡见记载。《任恺传》载："帝优宠大臣，不欲劳以筋力，数遣恺谕旨于诸公，谘以当世大政，参议得失。恺恶贾充之为人也，不欲令久执朝

---

① 《晋书》，1286 页。

② 参见徐高阮：《山涛论》。徐先生把这个贾充对立党称为"名士阵线"，从而把"名士"的范围局限在"玄学名士"中，与儒学之士对立起来。笔者认为，魏晋思想界儒玄分野的背后有政治态度上的不同，但名士和儒士并非对立的概念，东汉以来的名士中既有玄学名士，又有儒学名士，所以把这个朝臣集团称为"名士阵线"并不是很准确。所以本文在涉及这个朝臣集团的时候，不拟采取徐先生的观点，而统称为"任恺党"。任恺卒年不详，根据《晋书》本传："(魏)舒登三公，恺止守散卿，莫不为之愤叹也。恺不得志，竟以忧卒，时年六十一。"又卷四十一《魏舒传》："及山涛薨，以舒领司徒，有顷即真。"山涛薨于太康四年，此年魏舒继山涛之位，因此可知任恺卒年当在此后不久。作为一个政治集团，任恺党绝不会因为任恺的去世而消失，本文为了论述的方便，依然把太康中后期的这个党派称为"任恺党"。

政，每裁抑焉。充病之，不知所为。后承间言恺忠贞局正，宜在东宫，使护太子。帝从之，以为太子少傅，而侍中如故，充计画不行。会秦、雍寇扰，天子以为忧。恺因曰：'秦、凉覆败，关右骚动，此诚国家之所深虑。宜速镇抚，使人心有庇。自非威望重臣有计略者，无以康西土也。'帝曰：'谁可任者？'恺曰：'贾充其人也。'中书令庾纯亦言之，于是诏充西镇长安。充用荀勖计得留。"[1]《庾纯传》亦载："初，纯以贾充奸佞，与任恺共举充西镇关中，充由是不平。充尝宴朝士，而纯后至，充谓曰：'君行常居人前，今何以在后？'纯曰：'旦有小市井事不了，是以来后。'世言纯之先尝有伍伯者，充之先有市魁者，充、纯以此相讥焉。充自以位隆望重，意殊不平。及纯行酒，充不时饮。纯曰：'长者为寿，何敢尔乎！'充曰：'父老不归供养，将何言也！'纯因发怒曰：'贾充！天下凶凶，由尔一人。'充曰：'充辅佐二世，荡平巴、蜀，有何罪而天下为之凶凶？'纯曰：'高贵乡公何在？'众坐因罢。充左右欲执纯，中护军羊琇、侍中王济佑之，因得出。"[2]贾充是司马氏心腹重臣，在司马氏篡权夺位的过程中立下汗马功劳，却因此深为当时士林所不齿。庾纯公然以刺杀高贵乡公责难贾充，足见这一阵营的士人对此事耿耿于怀，积怨已久，终于在这次对骂中宣之于口。这件事虽导致庾纯免官，但不久之后他又起任为国子祭酒，也足见这一阵营势力之大，令晋武帝不得不有所让步。

贾充党和任恺党的政治分歧，主要体现在两件大事上：一是平吴战争。蜀国被灭令西晋的实力大增，而吴国政治腐败，

---

① 《晋书》，1285 页。

② 《晋书》，1397 页。

国力日衰。到咸宁四年，伐吴的时机已然成熟。杜预和王浚上疏力主平吴，在朝廷上引起了激烈讨论。《冯紞传》载："初谋伐吴，紞与贾充、荀勖同共苦谏不可。"①又《贾充传》载："伐吴之役，诏充为使持节、假黄钺、大都督，总统六师，……充虑大功不捷，表陈"西有昆夷之患，北有幽并之戍，天下劳扰，年谷不登，兴军致讨，惧非其时。又臣老迈，非所克堪。……王浚之克武昌也，充遣使表曰：'吴未可悉定，方夏，江淮下湿，疾疫必起，宜召诸军，以为后图。虽腰斩张华，不足以谢天下。'华豫平吴之策，故充以为言。中书监荀勖奏，宜如充表。帝不从。杜预闻充有奏，驰表固争，言平在旦夕。"②最后晋武帝采纳了杜预、王浚等人的建议，讨平吴国，统一了天下。

二是立嗣事件。立嗣问题在晋武帝晚年曾引起争论。因诸子皆弱而太子司马衷智力低下，当时许多朝臣属意齐王攸为继位人。齐王攸是司马昭之子、晋武帝胞弟，出继司马师为后。司马昭在世时曾有意传位于司马攸，虽因故不得行，但司马攸因此在朝臣中树立了很高的威望。《卫瓘传》曰："惠帝之为太子也，朝臣咸谓纯质，不能亲政事。瓘每欲陈启废之，而未敢发。后会宴陵云台，瓘托醉，因跪帝床前曰：'臣欲有所启。'帝曰：'公所言何耶?'瓘欲言而止者三，因以手抚床曰：'此座可惜!'帝意乃悟，因谬曰：'公真大醉耶?'瓘于此不复有言。"③又《和峤传》："峤见太子不令，因侍坐曰：'皇太子有淳

① 《晋书》，1162页。

② 《晋书》，1170页。

③ 《晋书》，1058页。

古之风，而季世多伪，恐不了陛下家事。’帝默然不答。后与荀顗、荀勖同侍，帝曰：‘太子近入朝，差长进，卿可俱诣之，粗及世事。’即奉诏而还。顗、勖并称太子明识弘雅，诚如明诏。峤曰：‘圣质如初耳！’帝不悦而起。”①卫瓘、和峤等人支持齐王攸，令政敌荀勖、荀顗、冯紞等人深感忧心，遂建议晋武帝遣齐王攸归国。《冯紞传》载：“帝病笃得愈，紞与勖见朝野之望，属在齐王攸。攸素薄勖。勖以太子愚劣，恐攸得立，有害于己，乃使紞言于帝曰：‘陛下前者疾若不差，太子其废矣。齐王为百姓所归，公卿所仰，虽欲高让，其得免乎！宜遣还藩，以安社稷。’帝纳之。”②齐王攸得知荀勖等人进谗，愤怨发疾而死。

两党之争历时长久，置身政治中枢的人们难免被卷进其中。我们在看待西晋士人的某些行为时，不能不考虑到这样一个政治背景。如《晋书·阮咸传》载：“山涛举咸典选，曰：‘阮咸贞素寡欲，深识清浊，万物不能移。若在官人之职，必绝于时。’武帝以咸耽酒浮虚，遂不用。”③《北堂书钞》卷六十引干宝《晋纪》亦载山涛举阮咸为吏部郎，“三上，帝弗能用”。④实际上，阮咸之所以没被选用为吏部郎，也是两党之争的结果。《世说新语·赏誉》刘孝标注曰：“《山涛启事》曰：‘吏部郎史曜出处缺，当选。’涛荐咸曰：‘真素寡欲，深识清浊，万物不能

---

① 《晋书》，1383页。

② 《晋书》，1162页。

③ 《晋书》，1362页。

④ 《北堂书钞》，中国书店1989年影印南海孔氏三十有三万卷堂校注重刊影宋本。

移也。若在官人之职，必妙绝于时。'诏用陆亮。"①《政事》刘注引《晋诸公赞》："亮字长兴，河内野王人，太常陆乂兄也。性高明而率至，为贾充所亲待，山涛为左仆射领选。涛行业既与充异，自以为世祖所敬，选用之事与充咨论，充每不得其所欲。好事者说充，宜授心腹人为吏部尚书，参同选举，若意不齐，事不得谐。可不召公与选，而实得叙所怀。充以为然，乃启亮公忠无私。涛以亮将与己异，又恐其协情不允。世祖不许，涛乃辞疾还家。亮在职果不能允，坐事免官。"②从以上记载可见，阮咸之所以不能被选为吏部郎，主要原因是政敌贾充推荐陆亮担任此职，而他在这场人事的竞争中落选了。

潘岳是另一个例子。《晋书·潘岳传》载："(岳)才名冠世，为众所疾，遂栖迟十年。出为河阳令，负其才而郁郁不得志。时尚书仆射山涛领吏部，王济、裴楷等并为帝所亲遇，岳内非之，乃题阁道为谣曰：'阁道东，有大牛。王济鞅，裴楷鞧，和峤刺促不得休。'"③潘岳是彻头彻尾的贾充党人。他在晋武帝泰始二年(266)被贾充辟为掾属，三十年后所写的《闲居赋序》中还毕恭毕敬地说："所奉之主，即太宰鲁武公其人也。"这种身份让他成为任恺党排挤的目标。《阁道谣》中提到的大牛影

① 《世说新语笺疏》，424页。

② 《世说新语笺疏》，170页。

③ 《晋书》，1502页。《世说新语·政事》中曾怀疑这首《阁道谣》是潘尼所作，并且所载歌谣文字略有不同："阁东有大牛，和峤鞅，裴楷鞧，王济剔嬲不得休。"刘孝标注《世说新语》引晋代王隐《晋书》则曰："初，涛领吏部，潘岳内非之，密为作谣曰：'阁道东，有大牛。王济鞅，裴楷鞧，和峤刺促不得休。'"又引《竹林七贤论》："涛之处选，非望路绝，故贻是言。"

射山涛。山涛自晋武帝泰始五年(269)开始至太康初期一直担任吏部尚书，掌管官吏铨选长达十余年之久(见《晋书·武帝纪》和《山涛传》)。王济、裴楷、和峤跟山涛一样都是任恺党人。据《山公启事》所载，山涛曾举荐裴楷、王济为侍中(《太平御览》卷二一九引)，和峤为吏部郎(《通典》卷二一引)。和、裴、王等人出身于高门大族，通过结党、联姻的形式结成巨大的政治力量。潘岳作为贾充府掾长期遭到排挤，唯一泄愤的方式就是在阁道上写下这首近乎谩骂的歌谣，这种稚气的行为显得那么愤慨而无奈。

三、元康党争与士人命运

晋武帝后期，任恺党人因建议齐王攸继嗣而遭到防范，甚至有的人被贬职。而贾充党自太康三年(282)贾充去世之后也发生了一些变化。晋武帝两位杨皇后的兄弟杨骏、杨珧、杨济在朝廷上地位迅速上升，晋惠帝即位之初，以太后之兄杨骏辅政，朝政权力集中在杨骏手中。《杨骏传》载："以华为太子少傅，与王戎、裴楷、和峤俱以德望为杨骏所忌，皆不与朝政。"①杨骏不仅对任恺党人多加猜忌，对原来同一阵营的贾充党人的态度也有所转变。《杨骏传》载："惠帝即位，进骏为太傅、大都督，假黄钺，录朝政，百官总已。虑左右间已，乃以其甥段广、张邵为近侍之职。凡有诏命，帝省讫，入呈太后，然后乃出。骏知贾后情性难制，甚畏惮之。又多树亲党，皆领禁兵，于是公室怨望，天下愤然矣。骏弟珧、济皆有隽才，数

① 《晋书》，1072 页。

相谏止，骏不能用，因废于家。”[①]杨骏力图摆脱两党的牵制，辟用段广、张劭、潘岳、陆机、陆云等人以建立自己的权力体系。这些人或者是他的亲戚，或者是贾充党中不得意之人，或者是由吴入洛之士，在政治上都没有复杂而有力的背景。

杨骏企图摆脱贾氏独掌朝政的做法引起了贾后的不满。贾后联结楚王玮和东安公繇诛杀杨骏家族，又废杀杨太后，彻底结束晋武帝时期两党之争的状况。但是，宗室诸王要求分权的问题又凸显出来了，尤其是在诛三杨时立了功劳的楚王玮，一心期待能够在朝政混乱中夺得权力。此时贾后尚未建立起自己的权力体系，为了对付宗室力量，不得不转而寻求与任恺党合作。《张华传》载：“贾谧与后共谋，以华庶族，儒雅有筹略，进无逼上之嫌，退为众望所依，欲倚以朝纲，访以政事。疑而未决，以问裴頠，頠素重华，深赞其事。”[②]贾后利用宗室诸王之间的矛盾以及任恺党的力量，贬黜东安公繇，杀汝南王亮、卫瓘和楚王玮，从而在这场政治斗争中大获全胜。

此后贾后独掌朝政，进入了和愍怀太子争权的新阶段。愍怀太子是出身低微的谢才人所生，自幼聪慧，晋武帝曾说“此儿当兴我家”，又对群臣言“太子似宣帝”，故朝廷上下对愍怀太子寄以深望。贾后为了打垮愍怀太子，一边令太子身边的侍从用歪邪之道诱导他；一边培植后族贾谧、郭彰、贾模的势力。到贾谧“权侔人主”的时候，贾后党和太子党矛盾就彻底激化了。《晋书·贾谧传》载：“谧既亲贵，数入二宫，共愍怀太子游处，无屈降心。常与太子弈棋争道，成都王颖在坐，正色

---

① 《晋书》，1178 页。

② 《晋书》，1072 页。

曰：‘皇太子国之储君，贾谧何得无礼！’谧惧，言之于后，遂出颖为平北将军，镇邺。”[①]根据《晋书·惠帝纪》的记载，司马颖出镇邺城是在元康九年春正月。司马颖出镇之后，紧接着贾后四处散布愍怀太子要谋反的谣言并策划废杀愍怀太子。《晋书·五行志上》载：“元康中，京洛童谣曰：‘南风起吹白沙，遥望鲁国何嵯峨，千岁髑髅生齿牙。’……南风，贾后字也；白，晋行也；沙门，太子小名也；鲁，贾谧国也。”[②]此时贾后党对于太子党的逼迫已是众所皆知。

太子亲信刘卞为了维护太子的地位，四处联络朝廷官员密谋废后，但没有获得有力的支持。而同时贾党在贾谧的策划下，也加紧了废太子的步伐。《愍怀太子传》：“十二月，贾后将废太子，诈称上不和，呼太子入朝。既至，后不见，置于别室，遣婢陈舞赐以酒枣，逼饮醉之。使黄门侍郎潘岳作书草，若祷神之文，有如太子素意，因醉而书之，令小婢承福以纸笔及书草使太子书之。文曰：‘陛下宜自了；不自了，吾当入了之。中宫又宜速自了；不了，吾当手了之。……’太子醉迷不觉，遂依而写之，其字半不成。既而补成之，后以呈帝。”[③]太子被废引起朝廷上群情激愤，右卫督司马雅与常从督许超游说赵王伦近臣孙秀使赵王伦废后。赵王伦本是贾后党人，至此有自立之心，乃使人散播朝臣将废后迎立太子言论，逼贾后杀害太子，并以此为由废掉她。至此朝廷大权落入宗室诸王之手，进入诸王争战的“八王之乱”高潮时期。

---

① 《晋书》，1174页。

② 《晋书》，844页。

③ 《晋书》，1459页。

元康盛世可谓西晋士人的最后狂欢。贾后权力体系尚未完成，不得不借重裴頠、张华等人辅助治理国家。张华“性好人物，诱进不倦，至于穷贱候门之士有一介之善者，便咨嗟称咏，为之延誉”①，许多出身下层的寒族文士获得仕进的希望。而刚刚走上政治舞台，迫切想树立声名扩张权势的贾谧也开阁延宾，把当时二十四位著名文士罗致麾下，号为“二十四友”。二十四友中既有与贾充关系密切的郭彰、石崇、潘岳，也有刚从吴地入洛的陆机、陆云，以及寒族出身不为世人所重的左思。他们大多是长期仕途偃蹇，处于官僚队伍中下层的士人。在贾谧的举荐下，潘岳、陆机先后出任著作郎，左思出任秘书郎，并在职位上完成了他们的重要著作。②

对于寒门士子和从外地入洛的文人来说，这是一个能够凭借才学而走上仕途的时期，同时也是一个布满政治陷阱的时期。以二陆为例，他们出身于吴国四大家族之一的陆家，经历了破国亡家之后，怀抱着重振家声的志向来到洛阳，在不明政局形势的情况下为杨骏所辟，旋即因杨骏案的牵连而免官，归家赋闲两年之后才重新起用。在太子党和贾党的夺权斗争中，

---

① 《晋书》，1074页。

② 陆机任秘书郎是贾谧所荐。王隐《晋书》云：“陆士衡以文学为秘书监虞濬所请，为著作郎，议《晋书》限断。”(《初学记》卷十二《职官部下》引)陆侃如先生指出此处王隐可能误“贾谧”为“虞濬”。《史通·古今正史》载：“晋史，洛京时著作郎陆机始撰《三祖纪》。”左思出任秘书郎，见《世说新语·文学》刘孝标注引《左思别传》载：“贾谧举为秘书郎。”《晋书·左思传》亦载：“复欲赋三都，会妹芬入宫，移家京师，乃诣著作郎张载，访岷邛之事。遂构思十年，门庭藩溷，皆著笔纸，遇得一句，即便疏之。自以所见不博，求为秘书郎。”见2376页。

陆机变得非常谨慎，虽预“二十四友”，却并不打算把自己付托给贾党，相反对这场斗争抱着观望的态度。元康末年愍怀太子出事之后，陆机意识到贾党的阴谋即将失败，遂作《愍怀太子诔》与贾谧划清界线，云：“如何晨牝，秽我朝听。仰索皇家，惟臣明圣。惴惴太子，终温且敬。衔辞即罪，掩泪祗命。显加放流，潜肆鸩毒。痛矣太子，乃离斯酷!”诔中痛斥贾后专权乱政，残害太子，让人无法想象贾谧党人能写出这样的文字。陆机还被赵王伦引为相国参军，成为铲除贾家势力的策划者之一。①

潘岳的经历与陆机相似，被杨骏辟为太傅主簿，差点受杨骏案牵连而丧命。②后来贾谧招揽人才，潘岳以才情出众兼为贾充旧党，位列“二十四友”之首。他长期奉贾氏为主，逢迎贾氏无所不至，与石崇同有“望尘而拜”之讥。在贾氏与太子党的斗争中，潘岳毫无选择地加入贾氏一方，成为谋害愍怀太子的重要帮凶。到贾后被废，赵王伦当权之后，潘岳被诬与石崇、欧阳建谋奉淮南王允、齐王冏为乱，遭到杀身灭族的命运。

贾后党与太子党两败俱伤之后，在一旁虎视已久的晋室诸侯纷纷起兵争夺权势，西晋遂陷入八王之乱的混战局面，而北方的少数民族政权也乘机入侵。裴頠、张华、杜斌、潘岳、石崇、欧阳建等士人在赵王伦执政时期就遭遇了惨祸。侥幸逃过

① 《晋书·陆机传》：“豫诛贾谧功，赐爵关内侯。”见1473页。

② 《晋书·潘岳传》：“骏诛，除名。初，谯人公孙宏少孤贫，客田于河阳，善鼓琴，颇能属文。岳之为河阳令，爱其才艺，待之甚厚。至是，宏为楚王玮长史，专杀生之政。时骏纲纪皆当从坐，同署主簿硃振已就戮。岳其夕取急在外，宏言之玮，谓之假吏，故得免。”见1503页。

浩劫的其他士人，如陆机、陆云等人纷纷到外地投靠藩王，不得不再次过上四处流亡、颠沛流离的生活。

第二节　魏晋风流之兴起

诚然，张华的生活时代充满波诡云谲的党争，置身其中的文人无法主宰其个人命运，因此在历史上留下了一曲曲令人扼腕的悲歌。但正是在这样一个时代，儒家传统的力量被削弱到最低，从礼教束缚中解放出来的文人无论在思想上还是在行为上都产生了明显的改变，形成了属于时代的精神风貌。

魏晋人独特的言行举止和精神气质，后人以“风流”二字概括之。“风流”的本义是指人们在某种社会风气的潜移默化下表现出来的气质和习性，在魏晋时期，则指玄学风气熏陶之下士人的“玄心、洞见、妙赏、深情”(冯友兰先生语)。玄学的发生推始于魏代正始时期。经何晏、王弼等人的倡导，在士人中产生了望风影从的效应。一时之间非谈玄无以称名士，儒学的影响转为淡薄，各种真性情得到无拘无束的抒发。根源于玄学的魏晋风流，其内涵包括以下几个方面。

一、从“越名教任自然”到“名教中自有乐地”

儒家礼教的目的在于敦促人们提高道德修养而达到“成人”，老庄提倡“柔弱胜刚强”、“复归于婴儿”、“莫之命而恒自然”，则更看重本真和自然。“越名教任自然”是嵇康提出的口号。《难张辽叔自然好学论》言：“六经以抑引为主，人性以从欲为欢。抑引则违其愿，从欲则得自然。然则自然之得，不由抑引之六经；全性之本，不须犯情之礼律。固知仁义务于理伪，非养真之要术；廉让生于争夺，非自然之所出也。”[①]又《释私论》言：“矜尚不存乎心，故能越名教而任自然；情不系于所欲，故能审贵贱而通物情。”[②]他极力强调名教与自然的对立方面，显然是为了抨击司马氏极力维护的自汉以来被定为一尊长达数百年之久的儒家礼教。

他拈出老庄“自然”二字，对饱受礼教压抑的人们无疑有耳目一新甚至振聋发聩的力量。在“任自然”的诱导之下，产生了各种纵欲悖礼之事。阮籍虽“发言玄远，口不臧否人物”，但行为之放浪却与语言之至慎形成强烈反差。《晋书·阮籍传》载：“性至孝，母终，正与人围棋，对者求止，籍留与决赌。既而饮酒二斗，举声一号，吐血数升。及将葬，食一蒸肫，饮二斗酒，然后临诀，直言穷矣，举声一号，因又吐血数升，毁瘠骨立，殆致灭性。裴楷往吊之，籍散发箕踞，醉而直视。……籍又能为青白眼，见礼俗之士，以白眼对之。及嵇喜来吊，籍作白眼，喜不怿而退。喜弟康闻之，乃赍酒挟琴造焉，籍大悦，乃见青眼。”[③]阮籍自幼丧父，由母亲抚养成人，对母亲的情感倍加深厚。母亲去世的消息令他悲痛至深，以至举声一号吐血数升。然而他在举办母亲丧礼期间饮酒食肉，箕踞而坐，客人前来吊唁也不发哭声。恪遵礼法的嵇喜前来吊丧，遭到他的白眼以对，不守礼法的嵇康挟琴而往，受到他的青眼欢迎。他以这种方式表达自己对礼法的态度。

在男女大防的问题上，阮籍的做法也显得特立独行。本传

① 戴明扬：《嵇康集校注》，人民文学出版社1962年，261页。
② 《嵇康集校注》，234页。
③ 《晋书》，1361页。

载："籍嫂尝归宁，籍相见与别。或讥之，籍曰：'礼岂为我设邪!'邻家少妇有美色，当垆沽酒。籍尝诣饮，醉，便卧其侧。籍既不自嫌，其夫察之，亦不疑也。兵家女有才色，未嫁而死。籍不识其父兄，径往哭之，尽哀而还。"①深受儒家教化熏陶的士人满脑子男女授受不亲的思想，对女性从来都是疏远、冷淡而又看低的。而阮籍跟归宁的嫂子道别，醉卧邻家当垆少妇身边，都显示了对女性异常地信任和尊重。这种性别平等的观念和态度与当时社会无疑是格格不入的。

对世俗观念不屑一顾的竹林名士还有刘伶和阮咸。刘伶自称"唯酒是务，焉知其余"，经常在家里脱衣露体，纵酒狂欢。有人讥嘲他，他反唇相讥："我以天地为栋宇，屋室为裈衣，诸君何为入我裈中?"②他出行的时候常带一人荷锸相随，并说"死便埋我"。他虽没有文章功业流传后世，但借助酒的力量，将生命融入天地宇宙之中，而把自我看得渺小卑微了，人格自然也就潇洒起来。阮咸虽是阮籍的侄子，也曾预竹林之游，但父辈的影响力似乎没有福荫到他，他一直沉沦下僚。他的失意在酒中得到慰藉，个性也在酒中得到张扬。《晋书》本传载："诸阮皆饮酒，咸至宗人间共集。不复用杯觞斟酌，以大盆盛酒，圆坐相向，大酌更饮。时有群豕来饮其酒，咸直接去其上，便共饮之。"③其放荡不羁的性格显露无遗。

晋人在任自然之路上继续前行，对礼制的颠覆力度更加巨大。《世说新语·伤逝》载："孙子荆以有才，少所推服，唯雅

① 《晋书》，1361页。
② 《晋书》，1363页。
③ 《晋书》，1363页。

敬王武子。武子丧，时名士无不至者。子荆后来，临尸恸哭，宾客莫不垂涕。哭毕，向灵床曰：'卿常好我作驴鸣，今我为卿作。'体似真声，宾客皆笑。孙举头曰：'使君辈存，令此人死！'"[①]孙子荆真诚地敬服王武子，临丧作驴鸣祭奠亡友，这种独特的吊丧方式虽有魏文帝吊王粲的例子在先，但终究是不合乎儒家礼法的。阮咸对礼教破坏力度更大，甚至表现得很放诞。《世说新语·任诞》载："阮仲容先幸姑家鲜卑婢。及居母丧，姑当远移，初云当留婢，既发，定将去。仲容借客驴著重服自追之，累骑而返。曰：'人种不可失！'即遥集之母也。"[②]阮咸与姑母家的胡婢相恋，本来已是逾越贵贱，不顾身份地位的做法，在门阀社会里显得不可思议。又在居丧期间借了客人的驴，公然穿着孝服追赶未婚而孕的胡婢，然后两人骑着一头驴回来，对礼法简直视若无物。

不仅婚丧时期的礼法遭到破坏，日常家庭生活中各种规矩的约束力也在趋弱。《世说新语·惑溺》载："王安丰妇，常卿安丰。安丰曰：'妇人卿婿，于礼为不敬，后勿复尔。'妇曰：'亲卿爱卿，是以卿卿；我不卿卿，谁当卿卿！'遂恒听之。"[③]儒家推崇的夫妇典范是汉代的梁鸿孟光，虽则他们举案齐眉相敬如宾的相处方式令人肃然起敬，但不免显得生疏和冷漠。王戎妻子对丈夫一往情深，常亲昵地称呼他为"卿"，虽遭到王戎的劝阻，却不妨碍她依然故我称丈夫为"卿"。关于王戎家庭的相处方式，《任诞》中还有一则记载："裴成公妇，王戎女。王

① 《世说新语笺疏》，637～638页。

② 《世说新语笺疏》，735页。

③ 《世说新语笺疏》，922页。

戎晨往裴许，不通径前。裴从床南下，女从北下，相对作宾主，了无异色。”①王戎在女儿女婿还没起床的时候直闯内室，是一种相当“无礼”的行为。而后女儿、女婿起床，翁婿同室居然神色无异，说明双方对这种相处方式习以为常。从王戎家庭的相处方式可以看出，儒家礼法的力量相当淡薄了。

然而，西晋名士对名教与自然的态度颇不同于竹林名士。竹林名士嵇康等人刻意强调越名教而任自然的矛盾方面，主要是针对司马氏所提倡的儒家礼教。随着嵇康被杀和晋朝建立，下一辈士人纷纷转变态度以求生存于新王朝，不再强调名教与自然的冲突，而是尽量寻找两者的调和。《晋书·阮瞻传》载：“（阮瞻）见司空王戎，戎问曰：‘圣人贵名教，老庄明自然，其旨同异？’瞻曰：‘将无同。’戎咨嗟良久，遂命辟之。时人谓之‘三语掾’。”②阮瞻是阮咸之子，对父辈行事放达不遵礼法自然耳濡目染。王戎深深明白名教自然之争的本质，因此提出这个问题。阮瞻也敏感地意识到“越名教而任自然”的时代已经结束，名教和自然除了“将无同”再无其它出路。善于规避矛盾的西晋士人在“将无同”的论调下，小心翼翼地在名教中寻找乐地，他们不放弃自然的乐趣，但也不刻意去碰触礼法的禁区。

直到晋惠帝即位以后，名士对政治的顾忌才有所减弱，再次出现一些热衷酗酒、裸裎的士人，“相与为散发裸身之饮，对弄婢妾，逆之者伤好，非之者负讥”③。其中以王衍四友和八达最引人瞩目。《晋书·王澄传》载：“时王敦、谢鲲、庾敳、

① 《世说新语笺疏》，735 页。

② 《晋书》，1363 页。

③ 《晋书》，820 页。

阮修皆为衍所亲善，号为四友，而亦与澄狎，又有光逸、胡毋辅之等亦豫焉。酣宴纵诞，穷欢极娱。”[①]《光逸传》亦载：“(逸)初至，属辅之与谢鲲、阮放、毕卓、羊曼、桓彝、阮孚散发裸裎，闭室酣饮已累日。逸将排户入，守者不听，逸便於户外脱衣露头于狗窦中窥之而大叫……时人谓之八达。”[②]这些放荡任诞的行为似乎颇得竹林七贤的真传，但已失去其政治意义。不独精谨务实之士厌恶这种做法，连著名的玄学名士乐广也不以为然。《世说新语·德行》载：“王平子，胡毋彦国诸人，皆以任放为达，或有裸体者，乐广笑曰：‘名教中自有乐地，何为乃尔也’。”[③]“名教中自有乐地”一语，揭示了西晋士人渴望在名教与自然之间进退自如的普遍心理。

从“越名教任自然”到“名教中自有乐地”，是由思想解放初期社会规则与个人情性的不协调，到逐渐转变生存理念，在遵守社会规则前提下努力使个人情性得以发挥的过程。对名教的态度由否定到否定之否定，是魏晋士人在不同政治环境下的选择，也是他们逐渐修正玄学理论的体现。

二、不役于物的人格追求

魏晋名士崇尚玄学，固然是借此为名对抗司马氏提倡的礼教，但他们敢于质疑世俗的种种成规，甚至与之决裂，由此而呈现出跳脱通达、特立独行的特质，对后代产生了超越政治意义的影响。

魏晋士人对人性的认知和自觉无疑是受到庄子的启发。庄

---

① 《晋书》，1239 页。

② 《晋书》，1385 页。

③ 《世说新语笺疏》，24 页。

子极看重个体生存状态，崇尚自由适意的生活。“齐物”是他的核心思想。从齐物论的角度看，物的存在显示为不同形态，人的生死也不外是形态上的变化。因此生未必可乐，死也未必可叹。忘怀生死，无哀无乐，是得道者的应有修养。《养生主》言：“适来，夫子时也；适去，夫子顺也。安时而处顺，哀乐不能入也。”①《至乐》亦言：“杂乎芒芴之间，变而有气，气变而有形，形变而有生，今又变而之死，是相与为春秋冬夏四时行也。”②庄子从大道的角度对生死有全新的理解，而实际上，他并非一个空谈家，妻子去世之后“箕踞鼓盆而歌”的惊世骇俗行为，就是基于这种物我关系的认识。

在如何处理物与我的关系上，庄子主张对物持疏离和超越的态度，“物物而不物于物”。《齐物论》言：“终身役役而不见其成功，苶然疲役而不知其所归，可不哀耶！人谓之不死，奚益！”③生活在物类世界中的人常常热衷向上、贪图物质享受而迷失自我，为此，他告诫人们对物保持清醒理智的戒心和淳朴本真的自我，这样才能在世间万事万物中进退自如。《秋水》载：“庄子钓于濮水，楚王使大夫二人往先焉，曰：‘愿以境内累矣。’庄子持竿不顾，曰：‘吾闻楚有神龟，死已三千岁矣，王巾笥而藏之庙堂之上。此龟者，宁其死为留骨而贵乎？宁其生而曳尾涂中乎？’二大夫曰：‘宁生而曳尾涂中。’庄子曰：‘往矣，吾将曳尾于涂中。’”④在高位厚禄和自由生活之间，庄子

---

① 《庄子集释》，128 页。

② 《庄子集释》，615 页。

③ 《庄子集释》，56 页。

④ 《庄子集释》，603～604 页。

毫不犹豫地选择了后者。他坚定地选择自由自在的生活方式，讽刺和鄙夷世俗趋之若鹜的名利，很有"举世皆浊我独清、众人皆醉我独醒"的意味。魏晋人物的清高姿态不能不说是出于对庄子的效仿。

以竹林七贤中的阮咸为例，其人行为狂放不拘礼教，从流传下来的各种轶事可以看出他厌弃随波逐流的人格。《世说新语·任诞》载："阮仲容、步兵居道南，诸阮居道北，北阮富，南阮贫。七月七日，北阮盛晒衣，皆纱罗锦绮，仲容以竿挂大布犊鼻于中庭，人或怪之，答曰：'未能免俗，聊复尔耳。'"①与占有大量财物的北阮相比，阮咸可谓家业寒薄，但他对当时人炫富攀比的风气非但没有追随，还用非常幽默的方式加以调侃和反讽。阮咸对于贫穷与富贵的态度，成为后人评价其人格的重要方面。

唯有物物而不物于物，才能够保存本真自我，也才能够在日常生活中过得适意自在。适意自在正是魏晋名士所看重的。《世说新语·雅量》载："祖士少好财，阮遥集好屐，并恒自经营。同是一累，而未判其得失。人有诣祖，见料视财物，客至，屏当未尽，余两小簏箸背后，倾身障之，意未能平。或有诣阮，见自吹火蜡屐；因叹曰：'未知一生当著几量屐？'神色闲畅。于是胜负始分。"②祖约爱财，阮孚好屐，两人于此都耗费许多精力。祖约料理财物的时候被人看到，脸上现出生气的神色，而阮孚却毫不介意，在玩赏屐中寄托对生命的珍重之情。一为物所役而失去度量；一摆脱物的羁绊而自得其乐。

---

① 《世说新语笺疏》，732～733 页。

② 《世说新语笺疏》，356～357 页。

另一位名士王戎在物我关系上展示了极为矛盾的两方面。《世说新语·俭啬》中记载了他灯下筹算、钻核卖李等匪夷所思的故事，展示了一毛不拔、贪得无厌的特征。而《德行》中则有另外的记载："王戎父浑，有令名，官至凉州刺史。浑薨，所历九郡义故怀其德惠，相率致赙数百万，戎悉不受。"①《雅量》亦载："王戎为侍中，南郡太守刘肇遗筒中笺布五端，戎虽不受，厚报其书。"②这却是一种出人意料的清高大度。爱财如命与不受人财作为两种背道而驰的行为特征，在王戎身上都表现得非常显眼。难怪他对财物的种种鄙吝之举，连晋武帝都为他开脱，说"戎之为行，岂怀私苟得，正当不欲为异耳"(《晋书》本传)。

出身颍川庾氏的庾敳，在玄学上有独到造诣，于物我之关系尤为理智。《雅量》："刘庆孙在太傅府，于时人士多为所构，唯庾子嵩纵心事外，无迹可间。后以其性俭家富，说太傅令换千万，冀其有吝，于此可乘。太傅于众坐中问庾，庾时颓然已醉，帻堕几上，以头就穿取，徐答云：'下官家故可有两娑千万，随公所取。'于是乃服。后有人向庾道此，庾曰：'可谓以小人之虑，度君子之心。'"③庾敳平时对财物颇为吝惜，令想陷害他的人以为有隙可乘，但庾敳的反应出人意料，正可看出玄学名士在物我关系面前的冷静和理智。

在险境环生的魏晋时代，保持不物于物的警觉，由齐万物进而等生死，也被视为魏晋名士风流的一种表现。无物无我，

① 《世说新语笺疏》，23 页。

② 《世说新语笺疏》，351 页。

③ 《世说新语笺疏》，352～354 页。

故能喜怒不入其心、不形于色。尤其在身处危难之时，生死无惧、宠辱不惊是名士必须具备的心理素质。《雅量》载："魏明帝于宣武场上断虎爪牙，纵百姓观之。王戎七岁，亦往看。虎承间攀栏而吼，其声震地，观者无不辟易颠仆。戎湛然不动，了无恐色。"[①]《王戎传》亦载："其后从帝北伐，王师败绩于荡阴，戎复诣邺，随帝还洛阳。车驾之西迁也，戎出奔于郏。在危难之间，亲接锋刃，谈笑自若，未尝有惧容。"[②]王戎从七岁就胆识过人，处在极度危险的境地时而能够镇定自若，临危不乱，很有一种天生的名士风范。晚年遭逢永嘉之乱，在战争失败性命攸关的危难关头依然谈笑自若，足见其雅量确实非同寻常。

出身于河东裴氏家族的裴楷秉承家学，精通三玄。晋武帝登位时卜王者世数，得策为一，裴楷以"天得一以清，地得一以宁，侯王得一以为天下贞"解开当时窘况。但他不仅机智聪敏，也是一位通达跳脱的玄学家。《雅量》载："裴叔则被收，神气无变，举止自若。求纸笔作书，书成，救者多，乃得免。后位仪同三司。"[③]裴楷被收入狱之时神气无变举止自若，除了自恃家族背景之外，也是由于他抱持生死祸福随遇而安的心态，这是他被推为魏晋风流典范的原因之一。

三、超迈宽容的气度追求

物物而不物于物是庄子齐物论的思想主张，既不物于物，便可做到对世间万物荣辱不惊，喜怒不入。在社会风气普遍堕

---

① 《世说新语笺疏》，350页。

② 《晋书》，1235页。

③ 《世说新语笺疏》，351页。

落的魏晋时期，受庄子思想熏陶的士人往往能够坚持一是非、等荣辱的超迈态度。这在很多典籍中有记载。

竹林名士中的王戎就很具备这种气度。《世说新语·排调》中记载："嵇、阮、山、刘在竹林酣饮，王戎后往。步兵曰：'俗物已复来败人意！'王笑曰：'卿辈意，亦复可败邪？'"①从王戎的行事看来，不得不说阮籍的"俗物"之论极具洞见。但同时，王戎被当面讥讽为"俗物"，却并不因此羞恼或败兴，与钟会之于嵇康相比，其气度显得很不俗，这是他为人所看重的原因。另一位竹林名士山涛也是典范。山涛投靠司马氏，由选曹郎调任大将军从事中郎，升职之际推荐嵇康代替自己的职位，却遭到嵇康的拒绝。不仅如此，嵇康还写了一篇很长的《与山巨源绝交书》，讽刺他"强越人以文冕"，"养鸳雏以死鼠"，但山涛非但没有因此介怀，还在嵇康死后为其抚养后代，后来为其嫁女，并荐康子嵇绍出仕。他们的交情也因此深受后人敬仰。

元康名士也景慕这种气度。以王衍为例，他出身名门，位高权重，倡导虚谈，不务实事，当时士人慕而从之，故一时虚谈之风极盛。裴頠对此很不以为然，专门写了一篇《崇有论》驳斥他的"贵无说"。王衍之徒虽与其"攻难交至，并莫能屈"，然却仅止于学理上的探究，在平日相处中对裴頠还是相当尊重。《世说新语·文学》载："中朝时有怀道之流，有诣王夷甫咨疑者，值王昨已语多，小极，不复相酬答，乃谓客曰：'身今少恶，裴逸民亦近在此，君可往问。'"②《雅量》亦载："王夷甫长

① 《世说新语笺疏》，781页。
② 《世说新语笺疏》，201页。

裴成公四岁，不与相知。时共集一处，皆当时名士，谓王曰：'裴令令望何足计！'王便卿裴，裴曰：'自可全君雅志。'"①王衍不计前嫌主动向他人推荐裴頠，并在攻击裴頠的人面前表现出对他的亲昵。这些行为可看出其胸怀之磊落和行为之豁达。

这种超迈宽容的气度与本性宽和有关，但更多是出于后天的修养。《世说新语·雅量》载："裴遐在周馥所，馥设主人。遐与人围棋，馥司马行酒。遇正戏，不时为饮，司马恚，因曳遐坠地。遐还坐，举止如常，颜色不变，复戏如故。王夷甫问遐：'当时何得颜色不异？'答曰：'直是暗当故耳！'"②裴遐直言自己面对侮辱而神色不变是在强忍，可见他并非真的荣辱不入于心，只是因为性情修养得好。王衍也有类似经历。《雅量》载："王夷甫尝属族人事，经时未行。遇于一处饮燕，因语之曰：'近属尊事，那得不行？'族人大怒，便举樏掷其面。夷甫都无言，盥洗毕，牵王丞相臂，与共载去。在车中照镜，语丞相曰：'汝看我眼光，乃出牛背上。'"③王衍遭遇族人"举樏掷面"的侮辱而毫不动怒，其性情修养也非同一般。

但是，老庄"一是非、等荣辱"之道在缺乏原则的士人那里，很容易被曲解为逆来顺受、随波逐流，从而变成士无特操者之典型。以王戎而言，年少时预竹林之游，在当时是何等高雅之事。他在玄学的大海中涵泳，后来却在世俗的码头上岸，走向司马氏为其铺设的利禄之途，还留下了爱财如命的形象。王衍虽然性情宽和，但却也善于"信口雌黄"，他为家族所营的

---

① 《世说新语笺疏》，355页。

② 《世说新语笺疏》，353页。

③ 《世说新语笺疏》，352页。

“狡兔三窟”策略，更是看重个人利益高于国家的自私行为。

四、见机先动的识度追求

识度即见识和气度，与人的敏悟、观察力有关。魏晋人对见机先动的识度异常看重，也与玄学流行有直接关系。作为三玄之一的《周易》本来就是一部占筮之书，试图通过人情事理的细微之处预知事物发展的方向，以求如其所言“知几其神”。是否“知几”，正是识度高低之标准。

在魏晋这样的乱世中，见机先动的识度是生存的必备素质。《世说新语·识鉴》载：“张季鹰辟齐王东曹掾在洛，见秋风起，因思吴中菰菜羹，鲈鱼脍，曰：‘人生贵得适意尔，何能羁宦数千里以要名爵！’遂命驾便归。俄而齐王败，时人皆谓为见机。”[①]在八王之乱中，齐王冏和赵王伦一起废黜贾后，后被赵王伦所排挤，率兵征讨赵王伦并暂时夺得大权，但不久即被长沙王司马乂所杀。张翰被辟为齐王东曹掾，应该正在齐王冏当权之时，但他毅然放弃官职，回到吴地隐居，虽托辞思吴中莼菜羹鲈鱼脍，实际上是看到北方政治局势进入诸王争权混战，见机而为全身之计。他的先见之明受到人们的称赏。

在察举士人所依据的人物品题中，识度也发挥了极为重要的作用。余嘉锡先生说：“凡题目人者，必亲见其人，挹其风流，听其言论，观其气宇，察其度量，然后为之品题。”[②]《识鉴》中记载了许多精彩绝伦的人物品评案例，可以看出当日士人的识度之美。例如：“何晏、邓飏、夏侯玄并求傅嘏交，而

① 《世说新语笺疏》，393 页。
② 《世说新语笺疏》，449 页。

嘏终不许。诸人乃因荀粲说合之。谓嘏曰：'夏侯太初，一时之杰士，虚心于子，而卿意怀不可；交合则好成，不合则致隙。二贤若穆，则国之休。此蔺相如所以下廉颇也。'傅曰：'夏侯太初，志大心劳，能合虚誉，诚所谓利口覆国之人。何晏、邓飏，有为而躁，博而寡要，外好利而内无关籥，贵同恶异，多言而妒前。多言多衅，妒前无亲。以吾观之，此三贤者，皆败德之人耳，远之犹恐罹祸，况可亲之邪！'后皆如其言。"①在曹魏正始时期，何晏、邓飏、夏侯玄是天下风雅之首，士人对他们无比景慕，但傅嘏却看到他们道德人品上的不足，认为这些道德人品的不足将导致他们罹祸取败，最后果如其言。又："王夷甫父乂，为平北将军，有公事，使行人论，不得。时夷甫在京师，命驾见仆射羊祜、尚书山涛。夷甫时总角，姿才秀异，叙致既快、事加有理，涛甚奇之。既退，看之不辍，乃叹曰：'生儿不当如王夷甫邪？'羊祜曰：'乱天下者，必此子也。'"②王衍小时候风神出众，聪慧过人，让山涛大为称奇，而羊祜却对他的过分聪明不以为然，认为将来必乱天下，事实证明后来王衍溺于清谈不务实事对整个士阶层带来巨大的负面影响，以至于朝政走向腐败没落。从这个意义上说，羊祜可谓眼光独到。

张华性好人物，经其品题而后知名者甚多，慕容廆就是例子。《晋书·慕容廆载记》载："安北将军张华雅有知人之鉴，廆童冠时往谒之，华甚叹异，谓曰：'君至长必为命世之器，

① 《世说新语笺疏》，384～385页。

② 《世说新语笺疏》，389页。

匡难济时者也。'因以所服簪帻遗廆，结殷勤而别。"①慕容廆出生于晋武帝泰始五年(269)，而张华任安北将军、幽州刺史时在元康三年(282)至元康六年(285)。慕容廆年仅十余岁，自幼居住在北方鲜卑族部落，居然能够与张华沟通，说明他曾接受汉族文化教育，并且学习能力很不错。张华称赞他为匡难济时的"命世器"，就是看到他这方面的能力。而事实证明，后来慕容廆统治鲜卑族部落之后，率先推行汉化改革，使鲜卑部族实力大增，在西晋永嘉之乱中对民族交流和融合做出巨大贡献。②

有意思的是，受此风气的影响，闺阁中也出现不少识度卓越之人。《世说新语·贤媛》中有不少记载，略举一例："山公与嵇、阮一面，契若金兰。山妻韩氏，觉公与二人异于常交，问公，公曰：'我当年可以为友者，唯此二生耳。'妻曰：'负羁之妻亦亲观狐、赵，意欲窥之，可乎?'他日，二人来，妻劝公止之宿，具酒肉。夜穿墉以视之，达旦忘反。公入曰：'二人何如?'妻曰：'君才致殊不如，正当以识度相友耳。'公曰：'伊辈亦常以我度为胜。'"③山涛妻对嵇康、阮籍极为推崇，认为山涛的才致不及嵇阮二人，唯识度相当。事实证明，她的眼光是很独到的。

---

① 《晋书》，2803～2804页。

② 《晋书·慕容廆载记》曰："时二京倾覆，幽冀沦陷，廆刑政修明，虚怀引纳，流亡士庶众多襁负归之。廆乃立郡以统流人，冀州人为冀阳郡，豫州人为周郡，青州人营丘郡，并州人为唐国郡。"《晋书》，2806页。

③ 《世说新语笺疏》，679～680页。

五、超越自我的唯美追求

魏晋士人对自身形象的看重超越历史上任何一个时代，流传下来的著名故事韩寿偷香、掷果盈车、看杀卫玠……都是夸耀魏晋美男子的魅力。而比欣赏美更有意思的是，他们的审美趣味显得非常独特，似乎不喜欢传统儒生所追求的衣冠楚楚、严谨正经的派头，甚至也不欣赏普通人崇尚的剑眉朗目、虎背熊腰、身高八尺的阳刚美，而是追求一种柔弱、白皙、飘逸的女性美。

这种审美趣味的流行，与老庄思想中对女性的尊重和崇拜有关。老子认为女性的柔弱虚静远胜于男性的刚强充实，宣称“我独异于人，而贵食母”，“牝常以静胜牡，以静为下”……与老子相比，庄子关注更多的并非宇宙本源问题，而是人的生存状态。《逍遥游》曰：“藐姑射之山，有神人居焉。肌肤若冰雪，绰约若处子；不食五谷，吸风饮露；乘云气，御飞龙，而游乎四海之外。”①藐姑射山神人形貌绝美，而又无欲无求、自由自在，正是庄子所追求的终极状态：无所待于外物而得绝对之逍遥。

在老庄地位上升的时期，传统儒士的审美观也逐渐被颠覆。超然世外的藐姑射山神人受人仰慕，虽不可企及，却依然成为士人效仿的对象。以名士何晏为例，尽管已经拥有白皙的皮肤，为了使“肌肤若冰雪”，他也像女人一样涂脂抹粉。《世说新语·容止》载：“何平叔（晏）美姿仪，面至白。魏明帝疑其傅粉。正夏月，与热汤饼。既啖，大汗出，以朱衣自拭，色转

---

① 郭庆藩：《庄子集释》，中华书局1961年，28页。

皎然。”刘孝标注引《魏略》：“(何)晏性自喜，动静粉帛不去手，行步顾影。”[1]为了看起来“绰约若处子”，何晏不经常穿着女人的服饰，《晋书·五行志》载：“尚书何晏好服妇人服。”[2]为了追求飘然尘外的感觉，何晏率先服食五石散，服食过后精神舒爽，穿着宽大的衣服出去行散，看上去很有放旷飘逸的神采。他还颇有心得地说：“服五石散，非唯治病，亦觉神明开朗。”[3]在何晏的引领下，许多士人都跟着服妇人服、食五石散。

这种审美趣味的影响决非一时，自晋至于南朝，数百年间的审美倾向都带着尚疏放、柔弱、清逸的特征。西晋人张翰在《周小史》中写道：“翩翩周生，婉娈幼童。年十有五，如日在东。香肤柔泽，素质参红。团辅圆颐，菡萏芙蓉。尔形既淑，尔服亦鲜。轻车随风，飞雾流烟。转侧绮靡，顾盼便妍。和颜善笑，美口善言。”[4]周小史皮肤柔嫩，白里透红，穿着的衣服色彩鲜艳，飘逸婉转，看人的神态顾盼生姿，一团和气，正是当时人们心里的美人形象。西晋赫赫有名的美男子潘岳、卫玠，都因外表洁白柔美而被誉为“玉人”、“璧人”。《世说新语·容止》载：“潘安仁、夏侯湛并有美容，喜同行，时人谓之‘连璧’。”[5]《晋书·卫玠传》亦载：“玠字叔宝，年五岁，风神秀异。……总角乘羊车入市，见者皆以为玉人，观之者倾都。”[6]另一位著名清谈家王衍：“容貌整丽，妙于谈玄，恒捉玉柄麈

① 《世说新语笺疏》，608页。

② 《晋书》，822页。

③ 《世说新语笺疏》，74页。

④ 《先秦汉魏晋南北朝诗》，737页。

⑤ 《世说新语笺疏》，611页。

⑥ 《晋书》，1067页。

尾，与手都无分别。”①

当然，这种外在修饰是浅层次且带有迎合意味的，真正的名士并不屑于此道。他们追求的是气质、性情、趣味上的超凡脱俗之美。嵇康就是一例。《世说新语·容止》载：“嵇康身长七尺八寸，风姿特秀。见者叹曰：‘萧萧肃肃，爽朗清举。’或云：‘肃肃如松下风，高而徐引。’山公曰：‘嵇叔夜之为人也，岩岩若孤松之独立；其醉也，傀俄若玉山之将崩。’”②嵇康外表风姿特秀，神态爽朗清举，被当时人形容为松下风、孤松、玉山等。他心里对自我形象的期许也与此切近。嵇康《赠兄秀才入军诗》言道：“息徒兰圃，秣马华山。流磻平皋，垂纶长川。目送归鸿，手挥五弦。俯仰自得，游心太玄。嘉彼钓叟，得鱼忘筌。郢人逝矣，谁与尽言。”③嵇康心中的自我形象就是归隐于山野水边，悠然自得而又富有机趣的隐士形象，其中“目送归鸿，手挥五弦”两句充满潇洒飘逸、超脱凡俗之美。

魏晋士人在外貌上、精神上的唯美追求还影响到关系到个人政治命运的人物品评。《世说新语·赏誉》载：“时人目‘夏侯太初朗朗如日月之入怀，李安国颓唐如玉山之将崩’。”④又：“裴令公目夏侯太初：‘肃肃如入廊庙中，不修敬而人自敬。’一曰：‘如入宗庙，琅琅但见礼乐器。见钟士季，如观武库，但睹矛戟。见傅兰硕，江廧靡所不有。见山巨源，如登山临下，

① 《世说新语笺疏》，611 页。

② 《世说新语笺疏》，609 页。

③ 逯钦立辑校：《先秦汉魏晋南北朝诗》，中华书局 1983 年，483 页。

④ 《世说新语笺疏》，609 页。

幽然深远。’”[①]《品藻》亦载：“王戎目山巨源：‘如璞玉浑金，人皆钦其宝，莫知名其器。’”[②]又：“庾子嵩目和峤：‘森森如千丈松，虽磊砢有节目，施之大厦，有栋梁之用。’”[③]又：“王戎云：‘太尉神姿高彻，如瑶林琼树，自然是风尘外物。’”[④]……在品评中，夏侯玄的疏朗庄严，山涛的质朴自然，和峤的傲然挺拔，王衍的高洁脱俗，都被专门强调出来。

魏晋士人的唯美追求渗透在日常行为的方方面面，后世对此褒贬不一。不管如何，这种勇于走出传统、追求超越自我形象的精神，为这个沉重的战乱时代注入一缕鲜活的力量。

六、余论

玄学对魏晋士人有着全方位的影响和渗透，由精神而至于行为，由学术而至于生活。尽管人性复杂，当现实和理想背道而驰之时，难免充满各种纠结和矛盾。但是，有一二超迈凡俗之举，便足以垂范于后世。魏晋士人在自然与名教由冲突到磨合的过程中逐渐解放思想，前所未有地发现了人格之美、气度之美、识度之美和形象之美，他们富于个性和创见的言行为这个乱世增添了不少风流。

第三节　清谈风气与文学发展

以玄学的兴起为契机，魏晋士人对儒家价值观进行反思和

---

① 《世说新语笺疏》，421～422 页。

② 《世说新语笺疏》，423 页。

③ 《世说新语笺疏》，426 页

④ 《世说新语笺疏》，428 页。

质疑，造成了儒家价值体系的崩溃。而在断裂的传统中所产生的新的价值评判标准，不经意却成为人性启蒙的温床，培养出崇尚自由放达的人群。诚如宗白华先生在《美学散步》中所说："汉末魏晋六朝是中国政治上最混乱、社会上最苦痛的时代，然而却是精神上极自由、极解放，最富于智慧，最浓于热情的一个时代，因此也就是最富有艺术精神的一个时代。"[①]玄学对魏晋士人的影响可谓深矣！

玄学之所以产生如此广泛的影响，不仅因为首倡者为当时权贵，更重要的是它借助清谈的形式，使大多数士人都能够参与其中。清谈风气起于汉末清议朝政和月旦人物，是名士干政的重要手段之一。正始以后玄理纳入清谈的范围，朝政清议反而受到限制。玄学名士把清谈当成标榜风雅的方式，遂逐渐日常化与普遍化，成为上层士人最主要的精神活动和娱乐活动。

一、魏晋清谈的发展

正始清谈首倡于何晏、王弼。何晏以贵公子兼为学林领袖，其言行自然为天下学子望风影从。《世说新语·文学》刘孝标注引《文章叙录》："晏能清言，而当时权势，天下谈士，多宗尚之。"[②]何晏最欣赏的人是王弼。王弼是一个早慧的天才少年，十多岁的时候即擅长清谈，他对玄学理解之深入连何晏也自叹弗如。《世说新语·文学》载："何晏为吏部尚书，有位望。时谈客盈坐，王弼未弱冠，往见之。晏闻弼名，因条向者胜理语弼曰：'此理仆以为极，可得复难不？'弼便作难。一坐人便

① 宗白华《美学散步》，上海人民出版社1981年，117页。

② 《世说新语笺疏》，196页。

以为屈。于是弼自为客主数番，皆一坐所不及。”[①]刘孝标注引《弼别传》载：“少而察惠，十余岁便好庄、老，通辩能言。”[②]在何、王的引领下，清谈的风气迅速流行于上层社会。

同时以清谈著称的还有夏侯玄、邓飏、刘寔及其弟智、荀粲、傅嘏、裴徽、管辂、卫瓘等。《魏志·管辂传》裴松之注引《辂别传》：“裴冀州、何、邓二尚书及乡里刘太常颍川兄弟，以辂禀受天才，明阴阳之道吉凶之情，一得其源，遂涉其流，亦不为难，常归服之。辂自言与此五君共语，使人精神清发，昏不暇寐，自此以下，殆白日欲寝矣。”[③]《世说新语·文学》亦载：“傅嘏善言虚胜，荀粲谈尚玄远。每至共语，有争而不相喻。裴冀州释二家之义，通彼我之怀，常使两情皆得，彼此俱畅。”[④]又《世说新语·赏誉》刘孝标注引王隐《晋书》曰：“卫瓘有名理，及与何晏、邓飏等数共谈讲。……”[⑤]裴徽、荀粲、邓飏等人形成了一个经常进行清谈活动的圈子，而何晏、王弼则是这个圈子的灵魂人物。

何晏等人被杀之后，士阶层虽面对强大的政治压力，清谈活动却从未终止。竹林名士以放达对抗名教，并不以清谈著称，但对清谈之风也有推波助澜之功。《晋书·王戎传》载：“阮籍与浑为友。戎年十五岁，随浑在郎舍。戎少籍二十岁，而籍与之交。籍每适浑，俄顷辄去，过视戎，良久然后出。谓

---

① 《世说新语笺疏》，196 页。

② 《世说新语笺疏》，196 页。

③ 《三国志》，826 页。

④ 《世说新语笺疏》，200 页。

⑤ 《世说新语笺疏》，434 页。

浑曰：‘俊冲清赏，非卿伦也。共卿言，不如共阿戎谈。’”①嵇康的清谈未见记载，《世说新语·品藻》中记载了一则故事：“郗嘉宾问谢太傅曰：‘林公谈何如嵇公？’谢云：‘嵇公勤著脚，裁可得去耳。’”②谢安说嵇康要走快一点才能把支遁甩掉，意谓支遁清谈水平可与嵇康媲美。支遁是东晋时期极受时人仰慕的玄学家和佛学家，谢安把他跟嵇康相比，可见嵇康的清谈水平也是一流的。山涛似较少谈论，但他对玄理也是精通的。《世说新语·赏誉》载：“人问王夷甫：‘山巨源义理何如？是谁辈？’曰：‘此人初不肯以谈自居，然不读《老》《庄》，时闻其咏，往往与其旨合。’”③

晋朝建立之后，该杀的杀了，该篡的篡了，士人不再彷徨、痛苦，专一地把情感寄托于新的兴趣——清谈。清谈遂成为上层社会的风雅娱乐。西晋的清谈名士很多，以王衍、乐广、裴楷、卫玠、郭象、庾顗等最著名。王衍出身于琅琊王氏家族，年轻时好论纵横之术，后被吏部尚书卢钦举为辽东太守，从此便“口不论世事，唯雅咏玄虚而已”。王衍形貌风神极为出众，王敦说“夷甫处众中，如珠玉在瓦石间”，顾恺也题画赞说衍“岩岩清峙，壁立千仞”。《晋书》本传载：“衍既有盛才美貌，明悟若神，常自比子贡。兼声名藉甚，倾动当世。妙善玄言，唯谈《老》《庄》为事。每捉玉柄麈尾，与手同色。义理有所不安，随即改更，世号‘口中雌黄’。朝野翕然，谓之‘一世龙门’矣。累居显职，后进之士，莫不景慕放效。选举登朝，

① 《晋书》，1231页。

② 《世说新语笺疏》，534页。

③ 《世说新语笺疏》，433页。

皆以为称首。矜高浮诞，遂成风俗焉。”①另一位清谈名家乐广出身于寒族，但是玄学修养极高，清谈水平当属中朝第一。《晋书·乐广传》载：“（广）寒素为业，人无知者，性冲约有远识，寡嗜欲，与物无竞，尤善谈论，每以约言析理以厌人之心，其所不知，默如也。”②《世说新语》亦载：“王夷甫（衍）自叹：‘我与乐令（广）谈，未尝不觉我言为烦。’”③王衍、乐广继何晏、王弼之后成为天下谈宗，不同的是，随着世易时移，王、乐从清谈活动中得到更多的荣誉和富贵。

值得一提的是，西晋士人视清谈为赏心乐事，对清谈是极为讲究的。西晋都城洛阳城外有洛水，是清谈名士常聚会谈论的地方。《世说新语·言语》载：“诸名士共至洛水戏。还，乐令问王夷甫曰：‘今日戏，乐乎？’王曰：‘裴仆射善谈名理，混混有雅致；张茂先论《史》、《汉》，靡靡可听；我与王安丰说延陵、子房，亦超超玄著。’”④名士们在洛水边上各展才华，清言滔滔，或谈名理，或论史事，或说修养。一代风流盛事，到了东晋以后依然被人缅怀。《世说新语·企羡》载：“王丞相过江，自说昔在洛水边，数与裴成公、阮千里诸贤共谈道。羊曼曰：‘人久以此许君，何须复尔？’王曰：‘亦不言我须此，但欲尔时不可得耳！’”⑤

---

① 《晋书》，1236页。

② 《晋书》，1243页。

③ 《世说新语笺疏》，434页。

④ 《世说新语笺疏》，85页。

⑤ 《世说新语笺疏》，631页。

二、几个主要的清谈命题

清谈的内容非常广泛，玄学、文学、史学、佛学都可以作为命题，但以玄学为主。魏晋清谈名士谈论最多的命题有以下几个：

有无之辨。这个命题在正始名士中曾引起广泛的讨论。《世说新语·文学》："王辅嗣弱冠诣裴徽，徽问曰："夫无者，诚万物之所资，圣人莫肯致言，而老子申之无已，何邪?"弼曰："圣人体无，无又不可以训，故言必及有；老、庄未免于有，恒训其所不足。"①王弼最有名的论点是"天地万物皆以无为本"。《老子》四十章注言："天下之物，皆以有为生，有之所始，以无为本，将欲全有，必反于无也。"②"贵无"说把"无"当成万物的根本，而有为万物的表象。这种学说在西晋得到进一步推动。王衍、乐广继承"贵无"之论，手捉麈尾，雄辩滔滔，虽不务实事，却被看成天下风流之典范。当然，也有不少人对王、乐非常反感，裴頠就是其中之一。针对王衍的"贵无"说，裴頠专门著《崇有论》加以反驳。《世说新语·文学》刘孝标注引《晋诸公赞》曰："……于时侍中乐广、吏部郎刘汉亦体道而言约，尚书令王夷甫讲理而才虚，散骑常侍戴奥以学道为业，后进庾敳之徒，皆希慕简旷。頠疾世俗尚虚无之理，故著《崇有》二论以折之，才博喻广，学者不能究。后乐广与頠清闲，欲说理，而頠辞喻丰博，广自以体虚无，笑而不复言。"③但《崇有论》终究未能发挥匡时救俗的功效。

① 《世说新语笺疏》，199页。

② 《道德经注校释》，110页。

③ 《世说新语笺疏》，202页。

名理之辨。这是一种校定名实和辨名析理的方法。①最早探讨名实关系的是先秦名家学派，名家学派的典型命题如“白马非马”、“离坚白”，有意将所指的具体实物与能指的抽象称谓分离，这种朴素的抽象理论有别于人们习惯使用的形象思维，似更具有纯粹哲学的意味。魏晋时期的名理之辨与先秦名家理论有承袭的关系。《世说新语·文学》载：“客问乐令旨不至者，乐亦不复剖析文句，直以麈尾柄确几曰：‘至不?’客曰：‘至。’乐因又举麈尾曰：‘若至者，那得去。’于是客乃悟服。”②旨即指，在“旨”能否“至”的问题上，乐广巧妙地用另一个例子说明问题，他以麈尾碰触几案，又离开几案。麈尾似乎已“至”，但又实没有“至”，以此说明“至”的具体行为及其抽象意义之间的差距。乐广的回答虽有抽象思维在里面，但又没有继续进行演绎，而是在对方心领神会的那一刹那戛然而止，颇似后来禅宗强调的顿悟。这种言简旨约的清谈风格在当时很受称许。

才性之辨。正如袁准《才性论》所说：“性言其质，才名其用。”(《艺文类聚》卷二十一引)③才性之辨讨论了人的道德品性与才华能力的关系。受儒学的影响，汉代察举人物时极注重德性，甚至将德性等同于才能。直至曹操才提出颠覆性的理论：“夫有行之士未必能进取，进取之士未必能有行也”，并主张弃德性而唯才是举。这种观点受到一些人的附和，但自然也引起不少人的异议。魏晋才性之辨直指当时用人标准，带有比较浓

① 王晓毅：《论魏晋名理学》，《文史哲》1986年第6期。

② 《世说新语笺疏》，205页。

③ 《艺文类聚》，386页。

的政治意味。《世说新语·文学》“钟会撰《四本论》”条刘孝标注引《魏志》：“四本者，言才性同，才性异，才性合，才性离也。尚书傅嘏论同，中书令李丰论异，侍郎钟会论合，屯骑校尉王广论离。”[①]李丰的才性异、王广的才性离乃为曹氏“唯才是举”论张目，而傅嘏的才性同、钟会的才性合则与司马氏提倡的儒家礼教声气相应。这场辩论自然随着政治博弈的结果而分出胜负。

言意之辨。庄子最早提出言意关系问题，轮扁斫轮、庖丁解牛等寓言都说明语言无法完全准确地表达意思，但人们可以通过语言来领会意思。《外物篇》载：“荃者所以在鱼，得鱼而忘荃；蹄者所以在兔，得兔而忘蹄。言者所以在意，得意而忘言。吾安得夫忘言之人而与之言哉!”[②]这是庄子对言意关系的看法。王弼在《周易略例·明象章》中，借用庄子哲学并引入《周易》“象”的范畴，对意、象、言三者关系作出论述：一方面“尽意莫若象，尽象莫若言”；另一方面“言者所以明象，得象而忘言；象者所以存意，得意而忘象”。其后嵇康作《言不尽意论》，认为语言不能完整表达意念。在言意之辨逐渐玄虚化和神秘化的时候，西晋欧阳建独树一帜，作《言尽意论》，指出事物的特征不待语言表达而存在，“形不待言，而方圆已著；色不俟称，而黑白已彰。”但同时“言不畅志，则无以相接”，必须依靠语言表达意念、传递信息，人们才能够互相交流。

形神之辨。该命题着重探讨形与神的关系。神能否离开形而独立存在，自古以来就有争论，普遍观点承认神的存在。但

---

① 《世说新语笺疏》，195 页。

② 《庄子集释》，944 页。

也有否定神的独立性的，如荀子在《天论》言“形具而神生”，认为神依附于形而存在，形灭而神不存。桓谭用“火之然烛”比喻身体与精神的关系，说明形灭则神亡。王充亦言：“天下无独燃之火，世间安得有无体独知之精？”[①]魏晋时代的形神之辨也主要辩论这个问题。干宝《搜神记》卷十六载：“阮瞻字千里，素执无鬼论。物莫能难。每自谓，此理足以辨正幽明，忽有客通名诣瞻，寒温毕，聊谈名理。客甚有才辨，瞻与之言，良久，及鬼神之事，反复甚苦。客遂屈，乃作色，曰：‘鬼神古今圣贤所共传，君何得独言无？即仆便是鬼。’于是变为异形，须臾消灭。瞻默然，意色太恶。岁余，病卒。”[②]阮瞻遇鬼的传说可能只是有鬼论者为攻击其无鬼论而杜撰出来的，他的无鬼论虽然没有形成完整的论文，但可以想象，在当时必然引起不小的反响，实可谓范缜“形存则神存，形谢则神灭”的先声。

三、清谈的形式和美感

清谈的乐趣在于这是多人参与的游戏。其形式主要有主客对答、一主多客和自为主客。

主客对答是由一人立论并加以阐述，谓之“主”；另一人进行反驳辩难，谓之“客”。主客双方就对方所执义理反复质疑，直到其中一方无言以对。《世说新语·文学》载：“裴成公作《崇有论》，时人攻难之，莫能折。唯王夷甫来，如小屈。时人即以王理难裴，理还复申。”[③]裴頠以崇有立论，专门针对当时流

① 王充：《论衡·论死》，《诸子集成》第7册，中华书局2006年，204页。

② 干宝：《搜神记》，商务印书馆1957年，116页。

③ 《世说新语笺疏》，201～202页。

行的贵无说，时人与他辩论皆无法取胜，唯王衍能令他稍微显得理屈。但别人纵然用了王衍的理论还是无法说服裴頠。这说明了王衍在清谈上确实有自己的一套逻辑思维，当受到攻难的时候能够自圆其说，而别人即使截取其中部分义理也不能首尾相顾。

一主多客是以一人立论，其余在座众人皆可在他论述过程中提出反驳。自为主客即自己提出观点，又自己进行反驳和质疑，如此反复多次，以至义理穷尽。《世说新语·文学》："何晏为吏部尚书，有位望，时谈客盈坐，王弼未弱冠往见之。晏闻弼名，因条向者胜理语弼曰：'此理仆以为极，可得复难不?'弼便作难。一坐人便以为屈。于是弼自为客主数番，皆一坐所不及。"①显然这场清谈先是一主多客的形式，由何晏为主，在座诸人提出辩难。经过反复辩论之后，立论更趋于严密，似乎已立于不败之地。但王弼一发难，原来的理论便显出弱点，在座诸人无以为对。王弼便自为客主，反复自我辩驳，总是能引出诸人意想不到的精彩论述。"自为主客"实际上也有多人在场，只因谈论者水平远超过其他人，无人能够插入反驳，才变成谈论者的独语。

清谈既为士人间的才智竞赛，要求清谈者必须有共同的理论兴趣点和不相上下的学识修养，否则就会缺乏趣味。《晋书·王戎传》载："籍每适浑，俄顷辄去。过视戎，良久然后出。谓浑曰：'浚冲清赏，非卿伦也。共卿言，不如共阿戎谈。'"②阮籍和王浑清谈，王浑显然不是他的对手，因此他总是很快就走

① 《世说新语笺疏》，196 页。

② 《晋书》，1231 页。

了。而王戎的学识和敏悟远超其父，阮籍每次和他谈论很久，还称誉他“清赏”。如果学识修养相当而理论兴趣点不同，清谈也很难进行下去。如《文学》载：“傅嘏善言虚胜，荀粲谈尚玄远。每至共语，有争而不相喻。裴冀州释二家之义，通彼我之怀，常使两情皆得，彼此俱畅。”①傅嘏的长项在于谈名理，荀粲的长项在于谈玄理，两人在一起共谈的时候，往往各自发挥以致对方无法理解，必须经裴徽在中间阐释疏通，才能了解对方的精义所在。这样的清谈自然也是没有意思的。

一场精彩的清谈，既富于逻辑推理，又充满机趣和颖悟，展示了谈论者的思维能力和语言才华。清谈者高妙得体的言语辞令以及如琴瑟般的谈吐声调也能够带给人们愉悦的感受。余嘉锡先生说：“晋、宋人清谈，不惟善言名理，其音响轻重疾徐，皆自有一种风韵。”②前面所举裴頠、张华、王戎等人在洛水边清谈，裴頠“混混有雅致”，张华“靡靡可听”，王戎“超超玄著”，极力张扬了清谈的言辞之美。又《世说新语·赏誉》载：“王太尉云：郭子玄语议如悬河泻水，注而不竭。”③“胡毋彦国吐佳言如屑，后进领袖。”④胡毋辅之“吐佳言如屑”，被誉为后进领袖。郭象“语议如悬河泻水，注而不竭”，受到王衍的称赏。《世说新语·文学》亦载：“裴散骑娶王太尉女。婚后三日，诸婿大会，当时名士，王、裴子弟悉集。郭子玄在坐，挑与裴谈。子玄才甚丰赡，始数交，未快。郭陈张甚盛；裴徐理前

① 《世说新语笺疏》，200页。
② 《世说新语笺疏》，210页。
③ 《世说新语笺疏》，438页。
④ 《世说新语笺疏》，452页。

语，理致甚微，四坐咨嗟称快。王亦以为奇，谓诸人曰：‘君辈勿为尔，将受困寡人女婿。’”[①]裴遐长于清谈，与郭象互相颉颃。刘孝标注引邓粲《晋纪》云：“遐以辩论为业，善叙名理，辞气清畅，冷然若琴瑟。闻其言者，知与不知无不叹服。”[②]裴遐谈论的特点是思维清晰，表达准确，言辞清雅，能给旁听者带来快感。

四、清谈对文学的影响

清谈是一种纯粹的思维活动。在清谈活动中瞬间闪现的灵感火花，形诸语言而为绝妙的辞令，这些辞令也许曾被人广为传诵、津津乐道，但却很少有人将其记载下来。这主要是因为有些名士也许擅长清谈，却并不长于写作。《世说新语·文学》就有这样的记载：“乐令善于清言，而不长于手笔。将让河南尹，请潘岳为表。潘云：‘可作耳，要当得君意。’乐为述己所以为让，标位二百许语。潘直取错综，便成名笔。时人咸云：‘若乐不假潘之文，潘不取乐之旨，则无以成斯矣。’”[③]又载：“太叔广甚辩给，而挚仲治长于翰墨，俱为列卿。每至公坐，广谈，仲治不能对；退著笔难广，广又不能答。”[④]乐广堪称西晋最出色的清谈家，以其谈论得到同时人的尊重和崇拜。但他却拙于文辞，连一篇《让河南尹表》都要请潘岳代笔，那些超迈的义理和精彩的谈资也只能与其人俱终了。不仅乐广如此，西晋的清谈名家如王衍、卫玠等都没有著述流传，反而是反对虚

---

① 《世说新语笺疏》，209页。

② 《世说新语笺疏》，209页。

③ 《世说新语笺疏》，253页。

④ 《世说新语笺疏》，255页。

谈的裴頠还有《崇有论》传世，这不能不说是一个遗憾。

虽然如此，波及整个时代的清谈活动对文学还是有促进作用的。尤其是在以文学为主题的雅集中，清谈对于语言艺术性是一种极好的训练。如《世说新语·排调》载："荀鸣鹤、陆士龙二人未相识，俱会张茂先坐。张令共语。以其并有大才，可勿作常语。陆举手曰：'云间陆士龙。'荀答曰：'日下荀鸣鹤。'陆曰：'既开青云睹白雉，何不张尔弓，布尔矢？'荀答曰：'本谓云龙骙骙，定是山鹿野麋；兽弱弩强，是以发迟。'张乃抚掌大笑。"①张华作为太康文坛的领袖，座上文士众多，所主持的清谈自然多以文学为主题。陆士龙、荀鸣鹤的对答针锋相对，体现出不凡的才智，最重要的是他们的谈论句式整饬对偶，犹如一种语言训练，对诗赋创作雅化倾向有推波助澜的作用。

清谈中的玄学命题对文学理论也有所启发。以言意之辨为例，这不仅是一个哲学命题，同时也是一个文学理论命题。《世说新语·文学》载："庾子嵩作《意赋》成，从子文康见，问曰：'若有意邪？非赋之所尽；若无意邪？复何所赋？'答曰：'正在有意无意之间。'"②庾敳好《老》《庄》，"自谓是老、庄之徒"，庾亮就以"言不尽意"论否定有言之赋的作用，给庾敳提出了一个难题，可谓以子之矛攻子之盾。陆机《文赋》中对文学创作中的言意矛盾也有很深体会。他说："每自属文，尤见其情，恒患意不称物，文不逮意，盖非知之难，能之难也。"③他从自己的写作体会中总结出一点：语言难以表达微妙的构思和

---

① 《世说新语笺疏》，789页。

② 《世说新语笺疏》，256页。

③ 《文赋集释》，人民文学出版社2002年，1页。

倏忽的意念。但他强调言意之间的距离是因为能力欠缺而造成的，而非本质上的无法接近。因此又言："课虚无以责有，叩寂寞以求音。"[①]对于陆机的这种看法，汤用彤先生说："这种理论似于王弼《老子指略》中亦可求得，如曰：夫物之所以生，功之所以成，必生乎无形，由乎无名。无形无名者，万物之宗也。不温不凉，不宫不商。听之不可得而闻，视之不可得而彰，体之不可得而知，味之不可得而尝。故其为物也则混成，为象也则无形，为音也则希声，为味也则无呈。故能为品物之宗主，苞通天地，靡使不经也。……盖陆机《文赋》专论文学，而王弼于此则总论天地自然，范围虽不相同，而所据之理论，所用之方法其实相同，均为'尽意莫若象，尽象莫若言'，'得意忘象，得象忘言'也。"[②]汤先生对陆机《文赋》与玄学之间关系的论述是非常中肯的。

清谈对文学创作内容也有影响。清谈助长了玄学风气，积习既久的文人自然而然把玄理当成文学创作的素材。阮籍、嵇康的五言诗中已多玄远之言，可视为早期的玄言诗；张华的《鹪鹩赋》中以鹪鹩自喻，阐述一种自足自乐、明哲保身的存在方式，从而开玄言赋之先河。到东晋以后，玄言诗、玄言赋便大大流行起来，成为文学史上一种重要现象。沈约《宋书·谢灵运传论》曰："在晋中兴，玄风独扇，为学穷于柱下，博物止乎七篇。"[③]刘勰《文心雕龙·时序篇》亦曰："自中朝贵玄，江

---

① 《文赋集释》，89页。

② 汤用彤：《魏晋玄学论稿》，生活·读书·新知三联书店2009年，276～277页。

③ 沈约：《宋书》，中华书局1974年，1778页。

左称盛，因谈余气，流成文体。是以迍邅而辞意夷泰，诗必柱下之旨归，赋乃漆园之义疏。”[①]玄言诗赋在东晋时期蔚为大观，主要得力于清谈的推动。

五、余论

魏晋士人汲取老庄的智慧，颠覆了汉代以来的价值观和审美观。他们在滔滔清谈中交流思考的结果，享受思维的乐趣，欣赏语言的美感，这本身就很富有艺术精神。

但是对于清谈这种士人间的智力游戏，也有许多人不以为然。杨泉《物理论》中说："虚无之谈，尚其华藻，此无异于春蛙秋蝉，聒耳而已。"(《太平御览》卷九四九引)[②]杨泉是由吴入洛的哲学家，对这种吴国并不流行的风气表示反感尚可理解为文化隔阂，但一直生活于洛阳的士人裴頠也对虚谈之风非常厌恶，就只能说明这种风气确实存在弊端。尤其是经过西晋末年的战乱以后，人们在反思亡国之痛的时候，便不免对清谈习气颇有微词。《文选注》卷四十九引干宝《晋纪》："刘弘教曰：太康以来，天下共尚无为，贵谈庄老，少有说事。"[③]《晋书・王衍传》载太兴二年应詹上疏曰："元康以来，贱经尚道，以弘虚宏放为夷达，以儒术清俭为鄙俗，永嘉之弊，未必不由此也。"[④]他们认为清谈家热衷谈玄而不务实事，以致朝廷政纲日坏，迅速走向衰败。

尽管当时人的看法有些片面，但也足以说明元康玄学名士

---

① 《增订文心雕龙校注》，541～542页。

② 李昉：《太平御览》，中华书局1960年影印本，4212页。

③ 《六臣注文选》，中华书局1987年，932页。

④ 《晋书》，1858页。

对西晋后期社会动乱必须负一定责任。西晋灭亡时，大臣王衍被杀前，叹息道："呜呼！吾曹虽不如古人，向若不祖尚浮虚，戮力以匡天下，犹可不至今日。"①这是魏晋人物为追求风流而付出的沉重代价。

本章小结

三国鼎立尘埃落定之后，社会进入相对太平安稳的时代，然而党派斗争悄然拉开了序幕。在瞬息万变的政坛上，立场和姿态最能体现一个人的意志力，随波逐流或是坚守自我，对人性是一场严峻的考量，成为士人品格的分水岭。

从魏代中期到西晋中期，几代士人纷纷参与到残酷的党争中。正始名士的代表何晏、夏侯玄，竹林名士的代表阮籍、嵇康，和中朝名士的代表裴頠、张华，无不亲历党争之祸，甚至受到牵连而丧命。在惨烈的党争中，魏晋士人见识了政治的残酷和生命的无常，意识到自我生命的可贵，在不圆满的人生中追寻自我存在的意义，这些都渗透到他们的作品之中，成为魏晋文学自觉的表现之一。

这一时期出现了对后世影响深远的思想潮流——玄学。借助政治力量发展起来的玄学，随着政治动荡而在不同时期呈现出各自不同的特征。而玄学名士努力追求超越自身，崇尚玄远高妙的大道，向往言虽浅而意深，行宁简而勿繁的风范，则无论在哪个阶段都是一致的。他们所涵养的这种超脱凡俗的形象

① 《晋书》，1238页。

之美、纵性任情的个性之美、不役于物的人格之美、超迈宽容的气度之美、见机先动的识度之美，构成了魏晋风流的内涵。

另一种文化现象——清谈之风，伴随着玄学的发展而得到广泛流行。魏代正始以后的清谈内容逐渐削弱了政治意味，而以纯理论探讨的玄学为主。清谈名士提出的若干命题，如有无之辨、才性之辨、言意之辨、名理之辨等，到入晋以后依然是谈席上的话题，不同的是，清谈逐渐与政治疏离，转变成为上层知识分子之间交流、娱乐的一种方式。清谈的流行不仅影响了文学作品内容的转变，促进了玄言诗、玄言赋的产生，并且一些理论命题如言意之辨，对文学理论的发展也有直接影响。

作为深度参与时代政治文化活动的士人，张华的人生命运、思想性情、文学创作等方方面面，都与这个时代存在互动。本章从知人论世的角度，回顾了张华生活时代的政治文化发展情况，希望通过对这个时代政治文化的深入观察，有助于更深入地理解他的生平和思想。

第二章　张华生平探论

第一节　张华的政治生涯

张华生活于魏晋之际政治最凶险复杂的时期。他的政治生涯与党争息息相关，所经历的几次大的政治斗争有入晋之前司马氏和曹氏的夺权斗争，晋武帝时期贾充党和任恺党的互相倾轧，晋惠帝又参与了贾后党和太子党的明争暗斗。在前面两个阶段，张华以政治实干家的姿态推动了三国的统一事业，而在第三个阶段，他采取弥缝补阙的政治方略，试图平息贾党、宗室和太子党之间的斗争，最终却遭到失败，并在史书上留下毁誉不一的声名。

以往关于张华生平和业绩的论述甚为简略，本节试图结合具体时代背景考察其政治生涯的起落，对进一步认识张华的人格和文风或有裨益。

一、张华的生平

1. 张华的家世

关于张华的出身，《晋书·张华传》载：

> "张华字茂先，范阳方城人也。父平，魏渔阳郡守。华少孤贫，自牧羊。"①

---

① 《晋书》，1068 页。

从本传所载中，我们只知道张华之父早逝，家境贫寒，而对张华的祖辈并不太清楚。根据《新唐书·宰相世系表下》载：

> "张氏出自姬姓，黄帝少子少昊青阳氏第五子挥为弓正，始制弓矢，子孙赐姓张氏。周宣王时，有卿士张仲，其后裔事晋为大夫。张侯生老，老生趯，趯生骼。至三卿分晋，张氏仕韩。韩相张开地生平，凡相五君。平生良，字子房，汉留文成侯。良生不疑，不疑生典，典生默，默生大司马金，金生阳陵公乘千秋，字万雅。千秋生嵩，嵩五子，壮、赞、彭、睦、述。壮生胤，胤生皓，字叔明，后汉司空，世居武阳犍为。皓生宇，北平范阳太守，避地居方城。宇孙肥如侯孟成，生平，魏渔阳郡守。平生华，字茂先，晋司空壮武公。"①

可知张氏乃是黄帝的后裔，少昊青阳氏之后。张氏世代不乏人才，周宣王时有卿士张仲，三家分晋以后，张氏世仕韩。秦汉之际，张氏宗族中出了一个大人物——张良。司马贞《史记·留侯世家索隐》引《后汉书》云："张良出于城父，城父县属颍川也。"②张守节《正义》引《括地志》云："城父在汝州郏城县东三十里韩里也。"③城父即今河南亳州。张良为汉太傅，封于留。《史记正义》引《括地志》云："故留城在徐州沛县东南五十五里，

---

① 欧阳修：《新唐书》，中华书局1975年，2675页。

② 司马迁：《史记》，中华书局1959年，2033页。

③ 《史记》，2033页。

今城内有张良庙也。”[1]张良死后，子不疑继位，《史记·留侯世家》载：“留侯不疑，孝文帝五年坐不敬，国除。”[2]国除之后，张氏居住地不详。《新唐书》所载“世居武阳犍为”（即今四川彭山）既非张氏祖先的居住地，亦非张良的封地，当是据《后汉书》卷八六《张皓传》所载：

> “张皓字叔明，犍为武阳人也。六世祖良，高帝时为太子少傅，封留侯。”[3]

不过，《后汉书》所载也不确切。张皓（50～132）生活的时代上距张良（？～前188）两百多年，故言“六世祖良”，显然有误。而《世系表》载从张良到张皓有十世，相对来说比较合理。但张氏一脉何时迁往犍为，则不得而知。

《后汉书》仅载张皓子张纲、孙张续，并未言及张宇。因此，《世系表》载张皓子张宇避地范阳，并无其他材料可以证明。如果此记载属实，那么张华的家族世代仕汉，高宦亦有在二千石以上者。按照后人划分门第的标准，范阳张氏是够资格称为世族的。但魏晋时期对士族和寒族的区分跟后世不太一样。唐长孺先生指出：“中正品第人才根据德、才、家世三项，家世亦即所谓‘簿阅’、‘簿世’，在品第中所占分量愈来愈重，终于成为惟一的标准。……魏晋所重者是父、祖官爵，时代悬隔的远祖对于定品高低至少在魏晋时并无重大关系。简单地

---

① 《史记》，2033页。
② 《史记》，2049页。
③ 范晔：《后汉书》，中华书局1965年，1815页。

说，中正考虑的主要是‘当代轩冕’，而不是‘冢中枯骨’。”①张华的祖辈中虽有仕宦显赫者，但其祖、父官爵都不高，这就是他被视为寒门出身的原因。

2. 入晋之前的经历

关于张华年少时的学习、生活情况，《晋书·张华传》载：

“华少孤贫，自牧羊。同郡卢钦见而器之。乡人刘放亦奇其才，以女妻焉。华学业优博，辞藻温丽，朗赡多通，图纬方伎之书莫不详览。少自修谨，造次必以礼度。勇于赴义，笃于周急。器识弘旷，时人罕能测之。”②

这里需要注意的是，对张华少年时代影响最大的两个人物——卢钦和刘放，他们都是魏晋时期之名士。卢氏是汉魏儒学世家，在当时士林中享有很高的地位和声望。卢钦之祖汉侍中卢植曾师事马融，通古今之学；父卢毓曾任魏司空。刘放出身寒族，但深受魏明帝重视，曾任中书监，与中书令孙资共掌机要。

卢、刘二人的政治立场对少年时代的张华有着重要影响。《魏志·卢毓传》载：

“时曹爽秉权，将树其党，徙毓仆射，以侍中何晏代毓。顷之，出毓为廷尉司隶。毕轨又枉奏免官。众论多讼

① 唐长孺：《士族的形成和升降》，《唐长孺文存》，上海古籍出版社2006年，134页。

② 《晋书》，1068页。

之，乃以毓为光禄勋。爽等见收，太傅司马宣王使毓行司隶校尉，治其狱，复为吏部尚书，加奉车都尉，封高乐亭侯，转为仆射，故典选举，加光禄大夫。”①

从曹爽将树其党而罢黜卢毓的情况看来，卢氏的政治立场非常明确，是属于曹氏的对立面，即司马氏一党。刘放长期担任魏中书监，和中书令孙资共同执掌机要。其政治立场，从魏明帝寝疾之时的一次人事变动中可以看出。《三国志·魏书·刘放传》：

“其年帝寝疾，欲以燕王宇为大将军，及领军将军夏侯献、武卫将军曹爽、屯骑校尉曹肇、骁骑将军秦朗共辅政。宇性恭良，陈诚固辞。帝引见放资入卧内，问曰：‘燕王正尔为?’放资对曰：‘燕王实自知不堪大任故耳。’帝曰：‘曹爽可代宇不?’放资因赞成之，又深陈宜速召太尉司马宣王以纲维皇室，帝纳其言，即以黄纸授放作诏。放资既出，帝意复变，诏止宣王，勿使来。寻更见放资曰：‘我自召太尉，而曹肇等反使吾止之，几败吾事。’命更为诏。帝独召爽，与放资俱受诏命。遂免宇、献、肇、朗官，太尉亦至登床受诏，然后帝崩。”②

刘放和孙资由于亲近銮舆，在魏明帝晚年的人事决策上实际上起到决定性的作用。由于二人从中操作，司马氏得以辅政，他

① 《三国志》，652 页。
② 《三国志》，459 页。

们与司马氏的关系已经非常明确。正始期间是曹氏压倒司马氏势力的时期。六年，刘放转骠骑将军，领中书监如故。七年，告老逊位，以列侯朝朔望，位特进。孙资的情况和刘放差不多。正史中没有明确记载刘孙二人逊位的原因，但根据《三国志》裴松之注引《孙资别传》所载："大将军爽专事，多变易旧章。资叹曰：'吾累世蒙宠，加以豫闻属托，今纵不能匡弼时事，可以坐受素餐之禄邪？'遂固称疾。"①可知孙资称疾是与曹氏政见不同之故，刘放逊位亦当作如是观。

嘉平元年(249)，曹氏和司马氏的斗争出现了翻转。司马懿奏免曹爽，诛杀魏臣丁谧、邓飏、何晏、毕轨、李胜、桓范等，其后司马氏独掌朝政，废立之事尽出其门。随着曹氏和司马氏的斗争进入了全新的阶段，拥护司马氏的人重新活跃在政治舞台上，卢毓复为吏部尚书，孙资也被任命为侍中，领中书令。张华的妻子正是曾任中书监的刘放之女。以往的研究者常据其《感婚赋》一文，断定张刘联姻在嘉平元年，②时张华十八岁，尚未进入仕途。但《感婚赋》并非为纪念自己结婚而作(详见下述)，因此认定张刘联姻时在嘉平元年。更谈不上参与两党之争，但是联姻于权贵之家，自然地让他关注现实政治。这次血腥屠戮使他明白了政治的凶险，《鷦鷯赋》中流露出来的那种忧生惧祸的意识，是他冷眼旁观现实中得到的启示，充分表明了一个年轻人政治思想的早熟。嘉平二年(250)，骠骑将军

① 《三国志》，460页。

② 《初学记》卷十四引张华《感婚赋》云："方今岁在己巳，将次四仲，婚姻者竞赴良时，粲丽之观，相继于路。"见徐坚：《初学记》，中华书局1962年，355页。案：己巳年为嘉平元年。

刘放去世。几年之后，张华才被郡守鲜于嗣举为太常博士，[①]开始了仕途经历。此时司马氏已经架空曹氏，成为政权的实际掌握者。张华早期有密切关系的人都是属于司马氏集团，他的身份实际上已经若有若无地打上了司马氏的印记，他依附于司马氏政权，既是衡量现实趋势之后的选择，也是合乎身份的选择。

早在入晋之前，张华被郡守鲜于嗣举荐为太常博士，不久又任职于秘阁，为著作佐郎。在这期间，他写了一篇《鷦鷯赋》，受到名士阮籍的高度赞扬，被誉为“王佐之才”。阮籍的品评对张华的仕途命运影响甚大。魏晋时候以九品中正制取士，门阀固然为影响品第高低的根本性条件，风神、道德和能力也足以影响一个人的声望和前途。如经名人鉴赏论定为优异之士，无异于取得打开官场大门的金钥匙，寒族士人的命运往往能因此而改变。东汉末年庞统就是一个例子。《世说新语·言语》刘孝标注引《蜀志》曰：“庞统字士元，襄阳人。少时朴钝，未有识者。颍川司马徽有知人之鉴，士元弱冠往见徽，徽采桑树上，坐士元树下，共语，自昼至夜。徽异之曰：‘生当为南州士人之冠冕。’由是渐显。”[②]张华被誉为“王佐之才”，事实证明他很早就显露出政治天赋。景元四年(263)左右，张华迁长史，兼中书郎。《太平御览》卷五九七引《张华别传》载：

“驾西征钟会，次长安。华兼中书侍郎，从行，掌军

① 陆侃如《中古文学系年》、姜亮夫《张华年谱》均系于正元二年。

② 《世说新语笺疏》，66～67页。

中书疏表檄，文帝善之。”①

文帝即司马昭，这说明张华所任职的公府是司马昭的相国府。汉代以来，长史是公府中比较重要的掾属，负责管理公府中的日常事务。魏晋时期公府府主和府掾之间的关系虽然渐渐松动，但两者的密切性还是不言而喻的。张华作为相国府的长史，在司马氏与曹氏的党争中并非冷眼旁观者，而是作为司马氏的得力助手参与其中，他的政治前途跟司马氏的命运紧密相关。

张华的家世并没有带给他多少仕途上的帮助，他之所以能够逐渐脱颖而出，主要依靠的是个人才华。由于文才出众，他受到名士卢钦、刘放、阮籍等人的赏识，得到了好的品评，并获得一段美满的姻缘，为走入仕途奠定了基础。张华的政治才能在担任长史期间被司马氏所发现，西征钟会回来之后，即转为中书郎，也就是《晋书》本传所载：“迁长史兼中书郎，朝议表奏多见施用，遂即真。”②司马氏代魏立晋之后，张华迁为黄门侍郎，几年后出任中书令，遂成为政坛上一个重要人物。

3. 晋武帝时期的经历

张华在入晋以后升迁很快，泰始元年拜黄门侍郎，封关内侯；七年任中书令，后加散骑常侍。随着资历的增长，他不可避免地介入到朝廷党争之中。晋武帝时期朝廷上以贾充、荀勖等人为首结成一党，与任恺、裴楷、山涛、羊祜等人政治立场相对立。张华在政治上属于主要由玄学名士构成的任恺党，与

① 李昉：《太平御览》，中华书局1960年影印本，2689页。

② 《晋书》，1070页。

主要有儒学大族构成的贾充党处于对立地位。

在两党之争进程中，有两件事情张华曾明确表态。一是平吴事件。《晋书·杜预传》：

> “时帝密有灭吴之计，而朝议多违，唯预、羊祜、张华与帝意合。”①

《晋书·张华传》：

> “初帝潜与羊祜谋伐吴，而群臣多以为不可，唯华赞成其计。”②

“朝议多违”、“群臣多以为不可”，是指贾充、荀勖、冯紞等人的阻挠。③贾、荀并非看不到伐吴时机成熟，而是站在对立党的立场，不希望任恺党因伐吴成功而增强势力。晋武帝最终采取了张华等人的意见，咸宁五年以张华为度支尚书，与其他主战派筹措平吴事宜。在晋武帝的支持下平吴取得了胜利，实现了全国统一。

二是立嗣问题。平吴胜利以后，立嗣问题成为一件大事浮出水面。贾充党坚决拥护智力低弱的太子嗣位，而任恺党的和峤、王浑、卫瓘等人却暗示太子不适合当继承人，张华也明确地提出应由晋武帝的弟弟齐王攸继位。本传载：

---

① 《晋书》，1028 页。

② 《晋书》，1070 页。

③ 参见徐高阮《山涛论》。

“帝问华谁可托寄后事者，对曰：‘明德至亲莫如齐王攸。’”①

任恺党拥护齐王攸，成了晋武帝的心病。为了确保太子能顺利继位，太康三年晋武帝纳贾充党之说，遣齐王攸归国。但齐王攸未曾归国就得了病，并在诸御医误诊为无疾的情况下病死。因而这次两党争斗的结果，以贾充党的胜利而告结束。

张华在西晋统一以后进封为广武县侯，增邑万户，声誉盛极一时，有台辅之望。在立嗣问题上，他代表自己阵营的意见，冒险向晋武帝进谏，由此得罪了晋武帝，导致不仅没有得到重用，甚至在贾充党的继续排挤下只能出任外职，直到免官。本传载：

“荀勖自以大族，恃帝恩，深憎疾之；每伺间隙，欲出华外镇。……紞曰：‘陛下谋谟之臣著大功于天下，海内莫不闻知。据方镇总戎马之任者，皆在陛下圣虑矣。’帝默然。顷之，征华为太常，以太庙屋栋折免官，遂终帝之世，以列侯朝见。”②

张华出镇幽州时在太康三年。③其后冯紞以魏末钟会握兵造反

① 《晋书》，1070页。

② 《晋书》，1070页。

③ 《晋书·武帝纪》“太康三年”：“春正月，丁丑，罢秦州，并雍州。甲午，以尚书张华都督幽州诸军事。”见73页。

之事，暗示张华都督幽州军事堪为忧虑，于是晋武帝把张华召回，并找了个借口免去他的官职。本传载：

> “紞尝侍帝，从容论魏晋事。因曰：‘臣切谓钟会之衅颇由太祖。’……帝曰：‘当今岂有如会者乎?’紞曰：‘东方朔有言“谈何容易”。易曰：“臣不密则失身”。’帝乃屏左右曰：‘卿极言之。’紞曰：‘陛下谋谟之臣著大功于天下，海内莫不闻知。据方镇总戎马之任者，皆在陛下圣虑矣。’帝默然。顷之，征华为太常，以太庙屋栋折免官，遂终帝之世，以列侯朝见。”①

张华没有强大的门第关系作为依托，在朝廷中根基浅薄，所以在政治斗争中最容易受到牵连。他作为贾充对立党成员，反对太子而支持齐王攸，因而在惠帝继位前夕被免官，乃是必然之事。②

张华和荀勖的关系，是两党之争中的一个缩影。荀勖出生于颍川荀氏家族，荀氏从东汉开始就在士林中很有影响。荀勖和贾充都是司马氏的忠诚支持者。入晋以后，荀勖出任中书

---

① 《晋书》，1071页。

② 关于张华免官的时间，万斯同《晋将相大臣年表》、陆侃如《中古文学系年》均系于太康八年。主要是根据《晋书·武帝纪》“太康八年”：“春正月戊申朔，日有蚀之。太庙殿陷。”案：关于太庙梁折的时间有不同记载。《晋书·武帝纪》“太康五年”载：“五月丙午，宣帝庙梁折。”不过太康五年张华还在幽州刺史任上，而太康八年乃太庙陷，并非梁折。《晋书·武帝纪》“太康十年”载：“十二月庚寅，太庙梁折。”校勘记注云：“十二月辛卯朔，无庚寅。《五行志上》、《宋书·五行志一》、《通典五一》引河南孙平子封事并作十一月。庚寅为十一月二十九日。”又《唐开元占经》卷一一四引干宝《晋纪》载：“武帝太熙元年，太庙梁折，四月世祖崩。”可知张华免官应是在太康十年十一月二十九日后或太熙元年，这两个时间非常接近，其一可能是史臣误载。

监，栖身“凤凰池”，掌管机要文书，后来又兼秘书监，掌管国史编撰、文籍整理等事务。泰始七年张华任中书令，与荀勖在中书省共事。在平吴、立嗣等政治大事上，凡是张华支持的，荀勖都反对；凡是张华反对的，荀勖都支持。荀勖不仅排斥张华，连张华荐举的蜀人也在他打击的范围之中。《三国志》作者陈寿是蜀人，蜀国被灭以后来到洛阳，受到张华的赏识和引荐。《晋书·陈寿传》载：“张华将举寿为中书郎，荀勖忌华而疾寿，遂讽吏部迁寿为长广太守。辞母老不就。杜预将之镇，复荐之于帝，宜补黄散。”①此外，以《陈情表》而在文学史上留名的蜀人李密，亦因为受到张华的重视而为荀勖所疾，详见下述。荀勖排斥张华及与张华相关的文士并非只是由于心胸狭隘，从更广远的角度看，还有一个两党之争的历史背景。

4. 晋惠帝时期的经历

晋武帝去世之后，张华的命运出现了转机。贾后为了对付杨骏家族以及宗室诸王，不得不与任恺党人联手。张华正是在这种情况下受到贾后的重用。本传载：

> “贾谧与后共谋，以华庶族，儒雅有筹略，进无逼上之嫌，退为众望所依，欲倚以朝纲，访以政事。疑而未决，以问裴頠，頠素重华，深赞其事。”②

贾后在重用张华之前征求裴頠的意见，可以看作是向任恺党寻求联合的示意。张华在这次斗争中又一次体现了他的政治才

---

① 《晋书》，2138 页。

② 《晋书》，1072 页。

华。《晋书·楚王玮传》载：

> “会天明，帝用张华计，遣殿中将军王宫赍驺虞幡麾众曰：‘楚王矫诏。’众皆释杖而走。……遂斩之，时年二十一。”①

面对强大的宗室势力，在瞬息万变的宫闱之争中，张华力挽狂澜，沉静、机智地处理了楚王玮夺权的问题，从而改变了政治局面。

张华有很强的实干能力，联结着广泛的玄学名士的势力，而且在朝廷上没有深厚的根底和复杂的门第关系。贾后要找的众望所归却不影响自己既得利益的人，没有比张华更合适的了。张华作为任恺党的代表和贾后达成某种默契。任恺党承认贾后的地位，贾后执政之后，则让裴頠、张华、裴楷、王戎等人相继掌管机要。《晋书·裴楷传》载：

> “玮既伏诛，以楷为中书令，加侍中，与张华、王戎并管机要。”②

正是在贾后和宗室诸王的权力争衡中，玄学名士们乘机攫取政治上的高位。张华也在元康六年拜司空，达到他政治生涯的顶峰。

元康时期张华的政治态度最有争议。对于贾后党和太子党

① 《晋书》，1597 页。

② 《晋书》，1049 页。

的矛盾，他尽量以进谏的方式加以调和。《晋书·张华传》曰："华遂尽忠匡辅，弥缝补阙。虽当闇主虐后之朝而海内晏然，华之功也。华惧后族之盛，作《女史箴》以为讽。"①显然，这种进谏的方式并没有产生效果。最后愍怀太子的亲信刘卞为了保护太子的地位，联合裴頠、张华、贾模等人密谋废后。本传载曰：

"卞以贾后谋问华，华曰'不闻'。卞曰：'卞以寒悴，自须昌小吏受公成拔，以至今日，士感知己，是以尽言，而公更有疑于卞邪？'华曰：'假令有此，君欲如何？'卞曰：'东宫俊乂如林，四率精兵万人。公居阿衡之任，若得公命，皇太子因朝入录尚书事，废贾后于金墉城，两黄门力耳。'华曰：'今天子当阳。太子，人子也。吾又不受阿衡之命，忽相与行此，是无其君父，而以不孝示天下也。虽能有成，犹不免罪，况权戚满朝，威柄不一，而可以安乎？'"②

又根据《晋书·五行志上》曰：

"帝既眊弱，而张华又不纳裴頠、刘卞之谋。"③

又《晋书·裴頠传》曰：

---

① 《晋书》，1072页。
② 《晋书》，1073页。
③ 《晋书》，805页。

“頠深虑贾后乱政，与司空张华、侍中贾模议废之，而立谢淑妃。华、模皆曰：‘帝自无废黜之意，若吾等专行之，上心不以为是，且诸王方刚，朋党异议，恐祸如发机，身死国危，无益社稷。’”①

在这次废后计划中，刘卞和裴頠是主动发起者，贾模和张华虽然悉知其事，却拒绝合作，以致最后行动付诸阙如。而贾党却趁机发动了废杀太子的阴谋，杀害了愍怀太子。张华也落得党附贾后的恶名，并被赵王伦所杀。

二、对张华的评价

长期以来，人们对张华的功过是非众说纷纭。在元康时期的两党之争中，张华虽然不是直接的参与者，但后人却把结果归咎于他在决策上优柔纵容、无所决断的态度。据《晋书·温羡传》，齐王冏辅政时期，建议恢复张华的官爵，当时论者有的不同意，认为张华对于贾后杀害愍怀太子一事的态度如同历史上的赵盾弑君。温羡反驳了这种论调，张华才得以恢复名位。②《贞观政要》卷二载杜如晦言：

“张华既抗直不能成节，逊言不足全身，王臣之节固

① 《晋书》，1042页。

② 《驳论张华》云：“自天子以下，争臣各有差，不得归罪于一人。……今以华不能废枉子之后，与赵盾不讨弑君之贼同而追责之，于义不经通也。”见《晋书》1267页。

已坠矣。"①

宋杨万里《诚斋集》卷八十七《千虑策》：

"张华能对千门万户之问，而不能救贾后司马伦之乱，前之敏，后之疑，小之明，大之暗。"②

有人认为张华是由于贪位惧祸才导致了悲剧的结局。吴师道《吴礼部诗话》引方岳《咏史》曰：

"堪笑张华死不休，谩精象纬古无俦。中台星折何曾识，只识龙泉动斗牛。"③

明人谢榛《四溟诗话》卷一曰：

"张华《励志》诗曰'甘心恬淡，栖志浮云'，竟以贪位被杀。……予笔此数事，以为行不顾言之诫。"④

姜剑云先生认为他缺乏对不义的斗争精神，充其量算是一个机智玄学家。他说：

---

① 吴兢：《贞观政要》，中华书局 2009 年，38 页。

② 杨万里：《诚斋集》，四部丛刊影宋写本。

③ 吴师道：《吴礼部诗话》，《历代诗话续编》，中华书局 1983 年，606 页。

④ 谢榛：《四溟诗话》，《历代诗话续编》，中华书局 1983 年，1144 页。

“在他的政治行为中，他虽然不像明哲保身者那样唯唯诺诺，毫无原则性，但他的斗争精神也就止于谏诤。以暴烈的斗争方式，舍生取义，杀身成仁，在他还做不到。患得患失，观望侥幸，以待时变，苟且求安，不能不说乃机智玄学家们因时推移、随遇适变心态在张华身上具体反映。”①

以上诸家看法，都对张华晚年的行为给予反面评价。笔者认为，经过政治上的大起大落之后，张华的政治态度渐趋于保守，这是有可能的。不过，结合张华个人的性格、经历和当时的社会背景，这种结局似乎又是必然的。因为作为某个政治阵营中的一员，张华的决策往往并不只代表他自己，而是代表一个集团的共同利益。元康时期，社会相对太平稳定，贾后和任恺党结成了统一阵线，名士如裴楷、王戎、王衍、乐广等人纷纷获得高位。在这种情况下，要求张华以杀身成仁的勇气脱离他所属的这个阵营，转而对付贾党，有点不现实。张华在宗室诸王、贾党、太子党之间采取虚与委蛇、“弥缝补阙”的态度，是符合他的处境和地位的。

张华拒绝废后的决定实是出于衡量现实局面之后的决定。贾党谋废太子和太子党谋废贾后两件事情几乎同时发生，但是两党的力量相差悬殊。中央机构中的多数重要人物都和贾后达成共存的默契，宗室诸王如赵王伦、梁王肜、淮南王允等也党

① 姜剑云：《太康文学研究》，中华书局2003年，31页。

附于贾后。而太子党势单力弱，除了身边的亲信，只有成都王颖是其拥护者。从成都王颖被出为平北将军这件事看来，两党之争中太子党显然是弱势的一方，其势力很容易就被消除。在这种情况下，要扶弱锄强又谈何容易？

从外部政治环境看来，张华选择贾后党也有其必然性。如果说张华以“不受阿衡之命”为拒绝刘卞的借口，是一种敷衍和搪塞，那么他对裴頠所说两个理由：一是“帝自无废黜之意”，二是“诸王方刚、朋党异议”，揭示了他真正担心的事情。晋武帝分封宗室二十七王，制定了制约诸王的措施以保证皇权稳定，使他们无法拥兵自重，反而可以为中央王朝屏护边境。[①]但这种分封制要求中央王朝的皇帝必须有能力来管理整个行政体系。而晋惠帝智力低弱，缺乏这样的能力。于是谁控制了皇帝，谁就能掌握国家大权。贾后深明这个道理，紧紧控制住晋惠帝，把他变成一个“土木偶人”，[②]而自己操纵实权。东安公繇、楚王玮、汝南王亮等人先后被贾后击败，正是由于她能够借着皇帝的名义发号命令。元康十年中宗室诸王由于一方面力量相当，互相牵制；另一方面晋惠帝依然掌握在贾后手中，所以暂时还处于互相制约的局面，不敢轻举妄动。但贾后一旦被废，党附贾后的诸王失去中心，将乘机发难，而“帝自无废黜之意”可能就是挑起事端的借口；且此时晋惠帝尚在，愍怀太子不能继位，朝廷没有足够的力量去牵制宗室诸王，诸王可能因此发生权力之争。从另一方面看，宗室诸王多数依附贾党，

---

① 祝总斌：《“八王之乱”爆发原因试探》，《北京大学学报》，1980年第6期。

② 王夫之：《读通鉴论》卷一二，中华书局1975年。

愍怀太子虽然被废，贾后依然可以掌握晋惠帝，只要诸王之间互相制衡的局面还保持着，就不至于造成朝政混乱。——张华万万想不到的是，党附于贾后的赵王伦竟反戈相向，并破坏了朝廷权力制衡的局面。

张华对宗室诸王的防范之心从元康初期诛楚王玮开始到永康元年拒绝帮助赵王伦篡权，可以说是一贯的。赵王伦篡权之后，宗室诸王互相残杀，造成八王之乱的历史悲剧，张华对此虽力不能及，然而却足以证明他元康期间“弥缝补阙”策略的正确性。后代学者对于西晋政策的得失皆有评论。《朱子语类》卷一百三十五：“晋大封同姓，八王之乱以此，元帝中兴亦以此。”①蔡襄《端明集》卷九：“晋八王之乱由领兵大盛。”②清顾栋高《春秋大事表》卷二十三《春秋楚令尹论》：“晋惩魏孤立之弊，而大封诸子，旋酿八王之乱。”③可见西晋一朝的兴衰有制度上的根源，实非张华一人之过。

从张华的性格看来，他拒绝废后的建议决非出于贪位。愍怀太子被废之后，太子左卫司马督司马雅及常从督许超欲复太子之位，以大臣将追谋废太子之责去游说赵王伦嬖人孙秀，将使其行废后之事。赵王伦嬖臣孙秀唯恐太子聪明，废后之后权力不能掌握在自己手里，于是改变计划，促使贾后杀害太子，然后名正言顺地行废后之事。这件事发生之前，赵王伦还企图拉拢张华共行其事，但是遭到了张华的拒绝。本传载：“及伦、秀将废贾后，秀使司马雅夜告华曰：‘今社稷将危，赵王欲与

① 黎靖德编：《朱子语类》，中华书局 1986 年，第 3232 页。

② 蔡襄：《端明集》，文渊阁《四库全书》版。

③ 顾栋高：《春秋大事表》，中华书局 1993 年，第 1840 页。

公共匡朝廷，为霸者之事。'华知秀等必成篡夺，乃距之。"张华并未为了保全地位而与赵王伦虚与委蛇，此亦可见其节操。

第二节　张华的儒道思想与人生态度

张华生活于儒学和玄学互相消长、磨合的魏晋时期，很自然地受到各种思想学说的影响。《晋书》本传载："华学业优博，辞藻温丽，朗赡多通，图纬方伎之书莫不详览。少自修谨，造次必以礼度。勇于赴义，笃于周急。器识弘旷，时人罕能测之。"①可见他自幼受到的教育以儒学为根基，而且其兴趣极为广泛，不局限于儒学之内。他进入政治中心接触了上层文士以后，又受到上层文士中极为流行的玄学的影响，习染玄学并有相当深刻的体悟。张华儒道兼济的学识和思想反映在他的为人处世、自身修养和诗文创作中。

一、儒家的理想和情怀

张华的儒家理想和情怀在他的诗歌中有所体现。《上巳篇》言："徘徊存往古，慷慨慕先真。朋从自远至，童冠八九人。追好舞雩庭，拟迹洙泗滨。"这首诗中所描写的正是他的社会理想。这个社会理想带着典型的儒家特征。孔子曾让他的学生各言其志，曾皙答以"莫春者，春服既成，冠者五六人，童子六七人，浴乎沂，风乎舞雩，咏而归"(《论语·先进》)，② 虽然是简单的图景，但充满太平、富足、文明、欢乐的气息，因此

① 《晋书》，1068页。

② 《论语集释》，806页。

最得孔子之心。这种社会也正是张华所向往的。

西晋前期社会相对太平稳定，大一统之后颇有盛世气象，贵族阶层在这样的社会环境中挥霍狂欢。晋武帝周旋于由世家大族为主要构成的不同党派之间，不仅宽纵他们在政治上互相攻击，还默许他们在日常生活中极尽奢华，炫富攀比。从而产生了王恺和石崇斗富、何曾日食万钱无处下箸、王济人乳饮豚、羊琇兽炭温酒等故事。目睹社会风气越来越败坏，张华心里常常有种战战兢兢的危机感。他的许多诗文透露出很强的道德意识，体现了一位善于观察的正直儒者对社会的深深忧虑，以及拯风救俗的使命感和紧迫感。《艺文类聚》卷六八引《相风赋》：

> “盖在先圣，道济生人，拟议天地，错综明神。在璇玑以齐七政，象浑仪于陶钧，考古旁于六气，仰贞观于三辰。爰在保章，世序其职，辩风候方，必立维极。循物致用，器不假饰，眇修干之迢迢，凌高墉而茎植。玄鸟偏其增翥，晞云霄而矫翼。嘉创制之穷理，谅器浅而事深。步元气于寻木，寄先识于兹禽。既在高而想危，又戒险而自箴。虽回易之无常，终守正而不淫。永恪立以弥世，志淹滞而愈新。超无返而特存，差偶景而为邻。”①

相风是一种立在车上观测风向的仪器。赋中言相风是先圣所制造的器物，它的功用不仅在于观测方向，还蕴含更深层的用

① 《艺文类聚》，1196～1197页。

意，即“既在高而想危，又戒险而自箴。虽回易之无常，终守正而不淫。永恪立以弥世，志淹滞而愈新。超无返而特存，差偶景而为邻”。这是张华赋予相风的道德品性。而赋中所言“在高而想危”、“戒险而自箴”，是张华身居高位有所感而发还是想对高位者进行劝诫，则不得而知。

张华另一首深受后人推崇的《励志诗》，也是其儒者人格的写照。诗云：

大仪斡运。天回地游。四气鳞次。寒暑环周。星火既夕。忽焉素秋。凉风振落。熠耀宵流。（其一）

吉士思秋。实感物化。日与月与。荏苒代谢。逝者如斯。曾无日夜。嗟尔庶士。胡宁自舍。（其二）

这是组诗的开头两首。诗中从天地运转四时变化而感受到时间流逝岁月无情，发出珍惜时光的感叹，很容易令人联想到《论语》所载：“子在川上曰：逝者如斯夫。”孔子对生命时光的珍惜令后人肃然起敬。汉代傅毅《迪志诗》中有类似的思想：“咨尔庶士，迨时斯勖。日月逾迈，岂云旋复。哀我经营，膂力靡及。在兹弱冠，靡所树立。……於戏君子，无恒自逸。徂年如流，鲜兹暇日。行迈屡税，胡能有迄。密勿朝夕，聿同始卒。”[①]张华这组诗中惜时奋发的理念，与傅毅《迪志诗》同样高尚，受到后人的称道。吴讷《文章辨体》卷十引刘履言：“汉魏以下诸诗未有如此篇能以圣贤之学自励者，且逝者如斯一语，

① 《先秦汉魏晋南北朝诗》，172 页。

程子谓汉以来儒者不识此义，今茂先独能及是，岂浅学可得而拟焉？”①

《励志诗》中包含的人生哲理还远不止此。生活在重文轻质的时代。张华虽然贵为三公，在武帝朝和惠帝朝都很受倚重，但个人生活却非常简单低调。《张华传》载：“雅爱书籍，身死之日，家无余财，惟有文史溢于几箧。”②这在以奢靡荒淫著称的西晋时期，显得非常可贵和难得。《励志诗》言：

虽有淑姿。放心纵逸。出般于游。居多暇日。如彼梓材。弗勤丹漆。虽劳朴斲。终负素质。（其四）

养由矫矢。兽与于林。蒲芦萦缴。神感飞禽。末伎之妙。动物应心。研精躭道。安有幽深。（其五）

安心恬荡。栖志浮云。体之以质。彪之以文。如彼南亩。力耒既勤。藨蓘致功。必有丰殷。（其六）

这几首诗大意是求仁得仁，当从先民之高矩而行，闲暇之时要培养高逸志气，研精耽道，磨砺品性，崇尚质朴，以免被世俗的浮华所迷惑。

与转眼即逝的浮华相比，张华更注重研精耽道和进德修业。《励志诗》云：

仁道不遐。德輶如羽。求焉斯至。众鲜克举。大猷玄漠。将抽厥绪。先民有作。贻我高矩。（其三）

---

① 吴讷：《文章辨体》，明天顺八年刻本。

② 《晋书》，1074 页。

水积成川。载澜载清。土积成山。歊蒸郁冥。山不让尘。川不辞盈。勉尔含弘。以隆德声。（其七）

高以下基。洪由纤起。川广自源。成人在始。累微以著。乃物之理。纆牵之长。实累千里。（其八）

复礼终朝。天下归仁。若金受砺。若泥在钧。进德修业。辉光日新。隰朋仰慕。予亦何人。（其九）

张华非常重视道德的力量，进德修业是他毕生的追求。他并不主张高调地宣传某个主义或某种理想，而是认为道德声望是一个积累的过程，必须时时刻刻涵养自己。就像水积累而可成大川，土积累而可成高山，人在平凡的生活中一点点积累仁和德，就能够提高自己的个人修养，并最终使天下人景慕道德的力量自愿归服。《励志诗》如同儒者的谆谆教诲，所励之志不是建功立业光宗耀祖，而是磨砺品性德行，这是令后代士人肃然起敬的原因所在。

张华在其它诗文中也常常强调道德的力量。《博物志·地理略赞》曰："无德则败，有德则昌。安居犹惧，乃可不亡。"以严格的道德修养要求自己，就可以避免放纵与堕落，保持人格独立与性情高洁。国家统治者也唯有修德才能使得国家昌盛，否则就会走向衰败。《北堂书钞》卷一三三《杖箴》曰："不正陷坠，不安倾危。"[①]卷一三三引《倚几铭》曰："倚几之设，云云作器。于此成礼，于彼不倚。"[②]卷一三三引《席铭》曰："前左端銘：安乐必敬，□□上珍；大道坦坦，初初在人。前右端

① 《北堂书钞》，535页。

② 《北堂书钞》，534页。

銘：行莫若□，居莫若正；行处止恒，修理俟命。”[1]这些箴、铭无不强调要行为端正，处处怀着礼敬之心。

张华的一生可谓积极入世，但他并不欣赏那些大量招致门客、热衷于各种社会活动的历史人物。其《游侠篇》言：

> 翩翩四公子，浊世称贤名。龙虎相交争，七国并抗衡。食客三千余，门下多豪英。游说朝夕至，辩士自纵横。孟尝东出关，济身由鸡鸣。信陵西反魏，秦人不窥兵。赵胜南诅楚，乃与毛遂行。黄歇北适秦，太子还入荆。美哉游侠士，何以尚四卿。我则异于是，好古师老彭。

这篇乐府诗写作年代不详，从题目上看似乎是专为歌颂游侠之作，诗中确也铺叙了战国四公子的侠义行为，对他们的侠义精神多称美赞叹，可是诗章结尾却直言自己与乐于招致游侠的四公子不同，乃是“老彭”的追随者。“好古师老彭”语出《论语·述而》：“述而不作，信而好古，窃比于我老彭。”[2]何晏《集解》引包咸曰：“老彭，殷贤大夫。”《经典释文》引郑玄曰：“老，老聃；彭，彭祖。”[3]老彭究为一人或两人尚不可考，但其“述而不作，信而好古”的品行正体现了孔子极为推崇的“古之学者为己”的道德修养。张华的人生态度就是希望像老彭一样行无为之法。

---

① 《北堂书钞》，531页。
② 《论语集释》，431页。
③ 《论语集释》，434页。

二、玄学心态和隐逸情结

张华出身寒门，虽少年得志，二十岁的时候(正元二年)就由郡守鲜于嗣举荐为太常博士，但在庞大的官僚系统中不过是一介普通官吏，并没有多大权势。从张华开始出仕的正元二年(255)到阮籍去世的景元四年(263)，这段时期正是司马氏和曹氏斗争最激烈的时期。正始十年(249)司马懿发动高平陵事变，杀害曹爽及其党羽，此后独专朝政，日渐显露出对曹氏宗室的威迫。嘉平六年(254)司马师废齐王曹芳而立高贵乡公曹髦，甘露五年(260)司马昭又杀曹髦而立元帝曹奂，直至咸熙二年(265)司马炎代位为帝。曹氏与司马氏两党之争中许多士人被迫害而死。如何在弱肉强食、党争严酷的社会中安身立命，对于张华这样一个政治上根底浅薄的寒门士子来说是非常重要的问题。

事实上，张华年轻的时候对这个问题已经有深入的思考。在刚入仕时所写的《鹪鹩赋》中，张华已经对“鹪鹩巢于深林，不过一枝”的生存状态有透彻的理解，他赋予鹪鹩“毛无施于器用，肉不登乎俎味”、“巢林不过一枝，每食不过数粒。栖无所滞，游无所盘”、“静守性而不矜，动因循而简易，任自然以为资，无诱慕于世伪”等特征，借鹪鹩暗示人在宇宙中亦不过沧海一粟，唯有委命顺理才能全生养性，处乱世之中尤其要行无为之事。《鹪鹩赋》中小鸟鹪鹩的生存处境与他极为相似，形微处卑，比上不足，比下有余，某种程度上可以视为他的自喻，体现了他对生活的理解和领悟。在他后来的人生中，在面对成败得失时，也未尝不受着这种充满玄学色彩的人生观的影响。鹪鹩的存在方式都是他为人处世的智慧源泉，也是用以保持自我的心灵慰藉。

太康年间，伐吴胜利的光荣犹未消失，张华就因主张立齐王攸为嗣被改任外职，出为幽州刺史长达三年时间。后又召回担任太常博士，旋即因太庙梁折而被罢官，直到太康末年惠帝继位。这是他一生中最失意的时候。在这段时间里，玄学给了他智慧和启示，使他对功名得失有着非常豁达的胸怀。《艺文类聚》卷三六引《归田赋》佚文：

> “随阴阳之开阖，从时宜以卷舒，冬奥处于城邑，春游放于外庐。归郏鄏之旧里，托言静以闲居。育草木之蔼蔚，因地势之丘墟。丰蔬果之林错，茂桑麻之纷敷。用天道以取资，行药物以为娱。时逍遥于洛滨，聊相佯以纵意。目白沙与积砾，玩众卉之同异，扬素波以濯足，溯清澜以荡思。低徊住留，栖迟菴蔼，存神忽微，游精域外。藉纤草以为茵，援垂阴以为盖。瞻高鸟之陵风，临儵鱼于清濑。眇万物而远观，修自然之通会。以退足于一壑，故处否而忘泰。”①

这篇被免职时所作的赋中并无半点低沉自伤的情绪。作者写自己欣然归家从事劳作，住在郏鄏(洛阳的旧称)的旧里，享受清静悠闲的生活。正因为真诚向往和依恋田园生活，他才能在困顿的现实处境中忘怀得失，领悟到自然通会、处否忘泰的生命境界。

---

① 《艺文类聚》，645 页。

惠帝继位以后，张华以抵制宗室干政而受到重用，被任为太子少傅，正是在政治上大有作为之时。但他也并未迷失自我，而是以玄学家的理智时刻警醒自己生活的本质追求是自在的存在状态。《答何劭诗三首》中却云：

"吏道何其迫，窘然坐自拘。缨緌为徽纆，文宪焉可踰。恬旷苦不足，烦促每有余。……"(其一)

这首诗应作于晋惠帝时期。诗中流露出非常厌恶官场生活的情感，对繁忙的公事感到拘迫而无可奈何，把官位看成束缚自己不得自由自在的绳索。又云：

"……自予及有识，志不在功名。虚恬窃所好，文学少所经。忝荷既过任，白日已西倾。道长苦智短，责重困才轻。周任有遗规，其言明且清。负乘为我戒，夕惕坐自惊。……"(其二)

诗中"周任有遗规"指的是《论语·季氏》中所载："周任有言曰：陈力就列，不能者止。"[①]"负乘为我戒"典出《周易·解卦》："六三。负且乘，致寇至，贞吝。"[②]"夕惕坐自惊"则出自《周易·乾卦》："君子终日乾乾，夕惕若厉，无咎。"[③]意思是随时自我反省所从事的工作是否超出力所能及的范围，时刻戒惧如履薄

---

① 《论语集释》，1134页。

② 李道平：《周易集解纂疏》，中华书局1994年，48页。

③ 《周易集解纂疏》，370页。

冰。从这些典故可以看出诗人对个人局限有清醒的认识，到了“白日已西倾”的桑榆之年，政务还那么繁重，所以有不胜负荷之感。诗中所言“志不在功名”、“虚恬窃所好”并非矫情，而是他玄学人生观的体现。

张华虽然处于政治漩涡的中心，拥有很多士人梦寐以求的地位和权力，但在他自己心里似乎常常有种摆落繁华、遗世独立的隐逸情结。《博陵王宫侠曲》其一曰：

> “侠客乐幽险，筑室穷山阴。獠猎野兽稀，施网川无禽。岁暮饥寒至，慷慨顿足吟。穷令壮士激，安能怀苦心。干将坐自□，繁弱控余音。耕佃穷渊陂，种粟着剑镡。收秋狭路间，一击重千金。栖迟熊罴穴，容与虎豹林。身在法令外，纵逸常不禁。”

博陵王宫即东汉博陵王刘珪的宫室。《后汉书·桓帝纪》载：“（延熹元年春三月）丙戌，分中山置博陵郡。”[①]《后汉书·孝献帝纪》载：“（建安）十八年春正月庚寅，复《禹贡》九州……徙赵王珪为博陵王。”[②]博陵地属冀州，这里以博陵王宫指河北一带。燕赵之地自古多慷慨悲歌之士，冀州所分幽并两州从来都是侠客横行的地方。所谓侠客，原是指急人之难、言出必行、抑弱扶强的豪侠之士，但观张华此诗所赞颂的侠客，却是一个幽居于山林深谷之中，与虎豹熊罴为伴，以打猎耕地为生，自给自足，逍遥世外的隐士。

① 《后汉书》，303页。

② 《后汉书》，307页。

三、对张华人生态度的评价

张华生活在崇尚浮华、争侈斗富、荒淫奢靡的西晋社会，谨慎地遵行儒者的本分，不仅没有随波逐流，还敢于批判现实，对世人提出忠告。他诗文中表现出的居安思危、惜时奋发、崇尚质朴和进德修业的意识，是其儒者本色的自然流露。虽未能发挥匡救时弊的功用，但其高尚情操依然值得后人尊敬和学习。

张华在现实生活中始终以一定的原则来约束自己，这个原则就是儒家的道德观。在平吴战争中，他极力主张发动伐吴战争并出谋划策，推动了全国统一的进程；在晋武帝立嗣问题上，他又建议以齐王攸继位，以致被晋武帝罢职。这些决策基本都是合乎历史潮流和社会道德的，体现了他作为一个儒者敢于担当的一面。但他又过于相信道德的力量，以为个人的道德足以改变历史的方向，当其子张韪劝他退位时，他答以“修德以应天道”。他断然拒绝赵王伦的拉拢，也是“修德”的一种方式。因为坚守这种“德”，也因为过分迷信“德”的力量，才使他最终走向被杀的下场。

张华的人生态度是像知足止分的鹪鹩一样生活。在武帝时期先后被贬职和免官，欣然归家从事劳作，不为名位患得患失；在惠帝时期采取“弥缝补阙”的消极措施，斡旋于各种政治势力之间。他谨慎地选择政治立场，切切实实地做了很多事情。但历史发展的方向往往并不按照某个人的想法去展开，最终张华“弥缝补阙”的政策不仅没有挽狂澜于既倒，甚至连自己的生命都赔进去了。张华向往着鹪鹩式的逍遥，然而在乱世中却不得不生活于夹缝之中。他最终被杀害可以说是鹪鹩式人生理想的破灭，也是自动放弃鷦鷯式无所作为的人生观的结果，或者还可以说，是坚持自己的社会责任、遵守某种道德原则的结果。

纵观张华的一生，除了入仕之前的生活，其它时间都是在党争复杂的政治环境中度过的。他从曹氏和司马氏的斗争中已经懂得顺性委命、知足止分的道理，后来又经历了朝代更替，见识到皇族内部的互相倾轧，更加懂得弥缝补阙的为政之道。他以浅薄的根基立足于政坛，被某一阵营推到政治斗争的风口浪尖上，从而经历了个人事业的起伏跌宕。他只是一个时代的参与者，是很多大事的推动者，却不是最终的决策者。我们可以通过他的个人经历来观察这个时代的大致走向，但不能让他承担兴亡治乱的全部责任。

本章小结

张华出身寒族，凭借个人才华得到刘放、卢钦、阮籍等人的垂青，从而步入仕途，成为司马氏幕府中的一员。他在司马昭西征钟会过程中出谋划策，显示出非同一般的实干能力。入晋之后，又站在任恺党的立场，与杜预等人极力主张发动平吴战争，成为平吴的功臣之一。后来又主张由齐王攸继位，得罪了晋武帝而被罢黜。晋惠帝元康年间，张华很受贾后倚重，他与众名士一起，以防范宗室、弥缝补缺为主要措施，成功地维护了十年政治安稳。但随着贾后废杀太子，诸王以此为名起兵，互相制衡的局面被打破，不仅陷入了诸王争权乱战中，张华更被赵王伦借机杀害。

张华一生都处在党争之中，从年轻时候开始就对自己的处境有清晰的认识。他积极入世，坚守儒家的道德观，努力引导社会道德走向正途。同时又以玄学家的态度生存于世。在被阮籍誉为王佐之才的《鷦鷯赋》一文中，他阐述了自足自乐、无用之用、处于材不材之间的庄子思想。这些思想对他影响终身，当他失意之时懂得豁达开通地看待人生，当他得意之时也并不失去自我，游走于自然和名教之间却能够进退自如。这是他与嵇康、阮籍不同之处，也是他成为西晋士人表率的原因之一。

第三章 张华对太康文学的推动作用

汉献帝建安十三年，曹操率领二十万大军南征，意欲吞并江南。面对危难，刘备联合孙吴进行抵挡，在赤壁进行了一次以少对多的著名战役，最终以五万士兵击溃曹操大军。此后曹操退守北方，扬州、荆州、交州为孙权所据有，刘备则领有益州。延康元年(220)，曹丕废汉自立，改国号魏。次年，刘备在四川成都称帝，两年后去世，后主刘禅继位。黄初三年(222)，吴国作为魏国的藩国始建。魏明帝曹叡太和三年(229)孙权称帝。

天下分久必合的大势在三国鼎立约半个世纪之后逐渐显现出来。在魏蜀吴三国中，最先灭亡的是实力最弱的蜀国。蜀国在短短四十余年的统治中曾多次对魏用兵，致使前期稍微有所恢复的国力白白损耗。到丞相诸葛亮去世之后，后主刘禅脱开缰绳纵情声色享乐，放任宦官黄皓专权营私，蜀汉政权日趋于没落。原来支持刘备的当地大族，对蜀汉政权建立以后采取的政治措施也怀有诸多不满。景元四年(263)司马昭派钟会、邓艾分兵攻打蜀国，以谯周为代表的当地大族毫不犹豫地放弃这个政权，力劝后主刘禅投降，蜀汉遂亡。

吴国灭亡是在西晋建立十五年之后。吴国和魏、蜀一样，也是由世家大族掌控政权，皇室内部和官僚贵族之间存在很深的矛盾，政治斗争一直都很激烈。到末帝孙皓统治时期，其荒淫残暴行为导致国中政治腐败衰落。咸宁五年(279)，晋武帝司马炎派贾充为大都督，总督王浑、王戎、胡奋、杜预、王濬、唐彬六路大军二十余万人大举伐吴。次年王濬水军沿长江直取建业，孙皓投降，西晋统一天下。

人们习惯上把公元三世纪初到五世纪初这段时间称为“魏晋时期”，而非“吴晋”或“蜀晋”。以“魏”指代整个时代，大致有两个方面的原因：一是历史上主要以魏为正统；二是与吴蜀两国相比，魏在政治文化上处于强势地位。就文学发展而言，现今流传的三国时期文学作品大部分是魏国文士所作，吴蜀两国的文学作品极少流传下来。直到西晋统一之后，南方文士来到都城洛阳，逐渐融入洛阳文化圈，他们的作品才有机会得到较好的保存和流传。因此，西晋文学跟魏代文学的一个重大差别，就是魏代文学主要由北方文士所创造，而西晋文学则由南北方文士共同创造。

在由三国鼎立走向全国统一、南北方文坛分立走向融合的过程中，张华起到非常重要的推动作用。太康文学创作的鼎盛以及文学风格的形成，都与他有密切关系。本章拟从三国统一的宏观视角来考察张华对西晋文坛重新整合的推动作用及其对西晋文学风尚的引导作用。

第一节　蜀人入洛及其创作

魏元帝咸熙元年，派邓艾和钟会西征伐蜀，蜀主刘禅在主降派谯周的劝说下投降，魏国兵不血刃就征服了西蜀。刘禅降魏以后，与一干劝降有功的大臣同被封侯，迁到都城洛阳。此后不少蜀地文人才士来到北方，成为西晋文坛的一支生力军。

回顾蜀人入洛的政治、学术背景，对认识西晋文学发展很有意义。

一、汉魏时期蜀地学术风气

蜀国地处西南，内有广袤肥沃的巴蜀盆地，外有大山阻隔如天然屏障，自古以来乃兵家必争之地，尤其在战乱时期经常成为一方之堡垒。西汉末公孙述在蜀称“白帝”十二年，东汉末刘焉、刘璋父子割踞益州长达二十五年。刘备入蜀之后也以此与北魏、东吴鼎足而三。

蜀地的学术文化发展受其地理形势影响，虽与中原时有交流，但受主流学术的影响不太大。蒙文通指出：“蜀人有自己的文化传统，未能笃信儒家的学说。西汉一代，严君平、李宏、扬子云是道家，阆中洛下闳、任文公都长于律历灾异。在《华阳国志》中著录的杨厚、任安等一派，自西汉末年直到晋代，师承不绝，都是以黄老灾异见长，共有三十余人，这在两汉最为突出。”①大致而言，两汉以来蜀地文化和宗教都比较发达，对儒道各家学说兼容并包，在学术上有不主一家的特点。

就经学而言，自西汉文翁把儒学传进蜀地开始，今文经学一直广为流行。公孙述统治时期，图谶之说大行于蜀土。东汉时期巴蜀地区继续推崇今文经学，形成了极为重视谶纬学说的特点。知名学者如新都段翳“明经术，妙占未来”(见《华阳国志·先贤士女总赞》)，弟子绵竹杜真也著有《援神钩命解诂十二篇》(见《蜀中广记》卷九十一载)；武阳杜抚师事淮阳薛汉，定《韩诗章句》(见《后汉书·杜抚传》)；宕渠冯绲学《公羊春秋》(见

① 蒙文通：《巴蜀古史论述》，四川人民出版社 1981 年，97 页。

《后汉书》注引谢承《后汉书》)；梓潼景鸾能理《齐诗》及施氏《易》(见《后汉书·景鸾传》)；新都杨春卿曾为公孙述将领，善图谶之学；子杨统从周循学先法，又从郑伯山学河洛之书及天文推步之术，通《夏侯尚书》，善言阴阳灾异，作《家法章句》和《内谶》二卷解说；孙杨厚秉承家学渊源，在今文经学方面有很深造诣，汉顺帝时曾入朝十余年，与当时大儒樊英、朗宗、襄楷、李固等分庭抗礼。晚年在蜀中授徒讲学，门人三千余人，遍布西蜀各地。据《华阳国志》卷十一《后贤志》、卷十二《益梁宁三州先汉以来士女目录》所载，杨厚的门人有雒人昭约、广汉寇欢、蜀郡何苌、蜀郡杨珏、蜀郡罗衡、蜀郡侯祈、巴郡任安、梓潼杜微、蜀郡杜琼、蜀郡高玩、蜀郡何宗、广汉董扶、广汉冯颢、巴西周舒等人。杨门学者以传习今文经学为主，擅长图谶、占卜、星象之学。

到东汉中后期，中原地区的经学从今文经学过渡到古文经学，名儒马融、郑玄兼通古今文经。因战乱而避地荆州的学者，虽然学术见解和马、郑不尽相同，但也是以古文经学为主，兼习今文经学。蜀地也有一些学者意识到蜀地多贵今文而不崇章句，学理有所不足，于是到中原或荆州游学。《华阳国志》卷十《杨充传》载："杨充，字盛国，梓潼人也。少好学，求师遂业，受古学于扶风马季长、吕叔公、南阳朱明叔、颍川白仲职，精研七经。"①《尹默传》也载："尹默，字思潜，涪人也。少与李仁俱受学司马徽、宋忠等，博通五经。专精《左氏春秋》，自刘歆《条例》、郑众、贾逵父子、陈元、服虔注说，略

① 常璩撰，任乃强校注：《华阳国志校补图注》，上海古籍出版社 1987 年，612 页。

皆诵述，希复案本。”[①]又《李仁传》：“李仁，字德贤，涪人也。益部多贵今文，而不崇章句。仁知其不博，乃游学荆州，从司马德操、宋仲子受古学，以修文自终也。”[②]又《李譔传》：“李譔，字钦仲，仁子也。少受父业，又讲问尹默，……著古文《周易》、《尚书》、《毛诗》、《三礼》、《左氏》注解、《太玄指归》，依则贾、马，异于郑玄。”[③]但传习古文经学的学者毕竟为数甚少。

另一个特点是靠世家大族保存和传承。陈寅恪先生指出：“东汉以后学术文化，其重心不在政治中心之首都，而分散于各地之名都大邑，是以地方之大族盛门乃为学术文化之所寄托……故论学术，只有家学之可言，而学术文化与大族盛门常不可分离也。”[④]沿袭东汉的这种传统，蜀地的学术文化传承也与世家大族密切相关。在杨厚门人中，任安、董扶、何宗、杜微、周舒等都出身于望族，他们辗转相传，互为师承，成为枝繁叶茂的文化大族，并通过向政治渗透来巩固自己的地位。

刘备入蜀之后寻求蜀地大族的支持，杨厚门人大多得到任用。《三国志·蜀书·杜微传》载：“建兴二年，丞相亮领益州牧，选迎皆妙简旧德。以秦宓为别驾，五梁为功曹，微为主簿。”[⑤]刘备能够在益州建立基业，与曹魏、孙吴形成对抗局面，主要得益于蜀地大族的支持。但刘蜀政权建立以后采取的

---

① 《华阳国志校补图注》，614 页。

② 《华阳国志校补图注》，613 页。

③ 《华阳国志校补图注》，614 页。

④ 陈寅恪：《崔浩与寇谦之》，《金明馆丛稿初编》，生活·读书·新知三联书店 2001 年，147～148 页。

⑤ 《三国志》，1019 页。

措施导致了与蜀地大族之间的缝隙。一方面他们倚重荆楚人才，致有"豫州入蜀，荆楚人贵"之说。另一方面相对今文经学而言，蜀汉上层官僚似更看重古文经学，刘备本人"周旋陈元方、郑康成之间"，曾令尹默"以《左氏传》授后主"；关羽"好《左氏》，讽诵略皆上口"；姜维"好郑氏学"；许慈"师事刘熙，善郑氏学"；而丞相诸葛亮所实施的政策则主要是法家之道，这些都跟蜀地的学术传统存在根本性矛盾。正由于文化和政治的双重隔阂，在魏国伐蜀的时候，蜀地大族毅然放弃刘蜀政权，转而投靠曹魏政权。①

二、汉魏时期蜀地文学创作

汉代以来蜀地学术文化发展很快，涌现出不少出色的文人学士。再以文学创作而言，蜀地文人的文学创作水平足可媲美于中原文士。武帝时司马相如作《子虚赋》，传到朝廷，帝叹"独不得与此人同时"。宣帝时王褒上《圣主得贤臣颂》，又上《甘泉》、《洞箫赋》，帝令宫人诵之。东汉成帝时，蜀郡杨雄始游京师，以文见召，奏《甘泉》、《河东》等赋，拜为黄门郎。降至魏晋，流风不衰。《华阳国志》卷十一载：

"(文立)凡立章奏，集为十篇；诗、赋、论、颂，亦数十篇。"②

"(王崇)著《蜀书》，及诗赋之属数十篇。其书与陈寿

---

① 朱霞欢《谯周论》中有详细论述，见《四川师范大学学报》(社会科学版)2003 年第 3 期。

② 《华阳国志校补图注》，624 页。

颇不同。”①

“(任熙)好述作，诗诔论难皆灿艳。”②

“(王长文)著《无名子》十二篇，依则《论语》，又著《通经》四篇，亦有卦名，拟《易》、《玄》。以为《春秋三传》传经不同，每生讼议，乃据经摭传，著《春秋三传》十二篇。又撰约《礼记》，除烦举要，凡十篇，皆行于时。”③

《三国志·郤正传》载：

“(郤正)性澹于荣利，而尤耽意文章，自司马、王、扬、班、傅、张、蔡之俦遗文篇赋，及当世美书善论，益部有者，则钻凿推求，略皆寓目。……凡所著述诗论赋之属，垂百篇。……郤正文辞灿烂，有张、蔡之风。”④

除了以上诸人，知名文人还有李密。李密又名李虔，字令伯，泰始初被征至洛阳任职，以祖母刘年老当奉养，上了一篇情文并茂的《陈情表》，因此而得盛名。《隋书·经籍志》载：“晋汉中太守李虔集一卷，梁二卷录一卷。”⑤《旧唐书·经籍志》载：“李虔集十卷。”⑥又：“李虔《续通俗文》二卷。”⑦均置西晋人中，

① 《华阳国志校补图注》，632 页。

② 《华阳国志校补图注》，644 页。

③ 《华阳国志校补图注》，645 页。

④ 《三国志》，1034～1042 页。

⑤ 魏征：《隋书》，中华书局 1973 年，1062 页。

⑥ 刘昫：《旧唐书》，中华书局 1975 年，2060 页。

⑦ 《旧唐书》，1986 页。

应即李密著述。《华阳国志》卷十一又载：

> “（李密）著《述理论》，论中和、仁义、儒学、道化之事凡十篇。著《述理论》，论中和仁义，儒学道化之事，凡十篇，安东将军胡黑与皇甫士安深善之。又与士安论夷齐，及司马文中、杜超宗、郄令先、文广休等议论往返，言经训诂，众人服其理趣。释河内赵子声诔、诗、赋之属二十余篇。”①

皇甫士安即西晋高士皇甫谧。皇甫谧自称玄晏先生，精通经史之学，虽未出仕，但门生多在朝为官，故名声很高。李密与皇甫谧论夷齐之文今未见载。谧有《高士传》三卷，亦不及夷齐。

蜀汉时期未能建立完善的制度以保存和管理本国史料，难免一定程度上造成历史文献的失传。②蜀国灭亡以后，蜀地文士有意识地保存旧蜀文献。一方面，着力编辑本州先贤文集。如诸葛亮的文集，即由陈寿和寿良分别纂集。另一方面，搜集和编纂本州人物传记。如上引《华阳国志》所载，蜀郡郑伯邑、太尉赵彦信，及汉中陈申伯、祝元灵，广汉王文表，皆以博学洽闻，作《巴蜀耆旧传》。蜀郡郑伯邕即郑廑，临卬人，任汉中太守。汉中陈申伯即陈术，位历三郡太守，博学多闻，著《释问》七篇、《益部耆旧传》及《志》。祝元灵即祝龟，撰《汉中耆旧传》，以著述终。赵彦信即赵谦，王文表即王商，《华阳国志》

---

① 《华阳国志校补图注》，638页。

② 《三国志·蜀志·后主传评》载：“国不置史，注记无官，是以行事多遗，灾异靡书。”见902页。

有传，但所著未详。这些史传著述都是蜀汉时期的私家撰史，是后来陈寿撰《益部耆旧传》的基础。

以上提及的著述已经不传，严可均《全上古三代秦汉三国六朝文》中辑有李密《陈情表》等三篇；文立《蜀都赋》残篇等四篇；王崇《论蜀后主》、《论姜维》二篇；郤正《为后主作降书》、《姜维论》、《释讥》三篇。蜀地文人作品流传下来非常少，除了典籍流传过程中自然散佚的因素，还有政治上的原因。蜀国较为保守的政治和闭塞的地理位置，导致了和魏、吴两国文化交流缺乏，蜀人的作品不可能通过流传于外国而得到保存；后来蜀国被魏所灭，作为战败国在文化交流中处于弱势地位，也没有受到足够的重视。

三、谯周及其门人

在蜀国统治时期，无论政治还是学术上，谯周及其门人都有极大的影响力。刘备称帝时，谯周作为蜀地大族的代表名列于劝进表上；司马氏伐蜀时，谯周力劝刘禅投降并最终得遂所愿。

谯周字允南，出身于蜀郡巴西大族谯氏家族。远祖谯玄"能说《易》、《春秋》"，汉成帝时曾公车诣京，数陈灾异。王莽擅权之后，谯玄弃官归家。后来公孙述占据蜀地，派使者前去征召，以死相挟，其子谯瑛捐献千万家财才免去此祸。谯玄"训诸子弟勤习经书"，谯瑛"善说《易》"。至谯周之父谯岍，犹能"治《尚书》，兼通诸经及图纬"（《后汉书》刘昭注引《蜀志》）。[①]谯周早年丧父，虽未亲受庭训，但家学渊源必为其学

① 《后汉书》，3265页。

术基础之一。

谯周的学术师承主要来自杜琼、秦宓。杜琼是任安的学生，而任安师从杨厚，故广汉杨氏今文经学是谯周的另一学术渊源。《三国志·蜀书·杜琼传》载：

“杜琼字伯瑜，蜀郡成都人也。少受学于任安，精究安术。……虽学业入深，初不视天文有所论说。后近通儒谯周常问其意，琼答曰：‘欲明此术甚难，须当身视，识其形色，不可信人也。晨夜苦剧，然后知之，复忧漏泄，不如不知，是以不复视也。’周因问曰：‘昔周徵君以为当涂高者魏也，其义何也？’琼答曰：‘魏，阙名也，当涂而高，圣人取类而言耳。’又问周曰：‘宁复有所怪邪？’周曰：‘未达也。’琼又曰：‘古者名官职不言曹，始自汉已来，名官尽言曹。吏言属曹，卒言侍曹，此殆天意也。’琼年八十余，延熙十三年卒。著《韩诗章句》十余万言，不教诸子，内学无传业者。周缘琼言，乃触类而长之曰：‘《春秋传》著秦穆侯名太子曰仇，弟曰成师。师服曰：“异哉君之名子也！嘉耦曰妃，怨耦曰仇，今君名太子曰仇，弟曰成师，始兆乱矣，兄其替乎？”其后果如服言。及汉灵帝名二子曰史候、董候，既立为帝，后皆免为诸侯，与师服言相似也。先主讳备，其训具也，后主讳禅，其训授也，如言刘已具矣，当授与人也；意者甚于穆侯、灵帝之名子。’后宦人黄皓弄权于内，景耀五年，宫中大树无故自折，周深忧之，无所与言，乃书柱曰：‘众而大，期之会，具而授，若何复？’言曹者众也，魏者大也，众而大，天下其当会也，具而授，如何复有立者乎？蜀既亡，咸以周言为验。周曰：'此虽己所推寻，然有所因，由杜君之辞而广之耳，殊无神思独至之异也。'"①

在这段记载中，杜琼从谶纬的角度解释魏代汉的历史，谯周进一步用以解释先秦两汉历史上的一些现象，并论证蜀并于魏的必然性，从而发展了杜琼的图谶之学，亦即当时所称的"内学"。《三国志·谯周传》又载："咸熙二年夏，巴郡文立从洛阳还蜀，过见周。周语次，因书版示立曰：'典午忽兮，月酉没兮。'典午者谓司马也，月酉者谓八月也，至八月而文王果崩。"②从这件事也可看出，谯周确实精于谶纬之学。

谯周从秦宓问学，事见《华阳国志》载：

"秦宓，字子敕，绵竹人也。初隐遁，不应州郡之命。丞相亮领益州牧，选为别驾、中郎将。吴使张温将反命，亮率百官饯之。温与宓语，答问若响应声，辞义雅美。温大敬服，以为蜀之有宓，犹鲁有仲尼也。迁长水校尉、大司农。宓辨帝系，论皇帝、王霸、养龙之说，甚有通理。弟子谯周具传其业。"③

"弟子谯周具传其业"句任乃强注曰："谓周《古史考》之说多出

① 《三国志》，1021～1022页。

② 《三国志》，1032页。

③ 《华阳国志校补图注》，567页。

于宓也。”[①]考《三国志·秦宓传》载：“初，宓见帝系之文，五帝皆同一族，宓辨其不然之本。又论皇帝王霸(养)[豢]龙之说，甚有道理。谯允南少时数往咨访，纪录其言于《春秋然否论》，文多故不载。”[②]然则“谯周具传其业”当指《春秋然否论》而言。

秦宓学术渊源不明，《三国志》本传载李权从宓借《战国策》，宓答曰：“书非史记周图，仲尼不采；道非虚无自然，严平不演。海以受淤，岁一荡清；君子博识，非礼不视。今战国反覆仪、秦之术，杀人自生，亡人自存，经之所疾。故孔子发愤作《春秋》，大乎居正；复制《孝经》，广陈德行。杜渐防萌，预有所抑，是以老氏绝祸于未萌，岂不信邪！成汤大圣，睹野鱼而有猎逐之失，定公贤者，见女乐而弃朝事，若此辈类，焉可胜陈。道家法曰：‘不见所欲，使心不乱。’是故天地贞观，日月贞明；其直如矢，君子所履。洪范记灾，发于言貌，何战国之谲权乎哉！”[③]由此看来，宓颇反对纵横家之学术，而推崇儒家、道家之说。他曾向刘焉推荐杨门弟子任安，与蜀地的今文学派或有关联。但他辨五帝并非一族，与司马迁《史记》有异，这种古史考实思想又非今文经学家所能有。谯周《古史考》专补正司马迁《史记》缺误。《晋书·司马彪传》载：“初，谯周以司马迁《史记》书周、秦以上，或采俗语百家之言，不专据正经，周于是作《古史考》二十五篇，皆凭旧典，以纠迁之谬

① 《华阳国志校补图注》，567页。

② 《三国志》，976页。

③ 《三国志》，973页。

误。”[①]谯周大胆怀疑《史记》所载上古史，与秦宓的启发不无关系。

谯周师承多方，精通六经古史、图纬方术，成为继董扶、任安之后的大学者。陈寿称他“为时硕儒，有董(仲舒)、扬(雄)之规”，实不为过。谯周生平著述很多，《三国志》本传载：“撰定《法训》、《五经论》(又名《五经然否论》)、《古史考》之属百余篇”。[②]《隋书·经籍志》录谯周著述有《五经然否论》五卷、《古史考》二十五卷、《法训》八卷、《五教志》五卷、《论语注》十卷、《三巴记》一卷等，今并佚，仅马国翰《玉函山房辑佚书》中辑得一卷。

谯周在蜀汉时期曾任益州典学从事，“总州之学者”，故弟子众多，遍布西蜀。《晋书·文立传》载：“文立，字广休，巴郡临江人也。蜀时游太学，专《毛诗》、《三礼》，师事谯周，门人以立为颜回，陈寿、李虔为游、夏，罗宪为子贡。”[③]《晋书·杜轸传》亦载：“杜轸字超宗，蜀郡成都人也。父雄，绵竹令。轸师事谯周，博涉经书。”[④]后文立、罗宪、陈寿、李密(即李虔)、杜轸皆入晋为官。

谯周弟子对西晋文化贡献很大，其中以陈寿最巨。据《华阳国志·陈寿传》载：“凡寿所述作二百余篇，符、莅、阶各数十篇，二州先达及华夏文士多为作传，大较如此。”[⑤]陈寿在洛

① 《晋书》，2142页。

② 《三国志》，1033页。

③ 《晋书》，2347页。

④ 《晋书》，2331页。

⑤ 《华阳国志校补图注》，634页。

阳生活的时间很长，其经历在蜀人中很具典型性。《晋书》和《华阳国志》均有传，但失于简略，且记载多不一致，有必要对其行年和著述详加考辨。

据《华阳国志》所载，寿在入晋之前，曾出仕蜀汉，担任卫将军主簿、东观秘书郎、散骑、黄门侍郎等职，而《晋书》仅载其任观阁内史，文献不足证，未详孰是。其入晋之后的经历，见《晋书·陈寿传》载：

> “司空张华爱其才，以寿虽不远嫌，原情不至贬废，举为孝廉，除著作佐郎，出补平阳令。撰《蜀相诸葛亮集》，奏之。除著作郎，领本郡中正，撰魏、蜀、吴《三国志》，凡六十五篇。……张华将举寿为中书郎，荀勖忌华而疾寿，遂讽吏部迁寿为长广太守。辞母老不就。杜预将之镇，复荐之于帝，宜补黄散，由是授御史治书。以母忧去职。……后数岁，起为太子中庶子，未拜。元康七年，病卒，时年六十五。寿又撰《古国志》五十篇、《益都耆旧传》十篇，余文章传于世。”①

又《华阳国志·陈寿传》载：

> “大同后，察孝廉。为本郡中正。益部自建武后，蜀郡郑伯邑、太尉赵彦信，及汉中陈申伯、祝元灵，广汉王文表，皆以博学洽闻，作《巴蜀耆旧传》。寿以为不足经

---

① 《晋书》，2137页。

远，乃并巴汉(当作广汉?)撰为《益部耆旧传》十篇，散骑常侍文立表呈其传。武帝善之，再为著作郎。吴平后，寿乃鸠合三国史，著魏吴蜀三书六十五篇，号《三国志》；又著《古国志》五十篇，品藻典雅。中书监荀勖、令张华深爱之，以班固史迁不足方也。出为平阳侯相。华又表令次定《诸葛亮故事集》，为二十四篇。时寿良亦集，故颇不同。复入为著作。镇南将军杜预表为散骑侍郎，诏曰：'昨适用蜀人寿良具员。且可以为侍御史。'上《官司论》七篇，依据典故，议所因革。又上《释讳》、《广国论》，华表令兼中书郎，而寿《魏志》有失勖意，勖不欲其处内，表为长广太守。继母遗令不附葬。以是见讥。数岁，除太子中庶子、太子傅从。太子废徙后，再兼散骑常侍。惠帝谓司空张华曰：'寿才宜真，不足久兼也。'华表欲登九卿，会受诛，忠贤排摈，寿遂卒洛下。位望不充其才，当时冤之。"①

两则传记对陈寿入晋后的记载存在很大差异，今辨其正误如下：

第一，《晋书》本传载司空张华举寿为孝廉，但上引《襄阳记》已言，泰始四年，罗宪举荐陈寿等人，即皆叙用。又《三国志·谯周传》："五年，予尝为本郡中正，清定事讫，求休还家，往与周别。"②可知陈寿于泰始五年(269)察孝廉，被任为巴西郡中正，清定之后才从京城返回蜀地。

第二，《晋书》和《华阳国志》所载陈寿任著作佐郎(或著作

① 《华阳国志校补图注》，634 页。

② 《三国志》，1033 页。

郎)缘由不同。《晋书》载陈寿“除著作佐郎”与张华(张华拜司空时在元康六年，这是以后来官职来指称)有关。万斯同《晋将相大臣年表》载泰始七年至咸宁四年张华出任中书令，而著作局隶属中书省，中书令、监有推荐著作郎与著作佐郎的权力，故陆侃如《中古文学系年》系张华荐陈寿时在晋武帝泰始七年(271)。而《华阳国志》载陈寿撰成《益部耆旧传》之后，文立表呈其传，得到晋武帝称许，然后才入洛任著作郎。今按《三国志·蜀书·诸葛亮传》载陈寿上呈《诸葛亮集》表文云：“臣寿等言：臣前在著作郎，侍中领中书监济北侯臣荀勖、中书令关内侯臣和峤奏使臣定故蜀丞相诸葛亮故事。……太始十年二月一日癸巳，平阳侯相臣陈寿上。”[1]据此，陈寿在泰始十年之前已任著作郎。著作郎与著作佐郎秩级不同，史书记载中多混而为一。《晋书》载为“佐著作郎”，而《华阳国志》载为“著作郎”，可能是《晋书》或《华阳国志》其中一部在记载的时候产生混淆，也可能是陈寿先以张华荐任佐著作郎，而后又因上《益部耆旧传》而转为著作郎。

第三，《华阳国志》所载陈寿任平阳侯、撰《诸葛亮故事集》的时间不确定。上举《三国志·蜀书·诸葛亮传》载陈寿《诸葛亮集》表文结衔为“太始十年二月一日癸巳平阳侯相臣陈寿上”，可知太始十年陈寿上《蜀相诸葛亮集》的时候已经出为平阳侯相(《晋书》误作“平阳令”)。又令其撰《诸葛亮集》者为“侍中领中书监济北侯臣荀勖、中书令关内侯臣和峤”两人，泰始七年之后中书令一直由张华担任，这里所言“中书令关内侯臣和峤”，

① 《三国志》，929页。

可能是张华丁母忧离职之后，由和峤代理中书令。张华丁母忧的具体时间不详，[①]但可以确定，陈寿出为平阳侯相、撰《诸葛亮集》应在泰始七年至十年之间。《华阳国志》系于平吴以后，显然有误。

第四，《华阳国志》载镇南将军杜预荐陈寿为散骑常侍，因改任侍御史的时间在平吴之后。按杜预以镇南将军出镇荆州，时在咸宁四年(278)平吴之前，故当以《晋书》所载为是。

第五，陈寿撰《三国志》、遭荀勖所忌出为长广太守等事，《晋书》系于平吴(280)之前。按《三国志》载孙皓太康五年(284)死于洛阳，可知成书时间应在平吴之后，当以《华阳国志》所载为是。但《华阳国志》前载“中书监荀勖、令张华深爱之，以班固史迁不足方也”，后又言“而寿魏志有失勖意，勖不欲其处内，表为长广太守”，显然自相矛盾。可能是张华、荀勖同在中书省共事，故误以二人并提，实则张华深爱之而荀勖颇忌之。

第六，《晋书》载张华将举陈寿为中书郎，荀勖讽为长广太守，事在平吴之前，而《华阳国志》系于《三国志》完成之后，当以《华阳国志》为是。太康三年至六年张华出任幽州刺史，举陈寿为中书郎当在太康六年回京之后，但遭到荀勖阻碍。荀勖表寿出任外职，而寿亦以母老辞，此后当继续担任著作郎职位。

第七，元康年间的经历。《晋书》载寿起为太子中庶子，未拜。又寿卒于元康七年(297)，时六十五岁，故当生于魏明帝太和七年(233)。《华阳国志》载陈寿任太子中庶子、太子傅从，兼散骑常侍，时在惠帝期间。生年未详，卒年在张华死后，即

---

① 《晋书·张华传》：“拜中书令，后加散骑常侍。遭母忧，哀毁过礼，中诏勉励，逼令摄事。”(1070页)陆侃如《中古文学系年》系于泰始九年。

永康元年(300)之后。关于元康年间的经历，由于文献不足征，故无法确考。

综上所论，陈寿一生可以确考的行年著述如下：

泰始五年，举孝廉，领本郡中正。

泰始七年左右，任著作佐郎(或著作郎)。

泰始十年之前，出为平阳侯相，撰《诸葛亮故事集》。

泰始十年，上《诸葛亮故事集》，复著作郎。

咸宁四年，杜预表为散骑常侍，除治书侍御史。

太康元年平吴之后，鸠合三国史，撰《三国志》。

太康六年后，张华将举其为中书郎，为荀勖所忌，表为长广太守，不就。

总之，西晋入洛蜀人均为蜀地优秀才俊，尤以谯周门人为多，为北方文坛带来新鲜气息。谯周学派继承汉魏蜀地学术风气，以治史学与今文经学为主。因此，入洛蜀人的作品中多为史学著述，特别是陈寿的《三国志》，代表了西晋史传文学的最高成就，在古代史学和文学史上都有重要地位。

四、蜀人入洛及其政治处境

蜀国被灭以后，晋武帝多次征召蜀人入洛。《蜀志·后主传》载《策命蜀后主》云："子孙为三都尉，封侯者五十余人。尚书令樊建、侍中张绍、光禄大夫谯周、秘书令郤正、殿中督张通并封列侯。"[1]随刘禅东迁者，有郤正与张通二人。《三国志·郤正传》载："后主东迁洛阳，时扰攘仓卒，蜀之大臣无翼从者，惟正及殿中督汝南张通，舍妻子单身随侍。后主赖正相导

---

① 《三国志》，902页。

宜適，举动无阙，乃慨然叹息，恨知正之晚。时论嘉之。赐爵关内侯。”①这是最早入洛的蜀人。

谯周及其门人也先后入洛叙职。谯周以劝降有功被封为阳城亭侯，接着又拜骑都尉。《三国志·蜀志·谯周传》载：

> “时晋文王为魏相国，以周有全国之功，封阳城亭侯。又下书辟周，周发至汉中，困疾不进。……晋室践阼，累下诏所在发遣周。周遂舆疾诣洛，泰始三年至。以疾不起，就拜骑都尉。”②

谯周门人罗宪当魏国伐蜀之时，带兵驻守永安城。蜀国投降之后，钟会、邓艾欲据蜀自立，吴国乘机派陆抗率军入侵，罗宪求救于晋王，被委任为凌江将军，封万年侯。继而为武陵太守、巴东监军，后入洛任职。《三国志·霍峻传》裴注引《襄阳记》曰：

> “泰始元年，改封西鄂县侯。宪遣妻子居洛阳，武帝以子袭为给事中。三年冬，入朝，进位冠军将军、假节。”③

文立也是谯周的学生，在蜀并于魏之后，被任为梁州别驾从事。咸熙元年，举秀才。泰始二年，拜济阴太守。晋武帝立太

---

① 《三国志》，1041 页。
② 《三国志》，1032 页。
③ 《三国志》，1008 页。

子，选立为太子中庶子。据《晋书·武帝纪》，立太子时在泰始三年春，则立入洛任职亦当在此年之后。又《晋书·武帝本纪》载，泰始四年十一月己未，“诏王公卿尹及郡国守、相，举贤良方正直言之士。”①《晋书·郤诜传》：“济阴单父人……泰始中，诏天下举贤良直言之士，太守文立举诜应选。”②依此则泰始四年末文立尚在济阴，入京应在泰始五年之后。

文立和罗宪仕晋以后，曾向晋武帝荐举蜀士。《三国志·霍峻传》裴注引《襄阳记》：

> “四年三月，从帝宴于华林园，诏问蜀大臣子弟，后问先辈宜时叙用者，宪荐蜀郡常忌、杜轸、寿良、巴西陈寿、南郡高轨、南阳吕雅、许国、江夏费恭、琅琊诸葛京、汝南陈裕，即皆叙用，咸显于世。”③

又《华阳国志》卷十一《后贤志》载：

> “立上：‘故蜀大官及尽忠死事者子孙，虽仕郡国；或有不才，同之齐民，为剧。’又上：‘诸葛亮、蒋琬、费祎等子孙，流徙中畿，宜见叙用，则以慰巴蜀民之心，其次倾东吴士人之望。’事皆施行。……立自内侍，献可替否，多所补纳。甄致二州人士，铨衡平当，为士彦所宗。”④

---

① 《晋书》，58页。

② 《晋书》，1439页。

③ 《三国志》，1008页。

④ 《华阳国志校补图注》，624页。

罗宪举荐多为旧蜀官员后代：常忌为蜀广汉太守常宏子，蜀国被灭之后，先已被司马昭辟为舍人，晋武帝践祚之后拜骑都尉，又除河内〔州〕令；寿良父祖二世为犍为太守，蜀时担任散骑常侍、黄门侍郎，蜀灭以后历任郡主簿、上计史、州治中、别驾等职；吕雅为蜀尚书令吕乂次子，《三国志·蜀书·吕乂附传》称其“清厉有文才，著《格论》十五篇”①；费恭即费祎之子；诸葛京为诸葛亮之孙、诸葛瞻之子；陈裕为蜀侍中、尚书令陈祗之子。唯杜轸、陈寿二人父祖不甚显赫，但均为谯周弟子，蜀汉时已经出仕。杜轸入洛任尚书郎，《晋书》本传载：“累迁尚书郎。轸博闻广涉，奏议驳论多见施用。时涪人李骧亦为尚书郎，与轸齐名，每有论议，朝廷莫能逾之，号蜀有二郎。”②高轨、许国二人无考。文立向晋武帝举荐旧蜀大臣诸葛亮、蒋琬、费祎等的子孙，与罗宪所举大致相同。又《华阳国志》卷十一《后贤志·王化传附王崇传》载：

> “崇字幼远，学业渊博，雅性洪粹，蜀时东观郎。大同后梁州辟别驾，别举秀才、尚书郎。与寿良、李宓、陈寿、李骧、杜烈同入京洛，为二州标隽。”③

据此，王崇、李密、李骧、杜烈均与寿良、陈寿等同时入洛。李密是谯周门下最出色的四名弟子之一，后官至汉中太守。王崇为巴郡太守王彭之子，入晋之前曾任梁州别驾，与文立共

---

① 《三国志》，988 页。

② 《晋书》，2331 页。

③ 《华阳国志校补图注》，632 页。

事，入晋以后官至上庸蜀郡太守。李骧为故尚书仆射李福之子，入晋仕为尚书郎，已见于上。杜烈为杜轸之弟，仕晋为湘东太守。此外仕晋的人还有不少。总的来说，泰始年间入洛的蜀人以旧蜀官吏后代和谯周门人为主。蜀人入洛之后并不都留在朝廷任职，而是大部分被派遣到西南各州郡担任地方官。

晋初任用大量蜀人，一方面是为了统治蜀地，另一方面也与晋武帝的平吴策略相关。蜀国踞于长江中上游，而吴国处在长江中下游，由西蜀沿长江水路直取吴国，是非常有利的进攻途径。何攀入洛即与伐吴有关。何攀出身蜀郡郫县大族，兄弟五人皆知名。入晋后何攀任益州刺史王濬的别驾，被派到洛阳陈奏伐吴事宜，遂得以显示才华。《华阳国志·何攀传》载："攀频奉使诣洛，时未婚，司空裴公奇其才，以女妻之。"[①]司空裴公即裴秀。裴秀卒于泰始七年，故其女许配何攀应在晋初。后来在平吴战争中，何攀担任王濬参军事，与张华等人一起建伐吴之策。吴平之后，封关内侯，后来又辗转迁廷尉评、散骑侍郎等职。元康中，武库火灾，何攀领兵护宫有功，迁为河南尹、扬州刺史，成为在少数能够位至方伯的蜀人之一。

在洛任职的蜀人，他们的兄弟后代亦多留于洛阳。如杜轸之子杜毗，《晋书·杜轸传附杜毗传》载："州举秀才，成都王颖辟大将军掾，迁尚书郎，参太傅军事。及洛阳覆没，毗南渡江。"[②]陈寿兄子陈符、陈莅，《华阳国志·陈寿传》载："兄子符，字长信，亦有文才，继寿著作佐郎、上廉令。符弟莅字叔

---

① 《华阳国志校补图注》，650页。

② 《晋书》，2331页。

度，梁州别驾，骠骑将军、齐王辟掾，卒洛下。”[①]何攀弟逢，封平乡侯；兄子夔，在晋封关内侯，官至越骑校尉。

蜀亡之后，地方政治比较稳定，可见晋武帝以蜀治蜀的政策是有效的。尽管蜀人取得西蜀各州府行政管理权，但在整个王朝的官僚体系中，他们的地位并不突出。留任中央王朝的蜀人主要担任清显而无实权的职位，并且很容易被北方士人所排斥。例如，武帝咸宁末文立卒后，李密曾上表举荐寿良，云：“二州人士零颓，才彦凌迟，无复厕豫纲纪后进、慰宁遐外者，良公朝英特，二州之望，宜见超予，绍继立后。”[②]随后寿良被征为黄门侍郎，兼二州都给事中、梁州刺史，迁散骑常侍、大长秋。《华阳国志·李毅传》载：“二州当太清中位，至方州节将者，寿良、何攀及毅。”可见蜀人官至方州节似乎已经是比较罕有的。[③]李密本人的仕宦经历也颇曲折。他在入洛之后担任太子洗马、尚书郎等职，后来又出任温令。晋初有重内官而不乐外职的风气，内官出任外职往往意味着被贬谪。《晋书·李密传》载：“密有才能，常望内转，而朝廷无援，乃迁汉中太守。自以失分怀怨，及赐饯东堂，诏普令赋诗，末章曰：‘人亦有言，有因有缘。官无中人，不如归田。明明在上，斯语岂然？’武帝忿之，于是都官从事奏免密官，后卒于家。”[④]再以平吴战争中功勋显赫的何攀而言，元康期间何攀任河南尹、扬州刺史，为官清廉，有德教政声，然征虏将军石崇表言“东南有

① 《华阳国志校补图注》，634页。
② 《华阳国志校补图注》，648页。
③ 《华阳国志校补图注》，654页。
④ 《晋书》，2276页。

兵气，不宜用远人”，因此征拜为大司农，实际上是被剥夺要职。西晋王朝对蜀人的防范由此可见一斑。

蜀人政治地位无法提升，既是由于北方世族中普遍存在的蔑视战败国、排斥外来者的文化心理，也跟西晋朝廷的党派斗争有关。以陈寿为例，他的一生受晋初两党之争影响极大。曾引荐过他的张华、杜预两人皆为任恺党人，在平吴战争中是主战派。杜预出镇荆州之前，亦即咸宁四年平吴战争的前夕，曾举荐陈寿为散骑常侍。晋武帝虽然处处提防蜀人，但是在这个特殊时期却也不能不对蜀人有所退让，最终升任其为侍御史。但平吴之后国事重心转移到立嗣问题上，任恺党拥护齐王攸而贾充党拥护太子司马衷，张华于太康三年出为幽州刺史，六年被召回，旋即因太庙梁折而被免官，自身处境岌岌可危，故虽举荐陈寿为中书郎，却遭到贾充党人荀勖的排挤而失败。荀勖时任中书监，直接管辖著作局诸事，他奏请陈寿出任外职，是为了打击任恺党的力量。《华阳国志》载陈寿因继母死不祔葬而受到讥议，果有其事，恐怕也是出于荀勖等人的指摘。直到晋惠帝即位以后，贾后倚重张华等人建立自己的权力体系，陈寿的政治命运才有所转变。《晋书》载陈寿起为太子中庶子，不拜；《后贤志》载寿除太子中庶子、太子傅从，后兼散骑常侍，均表明陈寿有升迁之事。陈寿长期受贾充党打击，久遭舆论排谴，如果没有强有力的后援，恐怕很难立足于洛阳，更不用说升职了。

另外值得注意的是，入洛任职的蜀人虽有互相引荐的风气，但他们存在内部矛盾也是广为人知的。《华阳国志·王化传附王崇传》载：“崇字幼远，……与寿良、李宓、陈寿、李骧、杜烈，同入京洛，为二州标隽。五子情好未必能终，惟崇独以宽和无所彼此。"①同卷《李密传》载："寿良、李骧与陈承祚相长短，宓公议其得失而切责之。"②这种群体内部的矛盾，使得他们在面对外部阻力的时候缺乏共同抵御和前进的力量，因而削弱了整体的利益。

第二节　吴人入洛及其创作

太康元年，吴帝孙皓投降西晋，西晋统一天下。与蜀国相比，吴国经济、文化更加发达。世家大族掌握政权，并逐渐形成自己的家学门风，宗族特色非常明显。因此吴人在亡国之后的心态和感情更加复杂，应对西晋的对吴政策也很特别。

入洛吴人均为吴地杰出之士，以二陆为代表活跃于西晋政坛和文坛之上，对西晋历史、文学发展产生极为重要的影响。因此，本节拟对吴地学术文学发展、吴人入洛及其政治处境加以考察。

一、汉魏时期吴地学风与文学创作

江南地区在先秦时候就开始开发。秦汉时期天下统一，江南经济得到长足发展，人口迅速增加，文化上也进步得很快。西汉吴王刘濞统治的时候，热心招引文人学士，在江南形成了一个文化中心，当时中原士人如邹阳、庄忌、枚乘等都曾来游江南。同时，也有部分中原士人由于种种原因迁徙到江南地

① 《华阳国志校补图注》，632 页。

② 《华阳国志校补图注》，638 页。

区，并逐渐发展为江南的世家大族。在长期的历史演变中，江南逐渐形成自己的文化特征，出现不少在学术和文学上比较有造诣的人，如西汉的庄助、朱买臣和东汉的王充等。到了汉魏之际，江南文化发展程度已经很高。一向有文化优越心理的北方人在接触了江南士人或其著述之后，常常为之折服。孔融读虞翻《易注》之后，喟然而叹："乃知江南之美者，非徒会稽之竹箭也。"他作《论盛孝章书》，即称美会稽名士之作。关于江南的开发及其文学发轫，跃进先生曾有过详细论述。①

与汉末以来不断发生变化的北方学风相比，吴国依然传承今文经学，一方面显得保守，另一方面也较好地坚持了师承传统。只不过这种师承是家族内部的传承，这一点从大族专门传习的经学可以看出。会稽虞氏世传孟氏《易》。《三国志·虞翻传》裴松之注引《翻别传》："翻初立《易》注，奏上曰：'……臣高祖父故零陵太守光，少治孟氏《易》，曾祖父故平舆令成，缵述其业，至臣祖父凤为之最密。臣亡考故日南太守歆，受本于凤，最有旧书，世传其业，至臣五世。'"②虞翻易学本诸家学渊源，所传习即汉代象数易，故精于占卜吉凶之道。据载，关羽兵败以后，翻曾为孙权占卜，得《兑》下《坎》上之《节》卦，五爻变之为《临》，乃断其"不出二日，必当断头"(《虞翻传》)，果如其言。翻后被流放交州，"以典籍自慰，依《易》设象，以占吉凶"(《翻别传》)。虞翻著《周易注》一书，对郑玄的学说诸多辩驳，孔融称其书"观象云物，察应寒温，原其祸福，与神合

① 跃进：《江南的开发及其文学的发轫》，《文学遗产》，2007年第3期。

② 《三国志》，1322页。

契，可谓探赜穷通者也”。

吴郡陆氏亦传《易》学，并精通天文学。《三国志·陆绩传》载：“(绩)幼敦《诗》、《书》，长玩《礼》、《易》”，“星历算数无不该览”，“虽有军事，著述不废，作《浑天图》，注《易》释《玄》，皆传于世”。[1]陆绩、虞翻各著有《太玄经注》，都是针对荆州学派宋衷所作的《太玄注》。宋衷字仲子，是刘表统治荆州时期援引的著名学者，门人极多，魏晋六朝时期影响极大的王肃就曾从其学《太玄》。宋衷此书以阐释义理为主，而陆绩《述玄》中对他颇有微词：“夫玄之大义，揲蓍之谓，而仲子失其指归，休咎之占，靡所取定，虽得文间义说，大体乖矣。”(《全三国文》卷六十八)[2]陆绩认为玄的根本在于揲蓍，如果“休咎之占，靡所取定”，就会“失其指归”。陆绩的同族陆凯也是东吴著名学者，《吴书·陆凯传》载：“虽统军众，手不释书。好《太玄》，论演其意，以筮辄验。”[3]陆凯注《太玄》也属注重阴阳、占卜的易学象数派，也似是反宋衷《太玄注》而作。又《三国志·虞翻传》注引《翻别传》曰：“虞翻以宋氏解《玄》颇有缪错，更为立法，并著《明杨》、《释宋》以理其滞。”[4]由此看来，东吴的易学以象数易为主，宋衷的学说在东吴并未被认同。

除了世家大族之外，东吴还有很多学者值得注意。《晋书·儒林·范平传》：“范平字子安，吴郡钱塘人也。……平研览坟

---

① 《三国志》，1328～1329页。

② 严可均：《全上古三代秦汉三国六朝文》，中华书局1987年，1423页。

③ 《三国志》，1400页。

④ 《三国志》，1322页。

素，遍该百氏，姚信、贺邵之徒皆从受业。”[1]史载未详，范平的学术归趣难求。其学生姚信是除虞、陆之外另一位东吴著名的易学家，著作有《周易注》、《士纬》、《昕天论》、《诫子》等，均已亡佚。唐代李鼎祚《周易集解》引《周易注》多则，马总《意林》卷四引《士纬》七则，从佚文内容看来，姚信的学说主阴阳五行之学。贺邵字兴伯，出自山阴贺氏，贺循之父。贺氏世传庆氏《礼》学。《晋书·贺循传》载：“其先庆普，汉世传《礼》，世所谓庆氏学。族高祖纯，博学有重名，汉安帝时为侍中，避安帝父讳，改为庆氏。”[2]在东吴影响较大的学者还有阚泽及其乡里先辈唐固。《三国志·吴书·阚泽传》：“泽州里先辈丹杨唐固亦修身积学，称为儒者，著《国语》、《公羊》、《谷梁传注》，讲授常数十人。权为吴王，拜固议郎，自陆逊、张温、骆统等皆拜之。”[3]唐固擅长的《公羊》、《谷梁》同属今文经。阚泽也“究览群籍，兼通历数”，著有《乾象历注》，虞翻称他为“蜀之扬雄”、“今之仲舒”。

交州学派的兴盛是东吴统治时期较为独特的现象。交州治所在番禺，包括今之两广和越南北部。汉末交趾太守士燮在交州招聚学者，形成了以刘熙为核心的学术圈。士燮本人就是一位学者，《吴书·士燮传》载：“燮少游学京师，事颍川刘子奇，治《左氏春秋》。……燮体器宽厚，谦虚下士，中国士人往依避难者以百数，耽玩《春秋》，为之注解。”[4]刘熙是北海人，建安

---

① 《晋书》，2346 页。

② 《晋书》，1894 页。

③ 《三国志》，1250 页。

④ 《三国志》，1191 页。

中因战乱避地交州。他精通郑氏学，著有《释名》二十七篇，采用因音求义的治学方法，开启了后代训诂学的门径。学生中知名者有许慈、薛综、程秉等人。后来许慈入蜀，而薛综在交州归附孙吴之后来到江左，成为江左知名文士。《三国志·吴书·薛综传》裴松之注引《吴录》载："综少明经，善属文，有秀才。"①本传载："(薛综)所著诗、赋、难、论数万言，名曰《私载》。又定《五宗图述》、《二京解》，皆传于世。"②虞翻也曾在交州活动，对交州学风有很大推动。《三国志·吴书·虞翻传》："遂徙翻交州。虽处罪放，而讲学不倦，门徒常数百人。"③

唐长孺先生指出江东学术有两个明显特点：一是流行今文说；二是流行天体论。他说："孙吴时期同时出现了三种《易注》，可见易学之盛，而就三种《易注》看来江南所流行的乃是孟氏、京氏，都是今文说，这与时代学风相背驰，从这一点可以证明江南学风较为保守。"④不过，在孙氏统治江南时期，学风也发生了一些转变。孙氏与蜀国刘氏、魏国曹氏一样，都是出身儒学之寒门，对经学有一定之修养。但与世家大族相比，孙氏学术修养驳杂不纯，似更重视注重名物训诂、史实考证的古文经。建安初，孙策有意请教精于《春秋左氏传》的吴郡人高岱，孙权亦曾说："孤少时历《诗》、《书》、《礼记》、《左传》、

---

① 《三国志》，1250 页。

② 《三国志》，1254 页。

③ 《三国志》，1321 页。

④ 唐长孺：《读抱朴子推论南北学风的异同》，《唐长孺文存》，上海古籍出版社 2006 年版，第 350～354 页。

《国语》，惟不读《易》。”[①]这从某种程度上推动了古文经学在江东的传播，尤其是传习《左传》和《毛诗》的学者屡见记载。如河南人徵崇，《三国志·吴书·程秉传》注引《吴录》载：“(崇)治《易》、《春秋左氏传》，兼善内术。”[②]陆氏在易学方面虽主象数易，但也兼习古文经中的《毛诗》，陆玑著有《毛诗草木鸟兽虫鱼疏》。据《隋书·经籍志》载，研究《毛诗》的著作还有韦昭、朱育的《毛诗答杂问》，以及徐整之的《毛诗谱》。

南方的许多世家大族，不仅政治地位显赫，也非常注重家族门风的培养。《世说新语·赏誉》载：“吴四姓旧目云：张文、朱武、陆忠、顾厚。”[③]四姓中的“张文”即吴郡张氏家族。[④] 吴郡张氏可考的有三支：张允张温父子一支；张敦张纯父子一支和张俨张翰一支。[⑤]张温文才出众，骆统称其“虽智非从横，武

---

① 《三国志》，1274 页。

② 《三国志》，1249 页。

③ 《世说新语笺疏》，491 页。

④ 吴四姓究指吴郡张温还是彭城张昭，近年学界存有争议。张承宗《三国“吴四姓”考释》(《江苏社会科学》，1998 年第 3 期)一文，认为“吴四姓”与“吴郡四姓”并不是一个概念。吴是指孙吴统治下包括吴郡的区域。“四姓”指张、朱、陆、顾。“张文”指张昭一族。对此，张旭华、王宗广撰《“吴四姓”非“东吴四姓”辨》一文，则据《世说新语·赏誉》所载：“吴四姓旧目云：‘张文、朱武、陆忠、顾厚。’”裴注引《吴录·士林》曰：“吴郡有顾、陆、朱、张，为四姓。三国之间，四姓盛焉。”又《文选》卷二八陆机《吴趋行》云：“属城咸有士，吴邑最为多。八族未足侈，四姓实名家。”唐李善注引张勃《吴录》曰：“八族，陈、桓、吕、窦、公孙、司马、徐、傅也。四姓，朱、张、顾、陆也。”进而指出，这些材料中“吴四姓”即“吴郡四姓”，亦即吴郡之顾、陆、朱、张四姓，其中张、朱二姓的代表人物是吴郡张温、朱桓和朱据。

⑤ 孙中旺《南朝吴郡张氏研究》(苏州大学 2001 年硕士论文)一文有周密考述。

非虓武，然其弘雅之素，英秀之德，文章之采，论议之辩，卓跞冠群，炜晔曜世，世人未有及之者也”。[①]温曾为《史记》、《汉书》、《东观汉记》之节略，今不传。二弟祗、白，亦有才名。张敦“德量渊懿，清虚淡薄，又善文辞”。张俨子张翰个性豁达，在洛中时曾思念故乡莼羹和鲈鱼之美而弃官归隐，因此获得美名，其诗歌成就也相当突出，被钟嵘誉为“虽不具美，而文采高丽”，“得虬龙片甲，凤凰一毛”。另一子张勃著《吴录》三十卷卷。吴郡张氏一门能文者众，以“文”目之，实不为过。

东吴的“二张”张纮和张昭也有文名。张纮字子纲，广陵人。《三国志·吴书·张纮传》载：“(纮)文理意正，为世令器。”裴松之注引《吴书》曰：“纮见柟榴枕，爱其文，为作赋。陈琳在北见之，以示人曰：‘此吾乡里张子纲所作也。’后纮见陈琳作《武库赋》、《应机论》，与琳书深叹美之。琳答曰：‘自仆在河北，与天下隔，此间率少於文章，易为雄伯，故使仆受此过差之谭，非其实也。今景兴在此，足下与子布在彼，所谓小巫见大巫，神气尽矣。’”[②]陈琳、孔融是北方有名的文士，他们对张纮如此称美，说明了张纮的文学才华跟北方文士相比毫不逊色。张昭字子布，彭城人。《抱朴子·弹祢》载：“表欲作书与孙权讨逆，於时已全据江东，带甲百万，欲结辅车之援，与共距中国，使诸文士立草，尽思而不得表意。乃示衡。衡省之曰：‘但欲使孙左右持刀儿视之者，此可用尔，傥令张

① 《三国志》，1332 页。

② 《三国志》，1246 页。

子布见此，大辱人也。’”①祢衡讥刺刘表作书，谓令张昭见则取辱，无异于称誉张昭之文才。

除了张氏家族之外，陆氏、顾氏也颇有文才出众之士。如《晋书·陆喜传》载：“尝为自叙，其略曰：‘刘向省《新语》而作《新序》，桓谭咏《新序》而作《新论》。余不自量，感子云之《法言》而作《言道》，睹贾子之美才而作《访论》，观子政《洪范》而作《古今历》，鉴蒋子通《万机》而作《审机》，读《幽通》、《思玄》、《四愁》而作《娱宾》、《九思》，真所谓忍愧者也。’”②陆喜是陆机、陆云的堂叔，从其自叙看来，他不仅创作了偏于思想性的子书，还有骚体文章。

东吴的史传著述也较发达。薛综子薛莹著有《后汉纪》，成就斐然。又曾与韦曜、周昭、梁广和华覈等共撰《吴书》。③韦曜字弘嗣，吴郡云阳人，孙亮时任太史令，撰《吴书》，被华覈誉为“汉之史迁”，孙休时任中书郎，依据刘向故事校定众书。后来得罪孙皓被囚，狱中曾上书曰：“囚昔见世间有古历注，其所纪载既多虚无，在书籍者亦复错谬。囚寻按传记，考合异

---

① 葛洪撰 杨明照校笺：《抱朴子外篇校笺》，中华书局 1997 年，485 页。

② 《晋书》，1486 页。

③ 《三国志·吴书·韦曜传》载：“孙亮即位，诸葛恪辅政，表曜为太史令，撰《吴书》，华覈、薛莹等皆与参同。”(1461 页)《吴书》的撰写时间持续了很久。孙皓即位之后令撰史者将其父孙和载于本纪之中，韦曜拒绝了他的要求，由是得罪下狱。薛莹上表奏曰：“《吴书》虽已有头角，叙赞未述。昔班固作《汉书》，文辞典雅，后刘珍、刘毅等作《汉记》，远不及固，叙传尤劣。今《吴书》当垂千载，编次诸史，后之才士论次善恶，非得良才如曜者，实不可使阙不朽之书。”(1464 页)由此可知韦曜被杀时《吴书》尚未最终完成，最后是由薛莹及华覈合作才完成的。

同，采摭耳目所及，以作《洞纪》，起自庖犧，至于秦、汉，凡为三卷，当起黄武以来，别作一卷，事尚未成。又见刘熙所作《释名》，信多佳者，然物类众多，难得详究，故时有得失，而爵位之事，又有非是。愚以官爵，今之所急，不宜乖误。囚自忘至微，又作《官职训》及《辨释名》各一卷，欲表上之。”①《隋书·经籍志》又著录有昭《春秋外传国语注》、《孝经解赞》、《汉书音义》等书。华覈字永先，《三国志》本传中载其上疏三篇，文辞可观。此数人各有所长，《太平御览》卷四四五载周昭《又论薛莹等》言：“薛莹、王蕃，器量绰异，弘博多通”；“韦曜笃学好古，博观群籍，有记述之才”；“华覈诗赋之才，有过於曜，典诰不及也。”②

吴国的文学作品很少流传下来，情况大致跟蜀地文士一样。严可均《全三国文》中辑有张纯《席赋》、华覈《车赋》、闵鸿《琴赋》、《羽扇赋》、《芙蓉赋》、杨泉《五湖赋》、《蚕善赋》、《养性赋》、《蚕赋》、《织机赋》、《草书赋》等残篇。从这些文赋看来，江左也流行咏物赋，跟北方文坛的创作风尚颇为同步，想必是两国文学交流较多的原因。但比起中原来说，江东学风较清通简要，故常被讥为不博。《三国志·吴书·虞翻传》裴松之注引《江表传》载策谓翻曰：“孤昔再至寿春，见马日磾，及与中州士大夫会，语我东方人多才耳，但恨学问不博，语议之间，有所不及耳。孤意犹谓未耳。卿博学洽闻，故前欲令卿一诣许，交见朝士，以折中国妄语儿。”③因此，江东士人在跟中

① 《三国志》，1463 页。

② 《太平御览》，2048 页。

③ 《三国志》，1318 页。

原人交往的时候，还是带着些文化自卑心理的。而吴国被灭之后，政治上的失败进一步加重了他们的自卑感。周一良先生在《魏晋南北朝史札记》“西晋王朝对待吴人条”中分析“二陆”心态说：“陆机入洛后，犹自称‘蕞尔小臣，邈彼荒域。’(《皇太子宴玄圃诗》)陆云《答张士然诗》亦有‘感念桑梓域，仿佛眼中人’之句，具见自卑情绪与桑梓之感。”①

二、西晋的吴人入洛现象

三国时期，吴人入洛的政治事件屡见记载。如孙皓宝鼎元年，曾派大鸿胪张俨、五官中郎将丁忠入洛吊祭晋文帝。建衡二年，前将军、夏口都督孙秀被孙皓所迫，携妻子部属奔晋，仕晋为骠骑将军、仪同三司。又武卫大将军、临成侯孙楷，以孙皓责难猜忌，率部属归晋，拜车骑将军、丹阳侯。但孙吴时期吴人入洛仅属个别现象，大规模的吴人入洛是发生在吴国灭亡以后。

晋武帝迁孙皓及其家族至洛阳，又下诏：“吴之旧望，随才擢叙，孙氏大将战亡之家徙于寿阳。”②薛莹是最初一批入洛的士人。《三国志·薛莹传》载：“天纪四年，晋军征皓，皓奉书于司马伷、王浑、王濬请降，其文莹所造也。莹既至洛阳，特先见叙为散骑常侍，答问处当皆有条理。”③薛莹入洛之后，曾向晋武帝引荐名士桓彝。《吴志》载：“晋平吴，薛莹入晋，

① 周一良：《魏晋南北朝史札记》，辽宁教育出版社1998年，113～114页。

② 《晋书》，72页。

③ 《三国志》，1256页。

晋武帝问吴之名臣，答曰：‘桓彝有忠贞之节。’”[①]桓彝出自儒学世家谯国桓氏，年轻时负有盛名，但他是到晋惠帝时才开始出仕，以庾亮的举荐任州主簿，吴亡之初并未入晋。

实际上，平吴之后，吴人的反抗情绪颇高。拒绝应召是最普遍的行为。《三国志》卷四十六裴松之注引《楚国先贤传》载：

> “石伟字公操，南郡人。少好学，修节不怠，介然独立，有不可夺之志。……吴平，建威将军王戎亲诣伟。太康二年，诏曰：‘吴故光禄大夫石伟，秉志清白，皓首不渝，难处危乱，廉节可纪。年已过迈，不堪远涉，其以伟为议郎，加二千石秩，以终厥世。’伟遂阳狂及盲，不受晋爵。年八十三，太熙元年卒。”[②]

《晋书·范平传》也载：

> “孙皓初，谢病还家，敦悦儒学。吴平，太康中，频征不起，年六十九卒。”[③]

有的甚至策划地方暴动。《晋书·周浚传》载：

> “时吴初平，屡有逃亡者，频讨平之。”[④]

---

① 《三国志》，1448 页。

② 《三国志》，1159 页。

③ 《晋书》，2346～2347 页。

④ 《晋书》，1658 页。

《晋书·武帝纪》亦载：

> “吴故将莞恭、帛奉举兵反，攻害建邺令，遂围扬州，徐州刺史嵇喜讨平之。”①

甚至他们还借助谶纬歌谣的舆论反抗西晋王朝。《晋书·五行志》：

> “武帝太康三年，平吴后江南童谣曰：‘局缩肉，数横目，中国当败吴常复。’又曰：‘宫门柱，且当朽，吴当复在三十年后。’又曰：‘鸡鸣不拊翼，吴复不用力。’于时吴人皆谓在孙氏子孙，故窃发为乱者相继。”②

吴人对抗情绪越强烈，越显示出西晋王朝的对吴政策存在很多问题。这种状况令晋武帝很忧虑，太康中对广陵人华谭的策问中，针对“吴人趑睢，屡作妖寇”、“吴人轻锐，易动难安”的严峻形势，他提出“今欲绥静新附，何以为先”的问题。华谭的回答是：“所安之计，当先筹其人士，使云翔闾阖，进其贤才，待以异礼；明选牧伯，致以威风；轻其赋敛，将咸顺悦，可以永保无穷，长为人臣者也。”(《晋书·华谭传》)③此答策被誉为“九州秀孝策无逮谭者”。

① 《晋书》，74页。
② 《晋书》，844页。
③ 《晋书》，1450页。

太康中晋武帝多次征召吴人入洛任职，就是一种抚绥东土的政策。从太康中后期到元康时期，朱、张、顾、陆等世家大族的子弟相继被征，形成了吴人入洛的热潮。《晋书·陆喜传》载：

“太康中，下诏曰：‘伪尚书陆喜等十五人，南士归称，并以贞洁不容皓朝，或忠而获罪，或退身修志，放在草野。主者可皆随本位就下拜除，敕所在以礼发遣，须到随才授用。’乃以喜为散骑常侍，寻卒。”①

考陆云《晋故散骑常侍陆君诔》曰：“惟太康五年夏四月丙申，晋故散骑常侍吴郡陆君卒。”②那么，陆喜等十五人入洛应在太康五年之前。但其余十四人是谁，已无从考知了。陆典也是较早入洛的吴人，陆云在《与陆典书之三》中称“大人每垂卹逮”，可知此人当为二陆同族长辈。又《之八》言：

“云再拜：巨卿在台，高誉洋溢。洛邑之内，无不钦敬。东南之贵宝，真不但会稽之筱荡也。每会，常共歌咏，信无一面不叹吟也。想方周旋携手，散今日之思耳。云再拜。”③

以此看来，陆典仕于晋且名位甚高，惜其行年事迹已无可考。

① 《晋书》，1487 页。

② 陆云：《陆云集》，中华书局 1988 年，98 页。

③ 《陆云集》，172 页。

入洛吴人中最知名者当属陆机、陆云。二陆入洛的时间向有争议，一般认为是在太康末年。[①]二陆因何得以入洛亦不明确。《世说新语·赏誉》载："有问秀才吴旧姓何如，答曰：'吴府君圣王之老成，明时之儁乂；朱永长理物之至德，清选之高望；严仲弼九皋之鸣鹤，空谷之白驹；顾彦先八音之琴瑟，五色之龙章；张威伯岁寒之茂松，幽夜之逸光；陆士衡、士龙鸿鹄之裵徊，悬鼓之待槌。'"刘孝标注曰："秀才，蔡洪也。"[②]但他引《蔡洪集·与刺史周俊书》中并无提及顾荣和二陆，故又加按语云："蔡所论士十六人无陆机兄弟……疑益之。"[③]因此，陆机兄弟是否以蔡洪荐而入洛还不能确定。

二陆入洛对其他江东士人有很大的带动作用，自太康末开始大约十五年的时间里，南人北上求仕成为潮流。《晋书·薛兼传》载："父莹，有名吴朝。吴平，为散骑常侍。兼清素有器宇，少与同郡纪瞻、广陵闵鸿、吴郡顾荣、会稽贺循齐名，号为'五俊'。初入洛，司空张华见而奇之，曰：'皆南金也。'"[④]薛兼字令长，薛综之孙，薛莹之子，家族三世有文名。纪瞻字思远，性静默，少交游，著述有诗赋笺表数十篇。《纪瞻传》

① 有人认为，太康元年陆氏兵败之后，陆机曾被俘至洛阳。但此说证据不明确，故暂存疑。又有人根据《南史·彭城王义康列传》载："袁淑尝诣义康，义康问其年，答曰：'邓仲华拜衮之岁。'义康曰：'身不识也。'淑又曰：'陆机入洛之年。'"认为邓禹二十四岁拜鄼侯，那么陆机是在二十四岁时入洛，时在太康五年。这条材料是孤证，故亦存疑。

② 《世说新语笺疏》，431～432页。

③ 《世说新语笺疏》，431～432页。

④ 《晋书》，1832页。

载："后举秀才，尚书郎陆机策之。"①闵鸿，广陵人，有集三卷，今存《亲蚕赋》、《琴赋》、《羽扇赋》、《芙蓉赋》、《莲华赋序》、《与刘子雅书》等文。顾荣字彦先，与二陆齐名。《晋书·顾荣传》："吴平，与陆机兄弟同入洛，时人号为'三俊。'"②《三国志》卷六十五裴注引虞预《晋书》："武康令顾荣，陆机、陆云表荐循……久之，召为太子舍人。"③贺循字彦先，出身会稽山阴贺氏家族，著《五经钩沉》，更撰《吴越春秋》，并杂文笔皆行于世。循入晋后历任阳羡、武康二县令，多有政绩，因无援于朝，故久不进序。后与郭讷同为陆机所荐，《晋书》本传载机上疏曰："伏见武康令贺循德量邃茂，才鉴清远，服膺道素，风操凝峻，历试二城，刑政肃穆。前蒸阳令郭讷风度简旷，器识朗拔，通济敏悟，才足干事。……至于才望资品，循可尚书郎，讷可太子洗马、舍人。"④后来贺循被召为太子舍人，郭讷也任太子洗马。二陆推荐的吴人还有吾彦和戴若思。吾彦字士则，吴平之后，陆云荐之于刺史周浚。(《晋书·孝友·吾彦传》)戴若思则是西晋后期由陆机推荐给赵王伦。(《晋书·戴若思传》)但这两人似乎都没有入洛。

在入洛的吴人中，夏靖、张悛、孙惠等人也与二陆兄弟有来往。夏靖是自行投拜的。《裴子语林》载："夏少明在东国不知名，闻裴逸民知人，乃裹粮寄载，入洛从之。未至家少许，见一人着黄皮裤褶，乘马将猎。少明问曰：'逸民家远迩?'答

① 《晋书》，1815 页。
② 《晋书》，1811 页。
③ 《三国志》，1459 页。
④ 《晋书》，1824 页。

曰：‘君何以问?’少明曰：‘闻其名知人，从会稽来投。’裴曰：‘身是逸民，君明可更来。’明往，逸民果知之。又嘉其志局，用为西门侯。于此遂知名。”(《太平御览》卷四四四引)夏靖今存有《答陆士衡》诗。张悛，字士然，《文选》卷二十四载陆机《答张士然》，李善注引孙盛《晋阳春秋》曰：“张悛，字士然，少以文章与士衡友善。”刘良注曰：“机从驾出游，士然赠诗，故有此答。”① 惜其赠诗已佚。孙惠入洛较晚，据《晋书》所言，永宁初才赴齐王冏召，后见冏骄奢傲慢，乃辞去。陆机任司马颖前锋都督的时候，孙惠为颖大将军参军，曾劝陆机让都督于王粹。但陆机没有听从他的建议，后来果然因此致祸。

二陆出身东吴大族，在吴人中名望极高，张华甚至誉为“伐吴之役，利获二俊”。他们入洛之后，积极为乡人争取仕进机会，举荐了不少吴地士人。《晋书·陆云传》称云“爱才好士，多所贡达”,②陆云《与兄平原书》中提到为吴人奔走的状况，曰：“近得洛消息，滕永适去。二十日书，彦先访为骠骑司马。又云似未成，已访难解耳。敬属司马参军，此间复失之，恨不得与周旋。戴允治见访大司马。”③信中对洛阳吴人的关切之情溢于言表，正可印证本传所言。夏靖《答陆士衡》诗言：“靡靡陆生，帝度共心。静恭夙夜，莫其德音。德音既莫，其美弥深。为物之主，为士之林。天作高山，大王荒之。荡荡荆土，子其康之。风俗未敦，子其臧之。群彦未叙，子其纲之。”④诗

① 《六臣注文选》，456 页。

② 《晋书》，1483 页。

③ 《陆云集》，145 页。

④ 《先秦汉魏晋南北朝诗》，694 页。

中对陆机推崇之高、期许之深，足可见二陆在吴人心中的地位。

三、吴人入洛之后的处境

西晋朝廷对入洛吴人的态度颇近于蜀人。吴国灭亡以前，西晋朝廷为了吸引吴人归降，对不满孙吴政治而降晋的宗室将领给予厚待，如孙秀拜骠骑将军、仪同三司，孙楷拜车骑将军、丹阳侯。但二人在吴国灭亡之后均被降职，司马光《资治通鉴》"晋武帝太康元年"载："初，朝廷尊宠孙秀、孙楷，欲以招来吴人。及吴亡，降秀为伏波将军，楷为度辽将军。"①由此见西晋王朝对待吴人的态度。

平吴以后，尽管晋廷多次征召士人入洛任职，但吴人的总体地位并不高。陆云《与戴季甫书》："江南初平，人物失叙，当赖俊彦，弥缝其阙。"②又《与杨彦明书》："阶途尚否，通路今塞，令人罔然"，"东人未复有见叙者，公进屈久，恒为邑罔党。"③《与陆典书》："愚以东国之士，进无所立，退无所守，明裂眦苦，皆未如意。"④从陆云给他人所写的书信可以看出，他对西晋王朝的用人政策深怀不满。陆机《荐贺循郭讷表》亦言："臣等伏思台郎所以使州州有人，非徒以均分显路，惠及外州而已。诚以庶士殊风，四方异俗，壅隔之害，远国益甚。至于荆、扬二州，户各数十万，今扬州无郎，而荆州江南乃无

① 司马光：《资治通鉴》，中华书局1956年，2568页。

② 《陆云集》，165页。

③ 《陆云集》，168页。

④ 《陆云集》，171页。

一人为京城职者，诚非圣朝待四方之本心。”①上表中提出“扬州无郎”、“荆州江南乃无一人为京城职”虽言过其实，但也可看出吴人在西晋朝廷地位之低。

与政治上的失利相关，吴人在国破之后，被北方人视为亡国之余。史书中记载了不少吴人巧于应对的例子。如《晋书·周处传》记载道：

> “及吴平，王浑登建邺宫酾酒，既酣，谓吴人曰：‘诸君亡国之余，得无戚乎?’处对曰：‘汉末分崩，三国鼎立，魏灭于前，吴亡于后，亡国之戚，岂惟一人!’浑有惭色。”②

王浑本来想戳吴人的痛处，周处反唇相讥，指其好了伤疤忘了痛，可谓善于应变。又如《世说新语·排调》载：

> “晋武帝问孙皓：‘闻南人好作《尔汝歌》，颇能为不?’皓正饮酒，因举觞劝帝而言曰：‘昔与汝为邻，今与汝为臣。上汝一杯酒，令汝寿万春。’帝悔之。”③

武帝使孙皓作《尔汝歌》，颇有令其布衣上酒的意思，孙皓借机以“尔”“汝”直呼对方，让武帝感到不快而又无可奈何。《世说新语·言语》亦载：

---

① 《陆机集》，中华书局1982年，174页。
② 《晋书》，1570页。
③ 《世说新语笺疏》，781页。

“蔡洪赴洛，洛中人问曰：‘幕府初开，群公辟命，求英奇于仄陋，采贤俊于岩穴。君吴楚之士，亡国之余，有何异才，而应斯举？’蔡答曰：‘夜光之珠，不必出于孟津之河；盈握之璧，不必采于昆仑之山。大禹生于东夷，文王生于西羌。圣贤所出，何必常处。昔武王伐纣，迁顽民于洛邑，得无诸君是其苗裔乎？’”①

蔡洪是吴国名士，被举荐到洛阳，遭到北方人讽为亡国之余，幸好蔡洪通今博古，引武王伐纣的典故反击，才得以保全吴人的尊严。

这样的事情也发生在二陆身上。《世说新语·方正》载：

“卢志于众坐，问陆士衡：‘陆逊、陆抗，是君何物？’答曰：‘如卿于卢毓、卢珽。’士龙失色。既出，谓兄曰：‘何至如此，彼容不相知也？’士衡正色曰：‘我父祖名播海内，宁有不知，鬼子敢尔！’”②

卢志出身于范阳大族卢氏，曾祖卢植为东汉大儒，祖卢毓、父卢珽皆为魏晋名士。而二陆出身吴郡陆氏家族，祖陆逊为吴国丞相，父陆抗官至吴国大司马，卢志不容不知。但他故意以父祖相质问，存心挑衅，表现了北方士族对南方士族的蔑视。余嘉锡《世说新语笺疏》言：“晋、六朝人极重避讳，卢志面斥士

① 《世说新语笺疏》，83 页。

② 《世说新语笺疏》，299～300 页。

衡祖、父之名，是为无礼。此虽生今世，亦所不许。揆当时人情，更不容忍受。”①陆机的回答虽逞了口舌之快，但却为日后遇难埋下了祸根。《晋书·陆机传》又载：

“(机)尝诣侍中王济。济指羊酪谓机曰：‘卿吴中何以敌此?’答云：‘千里莼羹，未下盐豉。’时人称为名对。”②

王济出身琅琊王氏，尚武帝常山公主。他在应对吴人的时候，也自然地流露出一种文化上的优越心态。他以羊酪来显示中州的优越性，颇有以物喻人的意味。《世说新语·简傲》亦载：

“陆士衡初入洛，咨张公所宜诣，刘道真是其一，陆既往，刘尚在哀制中。性嗜酒，礼毕，初无他言，唯问：‘东吴有长柄壶卢，卿得种来不?’陆兄弟殊失望，乃悔往。”③

刘道真名宝，山东高平人，虽出身寒族，但有文才武略，仕至侍中、安北大将军等职。二陆听从张华之言，以为刘道真学问很大，但他仅以“长柄壶卢”相问，态度甚为轻慢。姜亮夫《陆平原年谱》“太康十年条”言：“中原人士，素轻吴、楚之士，以为亡国之余……道真放肆，为时流之习，故于机兄弟不免于歧

① 《世说新语笺疏》，302～303页。

② 《晋书》，1472页。

③ 《世说新语笺疏》，770页。

视，故兄弟悔此一往也。”①

晋吴两国长期对立，除了政治上的冲突之外，还遗留了一些私人恩怨，并因此导致北方士人对吴人的敌视。例如陆机和潘岳的关系，就与历史问题有关。潘岳自幼受到杨肇的赏识，许以名门婚姻，终生对杨肇怀有知遇之感。杨肇在平吴之役中被陆机之父陆抗打败，免为庶人并郁郁而终。潘岳见到由吴人洛的二陆兄弟，自然地对他们产生了强烈的排斥心理。《裴子语林》载：

> “陆士衡在坐，潘安仁至，陆便起去。安仁曰：‘清风至，尘飞扬。’陆应声答曰：‘众鸟集，凤凰翔。’”②

潘岳在《代贾谧作赠陆机诗》中说“南吴伊何，僭号称王。大晋统天，仁风遐扬”、“在南称柑，度北则橙”，暗含着对陆机的讽刺。而陆机《答贾谧诗》言：“爰兹有魏，即宫天邑。吴实龙飞，刘亦岳立。”“惟汉有木，曾不逾境。惟南有金，万邦作咏。”③诗中言吴、蜀与魏为三国并立，北方固然风土独胜，南方也有风采特出者。他不以亡国之余而自甘下流，可谓不屈不挠，非常得体。

北方士人的轻视和敌意，不仅令吴人难以融入洛阳的生活，其复杂的党派关系对初至洛阳的吴人来说也是很大的隐

① 姜亮夫：《陆平原年谱》，古典文学出版社1957年，46页。

② 王根林等点校：《汉魏六朝笔记小说大观》，上海古籍出版社1999年，575页。

③ 《陆机集》，47～48页。

患。二陆在洛阳党争中得到的教训尤其深刻。太康末二陆初入洛时，杨骏以外戚身份掌握政权，企图撇开武帝时期朝廷两大党派贾充党和任恺党的势力而建立自己的权力体系，援引了许多在朝廷上没有复杂关系的人，二陆在不明政局的情况下为杨骏所辟用。不久杨骏事败，府掾大多受到牵连，甚至惨遭杀戮。二陆虽然侥幸逃脱，只得丢官回归吴地。这件事对不了解朝廷形势而又热心政治的吴人是一个惨重教训。惠帝元康二年，陆机再次赴洛任太子洗马，陆云亦在元康六年任吴王郎中令，后入洛任尚书郎等职。在元康后期贾后与愍怀太子的斗争中，二陆先是投靠贾谧门下，成为贾谧"二十四友"成员，在贾后逼害愍怀太子、引发朝廷公愤之后，陆机很快与贾氏划清界线，在《愍怀太子诔》中斥责贾后"如何晨牝，秽我朝听"，并助赵王伦诛杀贾谧，以功封关内侯。这是陆机入洛后在政治斗争中最有特识的一次。但在永康年间混乱的政局中，二陆却受门第家声的缧羁未能及时抽身离去，被成都王司马颖援引入其幕府。司马颖与河间王颙谋伐长沙王乂，以陆机父祖均为东吴名将，故命为后将军、河北大都督，督北中郎将王粹、冠军牵秀等诸军二十余万人。这引起了北方士人的强烈不满，卢志、孟玖、牵秀等人先后进谗于司马颖，二陆遂遇害。

自平吴之后直至永嘉之乱，吴人在洛阳的进取之途艰辛曲折，尽管他们才华出众，谋划积极，但处处被北方士族排斥阻扰，终究不能够在政治上有大作为。明哲保身如张翰者，为莼羹鲈脍退归故里，博得了一个豁达的名声。但更多的是渴望建立功业而不可得，最后不免颠沛流离命丧他乡的悲剧。政治上的排挤、文化上的隔膜和歧视使入洛士人很容易滋生失落感和孤独感。陆机《赠尚书郎顾彦先诗二首》其一言："凄风迕时序，苦雨遂成霖。……感物百忧生，缠绵自相寻。与子隔萧墙，萧墙阻且深。形影旷不接，所托声与音。音声日夜阔，何用慰吾心。"[①]《赠顾彦先诗》言："清夜不能寐，悲风入我轩。立影对孤躯，哀声应苦言。"[②]在失落感和孤独感的笼罩下，诗中的风是凄风、悲风，雨是苦雨，声是哀声，言是苦言，躯体是孤躯，心境何等悲苦凄凉！

在诸多现实问题面前，他们必须一方面不断进行自我调整，另一方面寻求外来的帮助。

四、吴人入洛之后的创作

入洛的南方文士一般出身于世家大族，文化修养比较高，有"二俊"、"三俊"、"南金"、"东南之宝"之誉。他们对西晋文学贡献巨大。

在入洛吴人中，二陆文学禀赋最高，成就也最大，是吴人群体的领袖。葛洪《抱朴子》曰："吾见二陆之文百许卷，似未尽也。一手之中，不无利钝。方之他人，若江河之与潢污。及其精处，妙绝汉魏人也。"(《北堂书钞》卷一百引《抱朴子》)[③]刘勰也对二陆尤其是陆机评价极高："观夫陆机、陆云，实荆衡之杞梓，挺珪璋于秀实，驰英华于早年。风鉴澄爽，神情俊迈；文藻宏丽，独步当时；言论慷慨，冠乎终古。高词迥映，如朗月之悬光；叠意回舒，若重岩之积秀。千条析理，则电拆

① 《陆机集》，49 页。

② 《陆机集》，164 页。

③ 虞世南：《北堂书钞》，中华书局 1989 年据光绪十四年南海孔氏刊本影印，380 页。

霜开；一绪连文，则珠流璧合。其词则深而雅，其义则博而显。故足远超枚马，高蹑王刘。百代文宗，一人而已。”钟嵘在《诗品序》中也称陆机为“太康之英”。

陆机的文学才能表现在很多方面，无论诗、文、文论、史论，还是书法，都有杰出作品。他的诗现存一百多首，内容大致可以分为三类：一是应酬诗；二是拟古和拟乐府诗；三是抒情诗。这些诗歌形式工整，语言华丽，大量运用对偶句，积极推动了五言诗的文人化、雅化进程，在注重言辞艺术性的南朝到初唐时期尤其受到推崇。他的辞赋现存二十七篇，有咏物赋、咏怀赋和招隐游仙赋。咏物赋描摹物态昭晰切状，符合他在《文赋》中提出的“赋体物而浏亮”理论。咏怀赋大多叙述自己追求功名、光大祖业、克振家声的理想和愿望。招隐游仙赋则反映了他对生命历程和生存状态的更深一层思考，以及徘徊于仕进和退隐之间的矛盾心理。

陆机的文学批评思想集中见于《文赋》，这篇理论著作对文学创作的起因、过程、构思立意、选辞考义、功用奥妙以及各种体裁的独特性都有所论述，有的观念是受到洛阳文坛创作风气的影响，也有的观念仍然没有超越汉儒天人感应观。[①]关于陆机的诗赋创作，以往论者甚多，此不赘述。

陆机还具有出色的史才。他曾议《晋书》限断云：“三祖实终为臣，故书为臣之事，不可如传，此实录之谓也。而名为帝王，故自帝王之籍，不可以不称纪，则追王之义。”（《初学记》

① 汪春泓：《从东吴学术文化特点看陆机文学理论和创作》，《复旦学报》（社会科学版），1999年第5期。

卷二十一《史传》注引)[1]这篇残文只是陆机整体思想的一鳞半爪，但足以表明他对晋史开端的看法。笔者怀疑这里说的“不可如传”应为“不可以不如传”，和下面“不可以不称纪”相对，意谓撰史应该遵循“实录”和“追王”两种原则。按照实录原则，宣、景、文三帝是魏代之臣，应该列之于“传”，以写作传记的方式去记载三帝事迹；但按照追王之义，他们都是晋武帝追封的帝王，应该列于“纪”中。如果说实录原则是坚持历史真实的话，那么追王之义就是要符合逻辑真实。陆机把历史真实和逻辑真实统一起来，显然是针对贾谧《晋书限断议》中一味照顾历史真实而不考虑逻辑真实的不足。[2]陆机根据自己的观点，写作了第一部晋代史书《晋纪》。《史通》卷十二《古今正史》载：“晋史，洛京时著作郎陆机始撰《三祖纪》。”[3]这部史书已经佚失，但可以从后人的评论中看出它的特点。《文心雕龙·史传》：“晋代之书，陆机肇始而未被。”[4]《史通》卷二《本纪》载：“陆机《晋纪》，列纪三祖，直叙其事，竟不编年。年既不编，何纪之有?”[5]从刘勰和刘知几的评论中我们可以推断：首先，

---

① 《初学记》，503页。

② 《晋书·贾谧传》载：“先是，朝廷议立晋书限断。中书监荀勖谓宜以魏正始起年，著作郎王瓒欲引嘉平已下朝臣尽入晋史。于时依违，未有所决。惠帝立，更使议之。谧上议请从泰始为断，于是事下三府，司徒王戎、司空张华、领军将军王衍、侍中乐广、黄门侍郎嵇绍、国子博士谢衡，皆从谧议。骑都尉济北侯荀畯、侍中荀藩、黄门侍郎华混以为宜用正始开元。博士荀熙、刁协谓宜嘉平起年。谧重执奏戎、华之议，事遂施行。”

③ 《史通通释》，38页。

④ 《增订文心雕龙校注》，207页。

⑤ 《史通通释》，349页。

这部《晋纪》并没有撰写晋武帝即位以来的历史，只记载宣帝、景帝、文帝三祖的事迹，所以又称为《三祖纪》；其次，陆机没有按照一般史书写《纪》的方法去记载，而是用写《传》的方法去写《纪》，所以被刘知几批评为“直叙其事而不编年”。《晋纪》从形式上按照“追王之义”把三祖列入《纪》；从内容上又按照实录原则，用作《传》的方法来撰写，正是陆机史学观点的反映。

陆云才情未必不及其兄，但终其一生都生活在其兄的光环之下，甚至在后世几千年中似乎一直被视为陆机的陪衬，这不能不说是一种遗憾。他在写给陆机的书信中，很有自知之明地说“云自不便五言诗”，因此他创作的诗歌大部分都是四言诗。不过，他的诗歌中具有一种典雅雍容的儒者气度，在同时代的诗歌中却极为难得。他的辞赋虽比不上其兄华美厚重，却也自有其清约的特点。《文心雕龙·才略》称：“士龙朗练，以识检乱，故能布采鲜净，敏于短篇。”[①]尤其值得注意的是，陆云文学创作的热情毫不亚于其兄，对文学也很有自己的见解，在后来所写的《与兄平原书》中，他提出许多独到的文学观点，很值得我们注意。

西晋统一之前，虽然吴人与晋人有不少文学交流，但政治隔阂和学术传统的差异，导致吴地文学在许多方面显得保守。吴人入洛之后势必要面临适应新文化环境的问题。在这方面，他们较蜀人表现得更为积极，心态也更加开放。他们在入洛后的创作与入洛前相比显示出很大不同。这一点从二陆的作品中能略窥一斑。

---

① 《增订文心雕龙校注》，576 页。

陆机入洛之前的诗歌创作似乎是以四言为主，目前存留下来的只有四言组诗《赠弟清河诗》。而入洛之后，他很努力地学习和接受洛中文风。陆云《与兄平原书》其四言：“一日见正叔与兄读古五言诗，此生叹息欲得之。”①陆机与潘尼一起读的“古五言诗”，就是汉末以来北方文坛流行的五言古诗。现存陆机诗歌中有一组《拟古诗》十二首，被钟嵘《诗品》誉为“五言之警策者”，即是对汉五言诗的拟作。

陆云为适应洛阳文风所作的努力主要体现在辞赋方面。陆云《与兄平原书》中论文特别注重“清”，所用评语有“清省”、“清绝”、“清妙”、“清工”、“清美”、“清利”等。如其九言：“省《述思赋》，流深情至言，实为清妙，恐故复未得为兄赋之最。兄文自为雄，非累日精拔，卒不可得言。《文赋》甚有辞，绮语颇多，文适多体，便欲不清。不审兄呼尔不？《咏德颂》甚复尽美，省之恻然。《扇赋》腹中愈首尾，发头一而不快。言‘乌云龙见’，如有不体。《感逝赋》愈前，恐故当小不？然一至不复灭。《漏赋》可谓清工。”②又其十一曰：“云今意视文，乃好清省，欲无以尚，意之至此，乃出自然。”③陆云的辞赋简洁干净，“布采鲜净，敏于短篇”，正是因为入洛以后受到北方文风影响的结果。

再从语言看。二陆入洛之后，必须面对南北方音韵差异的问题。陆云《与兄平原书》言：“张公语云云：兄文故自楚，须

① 《陆云集》，135 页。
② 《陆云集》，137 页。
③ 《陆云集》，138 页。

作文。为思昔所识文，乃视兄作诔，又令结使说音耳。”[①]刘勰《文心雕龙·声律》亦言：“张华论韵，谓士衡多楚，文赋亦称取足不易，可谓衔灵均之声余，失黄钟之正响。”[②]二陆来自吴地，言语中自然带着吴地方言，张华劝导二陆兄弟学习洛阳语言，是为了他们更好地融入洛阳的文化环境。唐长孺先生指出，陆云信中提到的“结使说音”当为“给使说音”，“给使”即伺候官员的使役，陆机作诔的时候要使役说音，因使役为洛阳人，表明二陆入洛后“已有学洛阳音之事”。[③]以二陆为代表的南士莫不如此，故葛洪《抱朴子外篇·讥惑》中讥笑当时南士“转易其声音以效北语，既不能便良似，可耻可笑”。[④]余嘉锡《世说新语笺疏·排调篇》言：“盖四方之音不同，各操土风，互相非笑，惟以帝王都邑所在，聚四方之人，而通其语言，去泰去甚，便为正音……东汉、魏、晋并都洛阳，风俗语言为天下之准则。”[⑤]所论最为允当。

从吴亡后写作《辨亡论》开始，陆机的诗文中往往“欲述其祖父功业”(《晋书·陆机传》)，并一再表示“生亦何惜，功名所叹”，这种强烈的家族和故土情结在魏晋文士中是少有的。而这些构成了太康文学丰富多彩的内涵。

---

① 《陆云集》，140页。

② 《增订文心雕龙校注》，432页。

③ 详见唐长孺先生《读〈抱朴子〉推论南北学风的异同》的有关考述。该文辑入《魏晋南北朝史论丛》，生活·读书·新知三联书店1955年。

④ 《抱朴子外篇校笺》，12页。

⑤ 《世说新语笺疏》，793～794页。

第三节　张华对西晋文坛重新整合的推动作用

西晋前期政治太平稳定，许多文人从各地来到洛阳，特别是蜀地、吴地的文士，成为洛阳文坛的新力量。而在京城洛阳生活，必须面对政治斗争、文化歧视等诸多社会问题。他们融入洛阳社会，适应洛阳文坛的创作习惯将是一个漫长的过程。在这样一个大整合时代，张华以开放的心态和积极的行动，努力为外来文人营造更好的生活、创作环境，并因此奠定了他的文坛宗主地位。

一、张华对入洛文士的引荐

张华少孤贫，以牧羊为生，后因学业优博、才华出众见赏于卢钦、刘放、阮籍等人，逐步走上仕途经济之路。寒族出身的事实导致了张华在政治上常常受到排挤，也正因为这样，一旦主持风气，他便非常热心奖掖寒士。《晋书·张华传》载："华性好人物，诱进不倦，至于穷贱候门之士有一介之善者，便咨嗟称咏，为之延誉。"①魏晋之际由山东、东郡、敦煌等地来到洛阳游学或任职的著名文人左思、成公绥、束皙、索靖等人，均曾受到张华的举荐；还有一些在政治上很有影响的人，如陶侃、慕容廆、成公简等，也曾得到张华的品题。

左思来自山东，入洛之后历经十年写成《三都赋》，但未受时人重视。《世说新语·文学》载："左太冲作《三都赋》初成，时人互有讥訾，思意不惬。后示张公，张曰：'此《二京》可三，

① 《晋书》，1074页。

然君文未重于世，宜以经高名之士。'思乃询求于皇甫谧，谧见之嗟叹，遂为作《叙》。于是先相非贰者，莫不敛衽赞述焉。"①左思以《三都赋》示张华，其意非常明显，即希望张华为之扬誉。尽管张华擅长风格清省的抒情赋和咏物赋，但仍给予"二京可三"的肯定评价。《晋书·左思传》所载略有不同："及赋成，时人未之重。……文多不载。司空张华见而叹曰：'班、张之流也，使读之者尽而有余，久而更新。'于是豪贵之家，竞相传写，洛阳为之纸贵。"②所谓"班张之流"，跟"二京可三"意思相近，就是说《三都赋》可以媲美于班固的《两都赋》和张衡的《二京赋》；所谓"使读之者尽而有余，久而更新"，就是说赋有余韵，能使人读之不倦。京都赋的特点是堆砌文辞而缺乏真情深意，很容易给人繁重沉闷之感，张华的这个评价，无疑能引起求新求变的洛中文坛注意左思的《三都赋》。经过一番宣扬，《三都赋》誉满京城，由此而有洛阳纸贵的佳话。又《世说新语·文学》刘孝标注引《左思别传》："司空张华辟为祭酒。"③据此，则张华不仅推崇左思的作品，还曾给予过实质性的引荐。

索靖是敦煌人，著名书法家、学者和文学家，书法作品流传后世者有《出师表》、《月仪帖》、《急就章》，又著有《五行三统正验论》及《索子》、《晋诗》各二十卷。索靖年轻时曾游太学，与张华相结交。《晋书·索靖传》载："唯靖该博经史，兼通内纬，州辟别驾，郡举贤良方正，对策高第，傅玄、张华与靖一面，

---

① 《世说新语笺疏》，246～247页。

② 《晋书》，2377页。

③ 《世说新语笺疏》，246页。

皆厚与之相结。”[①]束皙，阳平元城人，与兄束璆同游国学时，深为博士曹志所推崇。皙娶石鉴侄女为妻，后弃之，由是得罪，州郡公府皆不辟，张华担任司空之后，首次召束皙为掾。《晋书·束皙传》载：“……张华见而奇之。石鉴卒，王戎乃辟璆。华召皙为掾，又为司空、下邳王晃所辟。华为司空，复以为贼曹属。……转佐著作郎，撰《晋书·帝纪》、《十志》，迁转博士，著作如故。”[②]张华推荐束皙为佐著作郎，使他得到非常好的读书和著述的条件。[③]束皙在秘阁遍观群书，由此博学多通，整理汲冢竹书，“随疑分释，皆有义证”，又著有《三魏人士传》、《七代通记》、《晋书·纪》、《志》、《五经通论》、《发蒙记》、《补亡诗》、文集数十篇等，现存仅有《补亡诗》六首。

其余范乔、牵秀诸人，苟有一善，即为张华所称赏。《晋书·范乔传》载：“时张华领司徒，天下所举凡十七人，于乔特发优论。”[④]范乔曾著《刘扬优劣论》，与光禄大夫李铨论刘向扬雄

---

① 《晋书》，1648页。

② 《晋书》，1432页。

③ 关于束皙应司空府辟及转佐著作的时间，各书记载不同。《太平御览》卷二三四引《文士传》：“束皙应司空辟，入府六日，除佐著作郎。著作西观，撰《晋书》，草创《三帝纪》及《十志》。”《初学记》卷十二引作“入月余”，《北堂书钞》五十七引作“入府匝月”。陆侃如先生《中古文学系年》怀疑“入府”是指应张华司空府辟为贼曹属，“入府六日”应为“入府六月”，并假定束皙迁官在元康七年。根据《晋书·惠帝纪》记载，元康六年正月，故司空、下邳王晃卒，张华代为司空，那么束皙的任职经历应该是元康四年年底应司空、下邳王晃辟，张华拜司空之后又以为贼曹属。《太平御览》所引的“入府六日”、《初学记》和《书钞》所言的“入月余”、“入府匝月”即除佐著作，这里的“府”应指张华司空府。元康六年张华领著作，这时束皙从张华司空府贼曹属任上被推荐为佐著作郎，也比较合理。

④ 《晋书》，2432页。

孰优孰劣的问题，后以德行廉洁见称。牵秀著有文集五卷。此人因有美才而曾被张华接引，任张华司空府长史。《三国志·魏书·牵招传》裴松之注引荀绰《冀州记》："(牵)秀有隽才，性豪侠有气，弱冠得美名。……与帝舅黄门侍郎王恺素相轻侮，恺讽司隶荀恺，令都官诬奏秀夜在道中载高平国守士田兴妻。秀即表诉被诬，陷之。由论恺秽行，文辞尤厉。于时朝臣虽多证明，秀名誉由是而损，后张华请为长史。"①在门阀森严的社会中，张华热心帮助从各地进入洛阳的寒族文士，改善他们的生存环境，对他们从事创作是一种间接的帮助。

张华对吴蜀两国文士的引荐屡见记载。蜀人开始大量入洛的时间是从魏代后期到西晋前期，此时张华名位未高，关于他和蜀地文人交往的记载很少。晋武帝泰始中后期，张华出任中书令，并成为任恺党中的一员。随着张华在政治上的地位越来越重要，他和蜀人的交往也越来越多。最早见诸史料记载的事情是推荐蜀人陈寿进入著作局任职。泰始四年，因罗宪所荐，陈寿入洛担任巴西郡中正。后来张华举荐他为孝廉，又除佐著作郎。本传载："司空张华爱其才，……举为孝廉，除佐著作郎。出补阳平令。撰《蜀相诸葛亮集》，奏之，除著作郎，领本部中正。"②根据万斯同《晋将相大臣年表》，晋武帝泰始七年张华出任中书令。故陆侃如先生《中古文学系年》系陈寿任佐著作郎于此年。③西晋秘书省隶属于中书，而著作局是秘书省下面的史学机构，也属于中书管理，张华任中书令时推荐陈寿为佐

① 《三国志》，733页。

② 《晋书》，2137页。

③ 陆侃如：《中古文学系年》，人民文学出版社1998年，648页。

著作郎是很合适的。

在平吴战争前后，张华与蜀人联系得更多。蜀地在平吴战略中极为重要，西晋的战船将沿长江直下吴国，因此对蜀人依赖颇多。张华、杜预是主战派，在部署战略的过程中，自然与蜀人有所合作。而作为反战派的贾充、荀勖等人则极力排斥和打击蜀人。《晋书·张华传》载："华将举寿为中书郎，荀勖忌华而疾寿，遂讽吏部迁寿为长广太守。辞母老，不就。杜预将之镇，复荐之于帝，宜补黄散。由是授禦史治書。"①由此可知，平吴之前陈寿曾经受到荀勖的排挤。《华阳国志·后贤志·陈寿传》又载："吴平后，寿乃鸠合三国史，著魏、吴、蜀三书六十五篇，号《三国志》，又著《古国志》五十篇，品藻典雅。中书监荀勖、令张华深爱之，以班固、史迁不足方也。……寿《魏志》有失勖意，勖不欲其处内，表为长广太守。继母遗令不附葬，以是见讥数岁。"②这则材料前面提到张华、荀勖称赞陈寿"班固、史迁不足方也"，后面又说《魏志》有失勖意，明显自相矛盾。荀勖既然"疾华而忌寿"，那么斥逐之说确有其事，称誉之说就值得怀疑了。后来陈寿"见讥数岁"，不得升迁，恐怕也是出于讲究名节的贾充党人的指摘。

陈寿在政治上受到排斥，时间大致在太康后期。期间张华因建议立齐王攸为嗣而得罪了晋武帝，被命出为幽州刺史，后来虽召回任太常博士，但旋即因太庙梁折而免官。随着庇护者在政治上岌岌可危，陈寿等蜀人的地位也很危险。直到惠帝元康初年，此时贾充、荀勖都已去世，张华由贾充党的政敌一变

① 《晋书》，2138 页。

② 《华阳国志校补图注》，634 页。

而为贾后倚重的人，受其庇护的陈寿命运才有了转机。《华阳国志·后贤志·陈寿传》载："(陈寿)除太子中庶子、太子傅从，后再兼散骑常侍。惠帝谓司空张华曰：'寿才宜真，不足久兼也。'华表欲登九卿，会受诛，忠贤排摈，寿遂卒洛下。位望不充其才，当时冤之。"①据此，陈寿曾任太子中庶子、太子傅从、散骑常侍等职，张华甚至想表奏陈寿登九卿之位，因遭到杀害而未能施行。陈寿失去了张华这个靠山，再次受到排摈，最后死于洛下。《晋书·陈寿传》载陈寿被征为太子中庶子，未拜而卒，与《华阳国志》的记载有别，难以断定两者孰是孰非。不管如何，如果没有人举荐，陈寿是很难获得升迁的，他担任太子中庶子恐怕也与张华有关。

蜀人李密也曾受到张华引荐。泰始初期李密被征为太子洗马，他为了服侍祖母刘氏而陈情辞官，写下了著名的《陈情表》。直到刘死后，李密服丧三年，然后才应中央王朝的征召。《晋书·李密传》载："复以洗马征。至洛，司空张华问之曰：'安乐公何如?'密曰：'可次齐桓。'……华善之。"②李密来到洛阳以后，得到张华的赏识，遂任尚书郎。③史书关于李密的政绩和履历记载不详，仅载密后出为河内温令。西晋一朝仕宦的风气是喜欢内职而不乐外职，尚书郎职位清要，从尚书郎出为温令，其实是受到了贬谪。《华阳国志·后贤志·李宓传》载："宓(即李密)去官为州大中正，性方亮，不曲意势位者，失荀、

---

① 《华阳国志校补图注》，634页。

② 《晋书》，2275页。

③ 《晋书·李密传》未载任尚书郎，此据《华阳国志·后贤志·李宓传》，见《华阳国志校补图注》，638页。

张指，左迁汉中太守，诸王多以为冤。”[①]据此，李密被贬出外似乎是因为“失荀、张指”。但是张华很欣赏李密的才华，不可能因为他性格刚正方亮而排斥他，笔者怀疑这里所谓“不曲意势位者，失荀、张指”，应如前面《华阳国志·后贤志·陈寿传》所载“中书监荀勖、令张华深爱之”之语一样，是由于荀勖和张华长期在中书省共事，故《华阳国志》记事时每每荀、张并提，但事实是否如此则须加以甄辨。

吴人入洛的高潮是在太康末年到元康期间。元康期间张华与裴頠共决机要，政治地位非常重要，入洛的吴士多托庇于他。二陆出身于东吴将相之家，自幼受到良好的教育，初次进入洛阳文化圈，面对北方士族的轻视和挑衅时，不免抗之以倨傲的态度，惟独真心服膺胸怀豁达的张华。《晋书·张华传》载：“初，陆机兄弟志气高爽，自以吴之名家，初入洛，不推中国人士，见华一面如旧，钦华德范，如师资之礼焉。”[②]张华非常赏识二陆的才华，对他们给予很高的评价。《晋书·陆机传》载：“太康末，与弟云俱入洛，造太常张华。华素重其名，如旧相识，曰：‘伐吴之役，利获二俊。’”[③]经张华揄扬之后，二陆名满洛阳，遂有“二陆入洛，三张减价”之说。张华还向上层社会引荐二陆。《晋书·陆机传》载：“张华荐之诸公。后太傅杨骏辟为祭酒。”[④]杨骏是晋武帝杨皇后之兄，晋惠帝继位以后，杨骏辅政，与惠帝皇后贾南风产生了矛盾，旋即为贾后所

① 《华阳国志校补图注》，638页。

② 《晋书》，1077页。

③ 《晋书》，1472页。

④ 《晋书》，1473页。

杀，杨骏的僚属也纷纷被免官。二陆受到案件牵连回归江南老家，在当时是重大的政治事件。但是，两年后陆机又被召到洛阳，担任太子中庶子。可以想见，如果朝廷中没有强有力的援助，恐怕是很难做到的。二陆能够在洛中立足，应该说大部分是张华的功劳。

吴士入洛之后，逐渐形成了二陆为首的东南士族圈子。这个东南士族圈的存在和活动也与张华有很大关系。《晋书·薛兼传》曰："吴平，为散骑常侍。兼清素，有器宇。少与同郡纪瞻、广陵闵鸿、吴郡顾荣、会稽贺循齐名，号为五儁。初入洛，司空张华见而奇之，曰：'皆南金也。'"①又《世说新语·赏誉》载："张华见褚陶，语陆平原曰：'君兄弟龙跃云津，顾彦先凤鸣朝阳，谓东南之宝已尽。不意复见褚生。'陆曰：'公未睹不鸣不跃者耳！'"②薛兼乃薛综之孙，家学渊源深厚；褚陶年少才高，十三岁作《鸥鸟》、《水碓》二赋，见者称美。张华对两人不吝给予称美，对他们在洛中树立声名和谋求职位都有很大的帮助。《三国志·吴书·吴主传二》裴松之注引《文士传》亦载："丰字曼季，有文学操行，与陆云善，与云诗词往反，司空张华辟，未就，卒。"③郑丰是郑札之孙，郑胄之子，才学出众，也受到张华的辟用，可惜未就而逝。

张华热心引荐吴蜀士人，帮助他们在洛阳文化圈中生存，具有重要的意义。入洛的南方文士代表着吴、蜀两国的政治寄托，他们在洛阳的生存状态与西晋政治的稳定息息相关。在西

---

① 《晋书》，1832页。

② 《世说新语笺疏》，430～431页。

③ 《晋书》，1143页。

晋表面的稳定之下隐藏着诸多社会问题，不同政治力量的冲突需要调和，不同文化圈的差异需要磨合，如果政策不当的话，随时都可能导致社会矛盾的激发。张华“弥缝补缺”的措施和引荐外来文士的行为，无疑有利于缓解南北方之间的紧张关系。

二、张华与入洛文士的文学交流

西晋统一以后，北方人怀着战胜国的文化优越心理，在与外来文士的交流中处处占着主动地位。他们可不必关注和学习南方文化，但南方士人不得不努力地学习北方文化，以便在洛阳文化圈中生存。以二陆为例，他们在入洛之前秉承家学，主要传习今文经学，入洛之后不得不为适应北方文化风尚而改变自己。南朝刘敬叔《异苑》中记载了一则故事：陆机入洛途中，经过偃师的时候，曾夜里遇到王弼的鬼魂，并与他谈论《老子》。《晋书·陆云传》中则载与王弼鬼魂谈玄者为陆云。这个故事虽是小说家言，但从中可以看出一个问题，即二陆在入洛前后对于洛阳的文化习俗必然有所了解。《与兄平原书》其十五载：“张公语云云：兄文故自楚，须作文。为思昔所识文，乃视兄作诔，又令结使说音耳。”[①]所谓“结使说音”，即令伺候官员的使役教他们说洛阳官话。这些都可以看出二陆为融入洛阳文化圈作出了不少努力。

张华长期活跃于洛阳文坛，乐意结交各个层次的士人，被推为当时的文坛领袖。张华府上是文士经常聚会的地方，也是文学交流的重要场所。这里所说的“文学”，并不像我们今天所理解的那么狭隘，举凡与文辞相关的活动，都可以称之为文学

① 《陆云集》，140页。

活动。张华府上的文学活动代表了一时的风气，对南方文士有多层面的影响作用。《世说新语·排调》载："荀鸣鹤、陆士龙二人未相识，俱会张茂先坐。张令共语，以其并有大才，可勿作常语。陆举手曰：'云间陆士龙。'荀答曰：'日下荀鸣鹤。'陆曰：'既开青云睹白鹤，何不张尔弓，布尔矢？'荀答曰：'本谓云龙，定是山鹿野麋。兽弱弩强，是以发迟。'张乃抚掌大笑。"①陆云和荀隐之间"共语"用对仗和韵语的形式进行，既是文人的消遣方式，同时也暗含着斗才的意思。"共语"是魏晋北方士人的风习，内容不拘一格，谈玄、讲史或者议论文辞都有，张华府上的"共语"以议论文辞居多。通过这种"共语"的练习，锻炼了工整的对仗和韵语，颇似文学创作中的炼字炼句，既助长了北方文坛重视文辞艺术性的风气，也有利于南方文士熟悉北方文坛流行的新文学体式。西晋统一时，五言诗已在北方流行了几十年，五言诗的创作艺术也日趋成熟，而从二陆早期的作品《赠弟士龙诗》、《答兄平原诗》(此标题为后人所题)看来，南方诗歌创作依然以四言为主。那么，南方文士来到洛阳，势必面临着适应新体裁的问题。在这方面陆机似乎较陆云更快地学习和接受洛中文风。前面所引陆云《与兄平原书》其四中，曾提到陆机与潘尼一起读"古五言诗"。所谓"古五言诗"，即东汉后期以《古诗十九首》为代表的文人五言诗，今传陆机集中还保存着被钟嵘称为"五言之警策者"的《拟古诗》十二首，大概作于这个时期。就陆云而言，他五言诗创作的才华远不及其兄，在写给陆机的书信中，他很有自知之明地说"云自不便五

① 《世说新语笺疏》，789页。

言诗”，因此终其一生创作的诗歌大部分都是四言诗，但他用五言韵语对答荀隐，可以看出为适应洛阳文风而作的努力。

陆云《与兄平原书》中多处提到他们跟张华讨论文义的情况，张华对他们的指导主要有几个方面：

其一，指出他们在对文学本质问题的认识上存在偏误。傅刚先生指出，二陆受到张华的影响，对文学的认识发生了变化，由“辞先情后”转变为“情先辞后”。[①]《与兄平原书》其十一曰：“往日论文，先辞而后情，尚势而不取悦泽。尝忆兄道张公父子论文，实自欲得。今日便欲宗其言。”[②]这句话的意思是，以往二陆在文学创作中，认为言辞比情感更为重要，并且一味地注重文章的气势，而不重视文章这种令人赏心悦目的效果。直到跟张华交流以后，才从“辞先于情”的观念，转变为“情先于辞”的观念，并开始重视文章“悦泽”的审美趣味。重辞、尚势，实际上体现了汉代大赋的某些特征；而重情、尚悦泽，则是对魏晋以来文学特征的概括。后来陆机在《文赋》中提出一个著名的命题“诗缘情而绮靡”，就是说诗歌最根本的特质是人的情感的自然抒发。对比他前后观点的变化，就可以看到张华对他的影响。陆云也很重情，称陆机《述思赋》“流深情至言”，《岁暮赋》“情言深至”，陆机表“甚有深情远旨”，又论《答少明诗》“亦未为妙，省之如不悲苦，无恻然伤心言”，论《咏德颂》“甚复尽美，省之恻然”，这些表明了他非常看重文学情感在创作中的意义。

---

① 傅刚：《魏晋南北朝诗歌史论》，吉林教育出版社 1995 年，95～96 页。

② 《陆云集》，138 页。

其二，指出二陆在诗文创作上使用南方音韵的问题。《与兄平原书》其十五："音楚，愿兄便定之。兄音与献彦之属，皆愿仲宣须赋献与服繁。张公语云云，兄文故自楚，须作文，为思昔所识文，乃视兄作诔，又令结使说音耳。"[①]《文心雕龙·声律篇》亦云："及张华论韵，谓士衡多楚。"[②]陆机入洛之前说的是吴地方言，在诗歌用韵上自然带着吴地方言的特征。洛阳文坛则流行官话，作为全国政治文化中心，其语言在文学创作上具有强大的优势。陆机入洛之后，必须接受洛中的文化习俗和文学风尚，实现创作上的转变，包括创作思想和创作语言的改变。陆云《与兄平原书》其十八曰："屡视诸故时文，皆有恨文体成尔。然新声故自难复过。《九悲》多好语，可耽咏，但小不韵耳；皆已行天下，天下人归高如此，亦可不复更耳。"[③]陆云指出陆机诗歌用语"新奇"，然而"小不韵"，是对张华观点的深化。音韵问题的提出不仅对二陆的创作有指导意义，也适用于其他入洛文人的创作。

其三，指出陆机的文辞太过繁缛。与诗歌发展越来越讲究艺术性相比，散文较早受到玄学影响而推重清省风格，以繁缛铺排、雕饰藻采为体式特征的大赋逐渐淡出文人的创作视野，代之而起的是言简意赅的抒情、咏物小赋。这是洛阳文坛的情况，其它未曾受到玄学影响的地区还在推重大赋，如从山东来到洛阳的左思，就执着于大赋的创作，在家乡的时候写过《齐都赋》，入洛之后又专心写作《三都赋》。陆云《与兄平原书》其

① 《陆云集》，140 页。

② 《增订文心雕龙校注》，432 页。

③ 《陆云集》，141 页。

十六言："兄作《二京》，必传无疑，久劝兄为耳。又思《三都》，世人已作是语，触类长之，能事可见。"①据此可知陆机曾想写作《二京》、《三都》赋，因左思赋先出而作罢。从陆机现存的辞赋作品看来，依然可以看出习染大赋的痕迹。《世说新语·文学》刘孝标注引《文章传》曰："机善属文，司空张华见其文章，篇篇称善。犹讥其作文大冶，谓曰：'人之作文，患于不才；至子为文，乃患太多也。'"②陆机的辞赋以文辞华丽著称，张华谓其才气太高，实际上是批评他文辞堆砌太过的意思。陆云受到张华的影响，往往也从"清省"的角度来品论文章。《与兄平原书》其十一："兄文章之高远绝异，不可复称言。然犹皆欲微多，但清新相接，不以此为病耳。若复令小省，恐其妙欲不见，可复称极，不审兄由以为尔不？《茂曹碑》皆自是蔡氏碑之上者，比视蔡氏数十碑，殊多不及，言亦自清美，愚以无疑不存。《三祖赞》不可闻，《武帝赞》如欲管管流泽，有以常相称美，如不史，愿更视之。小跛几而悦奕为尽理。云今意视文，乃好清省，欲无以尚，意之至此，乃出自然。张公在者必罢，必复以此见调。……"③陆云认为陆机文章"犹皆欲微多"，也即过分讲究文辞雕饰以至近乎繁缛；接着又说"清新相接，不以此为病"，则略有回护之嫌。

总的来说，张华对陆机的辞赋虽有所批评，但还是鼓励和肯定比较多。《与兄平原书》其十九："兄诗赋自与绝域，不当稍与比校。张公昔亦云兄新声多之不同也，典当故为未及，彦

① 《陆云集》，141页。

② 《世说新语笺疏》，552页。

③ 《陆云集》，138页。

藏亦云尔。又古今兄文所未得与校者，亦惟兄所道数都赋耳。其余虽有小胜负，大都自皆为雌耳。张公父子亦语云，兄文过子安，子安诸兄赋复不皆过，其便可可，不与供论。”①子安即西晋前期著名辞赋家成公绥。张华欣赏成公绥的才华，曾举荐过他。他推重陆机的辞赋创作甚至超过成公绥，对二陆来说不啻是极大的鼓励，有助于他们树立自信心立足于人才济济的洛阳文坛。

在对左思的批评中，张华也提出重要的理论观点。《晋书·左思传》载：“(左思)欲赋三都，……及赋成，时人未之重。……文多不载。司空张华见而叹曰：‘班、张之流也，使读之者尽而有余，久而更新。’于是豪贵之家，竞相传写，洛阳为之纸贵。”②张华给予《三都赋》极高的评价，认为有“尽而有余，久而弥新”的特点。所谓“尽而有余，久而弥新”，就是说作品文辞中包含深刻丰富的意蕴，具有强烈的艺术感染力，使人在读完作品以后感到回味无穷。这也正是大赋的不足，提出此理论，实际上有助于洛阳士人认识玄学流行背景下的辞赋创作特征。

三、张华文学创作的典范意义

张华在与入洛文士的文学交流中，敏感地捕捉到魏晋以来的文学发展方向，提出了若干的文学主张，为外来文士熟悉洛阳文风提供了有益的引导。同时，张华是深具名望的作家，他的作品在以下几方面具有典范性作用。

---

① 《陆云集》，141 页。

② 《晋书》，2376 页。

首先是重视情感在文学创作中的作用。陆云《与兄平原书》其十一曰："往日论文，先辞而后情，尚势而不取悦泽。尝忆兄道张公父子论文，实自欲得，今日便欲宗其言。"①张华的诗歌中有许多关于男女之情、朋友之情、夫妻之情、君臣之情、同僚之情的描写。其中最脍炙人口的是《情诗》五首。这组诗分别从闺妇和游子的角度叙述离思，语浅情真，婉转堪味，有风人之致。郑振铎指出："华诗实能以平淡不饰之笔，写真挚不隐之情。……他所作，意未必曲折，辞未必绝工，语未必极新颖，句未必极秾丽，而其情思却终是很恳切坦白，使人感动的。"②在张华的引导下，西晋文学走上了一条重情的道路。左思《娇女诗》、潘岳《悼亡诗》之所以打动千古读者的心，正在于感情之真切。曹旭指出："在张华那里，三国文化交融并铸成新品格，张华便是这种新品格——中国诗学从言志向言情的中介人。"③对张华在魏晋文学演进过程中的地位和影响评价相当准确。

其次是为太康文学确立了清省、悦泽的审美标准。陆云《与兄平原书》其十一曰："云今意视文，乃好清省，欲无以尚，意之至此，乃出自然。张公在者必罢，必复以此见调，不知《九愍》不多，不当小减。"④张华主张文贵清省，他的文章也是以清省见长的。《与兄平原书》其二十一曰："张公文无他异，

---

① 《陆云集》，138页。

② 郑振铎：《插图本中国文学史》，人民文学出版社1957年，149页。

③ 曹旭：《张华"情多"的意义》，《文史知识》，2008年第1期。

④ 《陆云集》，138页。

正自清省，无烦长，作文正尔，自复佳。”[①]《文心雕龙·才略》亦曰：“张华短章，奕奕清畅，其《鷦鹩》寓意，即韩非之《说难》也。”[②]“清省”本是魏晋时期用于品评人物的概念，张华把它引入到文学审美范畴。“悦泽”则是指合乎韵律而能琅琅上口，文辞清畅而又富有感染力。正始文学受玄学影响，重意而不重文辞，因而文章呈现出“篇体轻淡”的特点，“清省”正是对“轻淡”风格的继承。张华的《鷦鹩赋》、《相风赋》、《金镫赋》、《感婚赋》等作品都篇幅不长却足堪讽诵，是典型的“清省”风格。陆云对张华关于“清省”和“悦泽”的主张是信服的，陆机为文虽雕饰繁缛，但《文赋》中却提出“赋体物而浏亮”的观点，所谓“浏亮”，李善注为“清明之称”，张凤翼认为是“爽朗”的意思，方廷珪则曰：“浏亮，达而无阻。”总的来说，就是追求清爽流畅，其实跟张华主张“尚悦泽”的意思相同。

再次是注重文辞的雅化。张华的诗歌跟建安诗歌、正始诗歌相比，形式上更加追求工整，修辞上更加倾向华美。钟嵘《诗品》中称他的诗歌“巧用文字，务为妍冶”。“巧用文字”表现为大量运用对偶、炼字炼句等技巧。张华的诗文中比汉魏作品更为广泛而自觉地运用对偶，有的诗歌甚至主要由对偶句构成，如《游猎篇》、《游侠篇》、《轻薄篇》等，其中有的对偶句相当工整，如“栖迟熊罴穴，容与虎豹林”(《博陵王宫侠曲》其一)、“轻缯拂素霓，纤网荫长川”(《游猎篇》)、“穆如洒清风，焕若春华敷”、“属耳听莺鸣，流目翫儵鱼”(《答何劭诗》其一)等。在张华的影响下，其他太康诗人也很追求丽辞。谢榛《四

① 《陆云集》，142～143页。

② 《增订文心雕龙校注》，575页。

溟诗话》卷一曰："张华曰'洪钧陶万类，大块禀群生'，左思曰'皓天舒白日，灵景耀神州'，张协曰'金风扇素节，丹露启阴期'，潘岳曰'南陆迎修景，朱明送末垂'，陆机曰'逝矣经天日，悲哉带地川'，以上虽为律句，全篇高古。"[1]张华诗与前代诗歌相比，在情、景、事的描写方面更加细腻、具体，如《游猎篇》详细地铺叙了畋猎的时、势、事，有的部分与张衡《二京赋》、曹植《名都篇》、《白马篇》、《七启》中描写游猎部分有继承关系，最后以讽谏结尾，实际上是以赋为诗之法。

张华对文辞雅化的追求，大开太康诗歌的声色之门。太康作家"三张二陆两潘一左"的作品均富于文学性。《文心雕龙·明诗》曰："晋世群才，稍入轻绮。张潘左陆，比肩诗衢，采缛于正始，力柔于建安。或析文以为妙，或流靡以自妍，此其大略也。"[2]《文心雕龙·时序》亦曰："晋虽不文，人才实盛：茂先摇笔而散珠，太冲动墨而横锦，岳湛曜联璧之华，机云摽二俊之采，应傅三张之徒，孙挚成公之属，并结藻清英，流韵绮靡。"[3]被钟嵘誉为"太康之英"的张潘左陆中，除了左思，其他人的诗歌文辞都具有华美的特点，《诗品》中评价潘岳诗："《翰林》叹其翩翩然如翔禽之有羽毛，衣服之有绡縠，犹浅於陆机。谢混云：'潘诗烂若舒锦，无处不佳，陆文如披沙简金，往往见宝。'"[4]陆机诗"才高词赡，举体华美"，张协诗"文体华净"、

---

① 谢榛：《四溟诗话》，人民文学出版社 1961 年，27 页。

② 《增订文心雕龙校注》，65 页。

③ 《增订文心雕龙校注》，541 页。

④ 钟嵘撰，曹旭注《诗品集注》，上海古籍出版社 1994 年，140～141 页。

“巧构形似之言”、“辞采葱蒨，音韵铿锵”，其他作家如潘尼、张翰“虽不具美，而文采高丽”。西晋诗人非常注意文辞和技巧的运用，张华的倡导与有力焉。

此外，张华在文学题材和体裁的选择和运用上兼容并包的态度，也影响到太康文学的发展。今传张华的作品有咏物、抒情、宴会、赠答、祖道、游仙、游侠、玄言、感婚、励志等题材，可以说举凡汉魏以来的文学题材，除了军旅以外，其它题材类型在张华诗歌中都出现了。由于张华作品散佚严重，我们不能全然断定他没有写过军旅行役的诗。事实上，太康元年平吴一役中张华居功至伟，在他现存的诗文中却没有与此次战役相关的题材，是不合情理的。就文学体裁而言，张华的诗歌既有传统的四言诗，也有魏晋以来流行的五言诗；既有写实的乐府诗，也有模拟前代作品的拟作；其辞赋虽均为小赋，但同样欣赏和鼓励像《三都赋》这样的大赋作品。这种兼容并包的态度鼓励了太康文士的多方面发展，尽管今天流传下来的西晋诗文作品不多，但还是可以看出，太康文学比以前任何一个时代的题材选择更加广泛，体裁运用也更加自由。

张华的文学创作明显地体现出由正始文学向太康文学过渡的特征。仔细品读其作品，可以看出汉文学、建安文学和正始文学的痕迹。在继承前代文学成就的同时，张华还探索新的创作方法和理论，这反映了他非常善于把握时代审美思潮，以及开拓一代文学风气的努力。

本章小结

太康文学是文学发展史上一个不可或缺的环节。这一时期以“三张二陆两潘一左”为代表的优秀作家积极参与文学创作，成就斐然，从而造成了建安文学、正始文学之后另一个创作的高峰。太康文学多方面继承了汉魏文学的艺术经验，使文学自觉的成果得到巩固。刘勰对太康文学的成就评价甚高，《文心雕龙·才略》曰：“晋世文苑，足俪鄴都。”[①]诚非过誉。

与建安文人所处的战乱时代不同，太康文人群体形成于西晋统一以后，社会相对太平稳定的历史背景中。但他们也面临各种社会问题，尤其是从未停息的党争把大部分文人卷入其中，影响一代又一代人的命运。由南入北的文人带着亡国的自卑感，参与了党争的倾轧，在居之不易的京城中努力生存，勉为其难地吸收北方文化和文学经验。

在由三国鼎立走向全国统一、南北方文坛分立走向融合的过程中，张华积极扶持入洛士人，使他们得以在党争复杂的洛阳中立足，逐渐形成文坛上新的创作群体。同时，引领入洛文士逐渐适应洛阳文坛的创作习惯和审美风尚，并以出色的文学作品为后辈提供了典范，从而推动了太康文学时代的到来。他作为西晋文坛领袖的地位，正是在这个过程中形成的。

① 《增订文心雕龙校注》，576 页。

第四章 张华文学思想及其影响

张华作为西晋的文坛领袖，不仅热心奖掖文士，为他们提供相对稳定的生活和创作的环境，而且积极参与创作活动，以出色的作品作为典范，开创了一代文学新风。同时，他也很注重文学创作的理论总结，提出了若干具有总结性和前瞻性的文学主张，对太康文坛的影响力不容忽视。

以往文学史和批评史对张华的文学思想甚少涉及，近年才有学者开始注意这个问题，如傅刚先生《魏晋南北朝诗歌史论》中首次揭示了张华“情先辞后”主张对二陆的影响，[①]有助于认识张华在西晋文坛的地位。此外，张华还有一些其它的文学主张，值得深入地进行探讨。本章试图对这个问题重新进行考察，尽可能全面地勾勒张华的文学主张，并探讨其意义和影响。

第一节　张华的文学本质观：情先于辞

“情”是激发文学创作的本源，也是文学创作的内容；“辞”则是表现情感的介质，也是内容的载体。在写作的时候，以语言为主还是以情感为主，体现了作家的整体创作观。

魏晋以前，对于情与辞的关系有着较为一致的看法：无论

---

① 傅刚：《魏晋南北朝诗歌史论》，吉林教育出版社 1995 年，95～96 页。

“诗言情”还是“诗言志”的观点，都把着重点放在诗歌的内容上。到了建安以后，文士有意识地追求语言的艺术性，诗文创作中排比、对偶、押韵等技巧性因素运用得越来越多，因此对情、辞之关系也有进一步的认识。

一、命题的提出

张华对情、辞关系问题的看法，在与二陆的交流中提出的。陆云《与兄平原书》其十一曰：

> “往日论文，先辞而后情，尚絜（势）而不取悦泽。尝忆兄道张公父子论文，实欲自得，今日便欲宗其言。”①

与同时的文人一样，二陆非常强调语言的艺术性，甚至认为文学创作就是追求语言艺术。他们主张先辞而后情，虽然不能说是对“诗言情”和“诗言志”传统的颠覆，但却把文学作品的艺术性提高到一个空前未有的高度。对二陆的观点，张华提出了不同的看法，即“情先于辞”，对矫正当时文风具有重要意义。

张华所谓的“情”，是指心中真实的情感体会，包括男女之情、友情、亲情，甚至对君王的感激之情。作为一位有写作体会的文人，他感到用语言表达情感意念，往往存在无法一致的矛盾。《答何劭》其二曰：

> “是用感嘉贶，写心出中诚。发篇虽温丽，无乃违其情。”

---

① 《陆云集》，138页。

何劭是张华的僚友，跟张华比庐而居，两人有共同的文学爱好，友情相当深厚。何劭赠诗与他，令他感动。张华在答诗中说自己“写心出中诚”，所写无非内心的触动、感受。而“发篇虽温丽，无乃违其情”表现了他的矛盾和疑虑：想要表达对朋友的感激之情，却害怕温丽的文辞遮蔽了自己的情思，未知“辞”能尽“情”否？

情与辞的矛盾是文学创作中的普遍矛盾，并非直到魏晋时期才出现。张华首先提出这个命题，还有更广泛的理论背景，即魏晋玄学中“言意之辨”命题的启发。庄子言：“荃者所以在鱼，得鱼而忘荃；蹄者所以在兔，得兔而忘蹄；言者所以在意，得意而忘言”，[①]言是为了表达意，意得以表达，言便会被忽略。既然如此，文学创作就是表情达意，情、意得以表达，语言本身就会被人所忽略。意在文学创作中是本质，言只是载体和工具。对于表达时出现的“辞不达意”的情况，就需要如《周易·系辞下》所言“圣人立象以尽意”，通过“象”而使人得以领悟作者之意。在整个言意理论中，“意”的主体性地位一直都是讨论的前提。情辞关系的讨论在某种程度上很接近言意之辨。

二、理论与实践的悖违

张华看重情感在文学创作中的地位，其诗歌中也很注意对生活中情态变化的捕捉。如《励志诗》曰：“吉士思秋，实感物化。日与月与，荏苒代谢。逝者如斯，曾无日夜。”因着四季推

① 《庄子集释》，944页。

移、事物变化的感发，一种时间紧迫感油然而生。又《答何劭》其三曰："驾言归外庭，放志永栖迟。相伴步园畴，春草郁郁滋。荣观虽盈目，亲友莫与偕。悟物增隆思，结恋慕同侪。援翰属新诗，永叹有余怀。"诗中从一个人欣赏野外美好春光时倍感孤独，由此生发了对亲友情谊的怀念和珍惜。从这些诗歌中可以看出，诗人热爱自然生命，也热爱身边亲友。但这样的诗在张华集中为数甚少。

张华的大多数诗歌，不能不说与其理论有颇相违背的倾向。受到时代风气的影响，张华写作了不少玄言诗、游仙诗，这些诗更为注重意趣。《太平御览》卷一所引失题诗："混沌无形气，奚从生两仪？元一是能分，太极焉能离？玄为谁翁子，道是谁家儿？天行自西迴，日月曷东驰？"诗中追究天地之始万象之状，很有玄学意趣，但感情色彩是极为淡薄的。

在其它类型的诗文中，他一生的得意和失意也是很难看出来的。如张华曾写过一组《太康六年三月三日后园会诗》：

> "咨予微臣，荷宠明时。忝恩于外，攸攸三期。犬马惟慕，天实为之。灵启其愿，遐愿在兹。于以表情，爰著斯诗。"

这是张华受到敌对政党的排挤，出为幽州刺史三年之后回到京师，参加皇室集会时所写的一组诗。诗中自称"荷宠""忝恩"，并对晋武帝"犬马惟慕"，充满臣下的谦恭和卑微，无疑是出于应酬的需要，投入了过多的社会角色。

以其影响最大的《情诗》和《杂诗》而言，张华因这两组诗而屡被后人认为“儿女情长”。王夫之《古诗评选》中更对《情诗》做出极高的评价：“乃欲开宋、齐之先，作唐人之祖，风会所趋，盖自是而一变。”①但不能不遗憾地说，这种认知无疑缺乏追源溯流的通识。因为这两组诗无论从题材还是艺术上看，都是对汉魏杂诗的拟作，而非出自自然生命的感发（详见第五章第一节所论）。《情诗》在文学史上的卓越地位，并非组诗本身具有多么高超的艺术水平，足以开风气之先，而是组诗中体现的“情先于辞”的观念，对南朝以至于唐代诗歌创作有着深远的影响。

张华的诗歌实践与理论存在一定距离，不仅因其社会角色的投射，更与过分注重艺术锤炼有关。以《轻薄篇》、《游猎篇》为例，这两首长诗中都是描写上层士族斗鸡走马、吃喝玩乐的糜烂生活，对细节的铺陈不厌其烦，甚至接近汉代宫室赋、田猎赋中的相关描写。故钟嵘《诗品》评曰：“其体华艳，兴托多奇，巧用文字，务为妍冶。”②刘勰《文心雕龙·时序》曰：“茂先摇笔而散珠。”③所谓“华艳”、“妍冶”、“散珠”、“巧用文字”，都指向张华诗歌词采流丽的一面。

三、“情先于辞”的理论意义

“情先于辞”命题的提出，虽然是针对二陆观点而言，但它的意义却远出于此。反顾汉代以来对情辞关系的认识，即可以看出这一点。

汉代诗学中对情辞关系的描述是颇有矛盾性的。《毛诗序》

---

① 王夫之：《古诗评选》，文化艺术出版社1997年，177页。

② 《诗品集注》，216页。

③ 《增订文心雕龙校注》，541页。

提出“情动于中而形于言”，似乎很看重“情”的作用。但另一方面儒家诗教从未忘记提醒诗人注意诗歌的社会教化功能，诗歌要“温柔敦厚”，“发乎情，止乎礼义”，因此其抒情的力度自然受到削弱。汉魏之际儒家礼教的影响力降低，人们对生命存在的意义有所觉醒，超越儒家道德观的“情”才出现在文学作品中。《古诗十九首》中“昔为娼家女，今为荡子妇。荡子行不归，空床难独守”、“何不策高足，先据要路津。无为守贫贱，坎轲长苦辛”，坦荡荡地抒写闺妇独守空房的寂寞和贫士占据仕途津要的愿望，对汉儒建立起来的礼教大防是一种挑战。这一思潮由民间而向士阶层渗透，建安文人接受新的观念，在思想解放的道路上继续前行，其作品中罕有地表现出对个体的关注和对内心的关注。而司马氏执政之后，因其倡导儒学，文人又纷纷向汉代诗学精神回归。傅玄提出《诗》、《书》是“文章的渊府”；挚虞称赞古之诗人“发乎情，止乎礼仪”，批评今之赋家“背大体而害政教”；皇甫谧、左思把赋视为“古诗之流”。……儒家经学和道德礼教严重侵蚀着西晋文坛。在这样的背景中，张华提出“情先于辞”的观点，坚持建安文学重视审美艺术和抒发内心真情实感的方向，维护了建安以来“文学自觉”的成果。

其次，“情先于辞”的理论引导了西晋文坛的创作方向，开创了新的文学气象，使文学发展由重气、重意向重情转变。太康诗人既缺乏建安诗人那种建功立业的雄心壮志，也缺乏正始诗人那种忧愤深广的思想境界，但他们致力于抒发个人情志，形成了一代“重情”的文学风貌。以二陆为例，在跟张华接触之后，他们一改原先观念，对“情”非常重视。陆云《与兄平原书》中说到自己在认识张华父子之前，一直把言辞放在文学创作的首位，是在张华的指导下才改变观念，端正了对情和辞先后关系的认识。陆机也接受了张华的思想，在后期创作的《文赋》中自称“每自属文，尤见其情，恒患意不称物，文不逮意，盖非知之难，能之难也”，[①]又提出“诗缘情而绮靡”等命题，把“情”视为激发诗思的本源。

张华“情先于辞”的观念对后代也产生深远的影响。曹旭先生指出：“‘情’的观念和‘先情后辞’创作理念，不仅直接影响了陆机‘缘情绮靡’的理论，也开了晋宋以后诗歌创作的阀门。”[②]这一看法甚为中肯。随着“情”进入上层文人的审美视野，描写男女之情的作品越来越多。尤其南朝的大多数诗歌，既非继承建安文学的“重气”传统，也非继承正始文学的“重意”传统，而是沿着西晋文学开创的“重情”传统前进的。刘勰《文心雕龙·情采》曰：“夫铅黛所以饰容，而顾盼生于淑资；文采所以饰言，而辩丽始于情性。故情者，文之经；辞者，理之纬。经正而纬成，理定而后辞畅，此立文之本源也。”[③]他还将文学分为“为情而造文”、“为文而造情”，并以此品评高低。另一位学者萧子显在《南齐书·文学传论》中亦言：“文章者，盖情性之风标，神明之律吕也。”直到唐代，很多杰出诗人都是以“情”作为创作根本。如白居易《与元九书》中提出：“根情，苗言，华声，实义”。追溯这些理论的源头，应推张华“情先于辞”为渊薮。

---

① 《文赋》作于永康元年，参见《中古文学系年》，790页。

② 曹旭：《张华“情多”的意义》，《文史知识》，2008年第1期。

③ 《增订文心雕龙校注》，415页。

第二节　张华的文学审美观：贵清省，尚悦泽，尽而有余

魏晋文人对文章风格的理性认知，是文学自觉的表现之一。曹丕的《典论·论文》、挚虞的《文章流别论》已为人熟知，此外还有一些零散而不成系统的理论，也值得进一步讨论。例如张华“文贵清省”、“尚悦泽”、“尽而有余久而弥新”等文字主张，在魏晋文学批评史上就具有重要的意义。

一、文贵清省

陆云《与兄平原书》其十一曰：

> “云今意视文，乃好清省，欲无以尚，意之至此，乃出自然。张公在者，必罢，必复以次见调。”

从陆云的书信中可知，他爱好清省的文章风格乃是受到张华的影响。这说明了张华在文章创作上是以清省为审美追求的。《世说新语·文学篇》注引《文章传》曰：

> “机善属文，司空张华见其文章，篇篇称善。犹讥其作文大治；谓曰：‘人之作文，患于不才；至子为文，乃患太多也。’”

陆机的诗文一味追求文采绮丽，讲求铺排对仗、对偶用典等写作技巧，虽然文辞繁缛靡丽，推阐尽致，但却影响了情思的表

达，被时人讥为“大冶”。张华批评他才气太多，委婉地指出他的弊病。从这里也可以看出张华提倡文学创作要自然清省、反对堆砌辞藻和雕琢繁芜。

清，就是要求文章素淡爽畅，天真自然；省，就是要求语言简洁精约。“清”是魏晋以来人物品评中常用的概念。《世说新语·德行》曰：“李元礼尝叹荀淑、钟皓曰：‘荀君清识难尚，钟君至德可师。’”①又曰：“王戎云：‘太保居在正始中，不在能言之流。及与之言，理中清远，将无以德掩其言！’”②《赞誉》曰：“钟士季目王安丰‘阿戎了了解人意’，谓裴公之谈经日不竭。吏部郎阙，文帝问其人于钟会，会曰：‘裴楷清通，王戎简要，皆其选也。’于是用裴。”③《言语》曰：“会稽贺生，体识清远，言行以礼，不徒东南之美，实为海内之秀。”④……所谓“清通”、“清识”、“清远”，都是指人物的神采非同一般。“清省”作为一种审美取向，在魏晋人物品评中也出现过。《三国志·魏志·曹爽传》裴松之注引鱼豢《魏略》曰：“范前在台阁，号为晓事，及为司农，以清省称。”⑤这里“清省”是清平简约的意思。张华用人物品评的概念来要求和评论文章，从而有了“文贵清省”的诗学观点。

二、尚悦泽

陆云《与兄平原书》其十一曰：

---

① 《世说新语笺疏》，6 页。

② 《世说新语笺疏》，22 页。

③ 《世说新语笺疏》，419 页。

④ 《世说新语笺疏》，96 页。

⑤ 《三国志》，288 页。

“往日论文，先辞而后情，尚絜（势）而不取悦泽。尝忆兄道张公（华）父子论文，实欲自得，今日便欲宗其言。”①

这则记载中，张华认为文章“悦泽”比文章的“势”更重要。何谓文章的“势”呢？刘勰《文心雕龙·定势篇》曰：“刘桢云：‘文之体（势）指，实（有）强弱，使其辞已尽而势有余，天下一人耳，不可得也。’公干所谈，颇亦兼气；然文之任势，势有刚柔，不必壮言慷慨，乃称势也。”②按照刘桢的观点，“势”是指建安时期的慷慨之音，在气质上偏重于阳刚的一面，二陆兄弟“尚势”或许正是受到刘桢的影响。“尚势”是建安文学的审美追求，可是经过几十年的发展，到了西晋初期，这种审美追求显然已经不适合文学发展的潮流了。张华父子提出了“尚悦泽”的理论，正是想要代替“尚势”而成为新的审美取向。

“悦泽”，又作“悦怿”。“悦”是指使人愉畅、欢乐之意，“泽”是滋润、有光彩之意。“悦泽”就是说清爽畅快，能给人愉悦的感觉。西晋以前已经有人用这个词来评论诗歌，如《白虎通·礼乐》曰：“郑国土地民人，山居谷浴，男女错杂，为郑声以相诱悦怿。”③班固从儒家诗教观的角度对令人“悦怿”的郑声持批评态度。但是，建安以后，随着人性从礼教大防中解放出来，人们对“悦泽”的事物也逐渐能够欣赏了。阮籍《咏怀》其十

① 《陆云集》，138页。
② 《增订文心雕龙校注》，407页。
③ 班固撰，陈立疏证：《白虎通疏证》，中华书局1994年，97页。

六曰："夭夭桃李花，灼灼有辉光。悦怿若九春，磬折似秋霜。"魏晋以来，文学风气发生了转变，鸿篇巨制的大赋已经不再流行，而写作短篇咏物赋、抒情赋则逐渐成为时尚。因此，"清省"、"尚悦泽"是适应时代发展潮流的。

三、尽而有余，久而弥新

《晋书·左思传》载：

> "(左思)欲赋三都，会妹芬入宫，移家京师，乃诣著作郎张载，访岷、邛之事。遂构思十年，门庭藩溷，皆著笔纸，遇得一句，即便疏之。自以所见不博，求为秘书郎。及赋成，时人未之重。……文多不载。司空张华见而叹曰：'班、张之流也，使读之者尽而有余，久而更新。'于是豪贵之家，竞相传写，洛阳为之纸贵。"①

左思历经十年创作《三都赋》，而未引起世人重视，不仅由于名位未高，更重要的是，大赋已经不适合创作潮流。左思以赋示张华，其用意十分明显，就是希望他能够为自己的作品扬誉。张华看过《三都赋》之后，给予极高的评价，认为左思有班固、张衡之才，《三都赋》有"尽而有余，久而弥新"的特点。

所谓"尽而有余，久而弥新"，就是说作品文辞中包含深刻丰富的意蕴，具有强烈的艺术感染力，使人在读完作品以后感到回味无穷。这是一种审美境界。要达到这种审美境界，就必须注意文辞和文意的关系。如果把自己的想法和情感直接表露

---

① 《晋书》，2376页。

在文章里，那么就很难达到这种境界；如果语言过分曲折隐晦，又令人无法把握作者所要表达的意思。把握语言的“度”，才能使情思能够表达得含蓄而不隐晦，令人回味无穷，久不厌倦。

“尽而有余”这一文学理论命题，乃承接玄学中“言不尽意”论而来。魏晋时期主言不尽意者为荀粲、王弼。《魏志·荀彧传》注引何劭《荀粲传》载荀粲言曰：“盖理之微者，非物象之所举也。今称立象以尽意，此非通于意外者也；系辞焉以尽言，此非言乎系表者也。斯则象外之意，系表之言，固蕴而不出矣。”①根据荀粲的观点，“言”并不能完全表达最微妙的“意”，只能通过“象”来表达“意”，这是对庄子“意之所随者，不可以言传也”、“得意而忘言”的继承和发展。王弼也主张“言不尽意”说。不过，荀、王都是从哲学层面上去发挥，而张华把这种思潮跟文学创作结合起来，正可见其会通文学与玄学的敏悟力。

四、张华的创作实践

张华的散文创作自觉地实践贵清省、尚悦泽的理论主张。纵观张华的文章，基本上都是短篇之作。

以《鹪鹩赋》和《女史箴》为例。《鹪鹩赋》全文不足六百字，但却富于理趣。赋中以鹪鹩为喻，说明生命的最佳状态是顺从自然，安于本分。张华因此文而暴得大名，被阮籍誉为“王佐之才”。《女史箴》全文共三百四十字，是讽劝贾后之作。元康初期贾后诛杀大臣和皇室诸王，然后独揽朝权。张华虽然得到

① 《三国志》，319页。

贾后重用，但对她残暴狠毒的做法不以为然，于是作《女史箴》进行委婉含蓄的讽谏。这篇文章的“清约”深为陆云所称，《与兄平原书》其二十一曰：“张公文无他异，正自情省无烦长，作文正尔自复佳。”①又曰：“张公箴诔，自过五言诗耳。但云自不便五言诗，由己而言耳。《玄泰诔》自不及《士祚诔》，兄《丞相箴》小多，不如《女史》清约耳。”②李兆洛也赞叹其“清华茂美，极醇实，是宋人所宗”。③

张华的章表也写得很出色，不过却被《鷦鹩赋》的名气所覆盖，这点刘勰已经指出来。《文心雕龙·章表》曰：“逮晋初笔札，则张华为俊；其三让公封，理周辞要，引义比事，必得其偶，世珍鷦鹩，莫顾章表。”④《才略》曰：“张华短章，奕奕清畅，其鷦鹩寓意，即韩非之《说难》也。”⑤所谓“俊”和“奕奕清畅”，与“清省”、“悦泽”亦可相通。

张华的作品贵尚清省，不仅散文如此，诗歌也是如此。王夫之《古诗评选·荷诗》指出：“茂先绝技尤在短章，净而不促，舒而不溢。”⑥也就是说，张华的短章歌诗文辞简洁之处，并不显得迫促；文辞舒展之处，并不显得多余。刘勰《文心雕龙·明诗》曰：“若夫四言正体，则雅润为本，五言流调，则清丽居宗；华实异用，惟才所安。故……茂先凝其清。”⑦陆时雍《古

---

① 《陆云集》，142～143页。
② 《陆云集》，143页。
③ 李兆洛：《骈体文钞》，中州古籍出版社1990年，86页。
④ 《增订文心雕龙校注》，307页。
⑤ 《增订文心雕龙校注》，575页。
⑥ 《古诗评选》，179页。
⑦ 《增订文心雕龙校注》，65页。

诗镜》卷八引并注曰："'吏道何其迫，窘然坐自拘'，清快。'散发重阴下，抱杖临清渠'，不乏爽致。"[①]许文雨《钟嵘诗品讲疏》曰："茂先情丽，殊见虚思清气，大抵时代推迁，渐致浅绮，其势然也。"[②]陈绎曾《诗谱》曰："张华：气清虚，思颇率。"[③]游国恩《中国文学史》言："张华的《情诗》艺术性较高"，"写情真实动人，表现也较朴实，没有繁缛的堆砌毛病。"[④]以上各家指出张华诗歌有"清丽"、"清虚"、"清快"、"清爽"的风格。这种风格的形成跟他崇尚"清省"的文风有关。

五、文贵清省、尚悦泽、尽而有余的理论意义

张华虽未系统地提出各种文体的创作规律，但片言只语中提出的文学主张却是颇中肯綮的。

首先，他所主张的"文贵清省、尚悦泽、尽而有余"，是对魏晋以来文学创作情况的理论总结。汉末之后，大赋创作走向衰败，咏物赋开始流行。咏物赋描写的范围极其广泛，日常所见的事物如花鸟、器物、车马、禽兽、人物等都可以作为写作的对象。以其言精体约，取材简单，逐渐成为文人之间交流和斗才的主要形式。到了西晋，小赋已经是文坛创作的主流。咏物赋流行既久，逐渐形成了固定的写作范式。大都先描摹物象形态和特性，再从具象的层面上升到抽象的层面，借物言理。

---

① 陆时雍：《古诗镜》，《文渊阁四库丛书》第1411册，台湾"商务印书馆"1983年。

② 许文雨：《钟嵘诗品讲疏》，成都古籍书店1983年影印本，71页。

③ 陈绎曾：《诗谱》，《历代诗话续编》，中华书局1983年，628页。

④ 游国恩等编著：《中国文学史》(一)，人民文学出版社1963年，260页。

咏物赋着重于言理，对物象本身的描摹并不要求繁复，故其语言往往精约简练，言浅意深。文贵清省、尚悦泽、尽而有余的主张，与魏晋文学发展的潮流正相呼应。

其次，他的文学主张对西晋文人创作也有指导意义。西晋文士中除左思之外，其余文士皆以小赋见长。二陆在结识张华之前主张文章“尚势”，后来在张华指导下才舍“势”而取“悦泽”，对此刘勰给予“先迷而后能从善”的评价。陆云在创作上自觉追求清省、悦泽的风格。《与平原书》其三曰：“久不作文，多不悦泽，兄为小润色之，可成佳物。”①他的诗赋清丽可喜，很受后人推重。《文心雕龙·熔裁篇》曰：“士龙思劣，而雅好清省。”②又《才略篇》曰：“士龙朗练，以识检乱，故能布采鲜净，敏于短篇。”③相比而言，陆机的文辞就显得繁缛了些，以致被孙绰评为“深而芜”(《世说新语·文学》)。但陆机还是服膺张华“贵清省、尚悦泽”之论的。《文赋》中提出“赋体物而浏亮”，实际上也是受到了“尚悦泽”论的影响。“浏亮”，李善注曰：“清明之称。”方廷珪曰：“浏亮，达而无阻。”张凤翼则认为是“爽朗”的意思。④可见，陆机认为赋的文辞要追求清爽流畅，跟张华的观点相同。

张华的文学主张对后世文学理论也有所启发。刘勰《文心雕龙·隐秀》曰：“课文隐蔚，余味曲包。”⑤即是说文章中要含

① 《陆云集》，135 页。

② 《增订文心雕龙校注》，426 页。

③ 《增订文心雕龙校注》，576 页。

④ 《文赋集释》，112 页。

⑤ 《增订文心雕龙校注》，496 页。

有丰富的余味，文辞之外能以情来打动读者。钟嵘《诗品序》亦曰："故诗有六义焉：一曰兴，二曰比，三曰赋。文已尽而意有余，兴也。"[①]也是看重"文已尽而意有余"（虽未必符合《诗经》六义中"兴"的本义）。后来宋代欧阳修在《六一诗话》中引梅尧臣言："必能状难写之景如在目前，含不尽之意见于言外。"[②]"含不尽之意见于言外"，就是说优秀的文学作品必须具有言外之意，而不仅以华丽的辞藻取胜。追溯这些文学思想的源头，不得不推之于张华。

尽而有余，久而弥新，这是对文章艺术效果的要求。文贵清省、尚悦泽，这是对文章风格的要求。此两方面互相补充，构成了张华的文章审美观。

第三节　张华的文学发展观：兴废随时

"兴废随时"是张华的文学发展观。这个理论的提出，与西晋乐府复古改革的文化背景有关。

一、命题的提出

《宋书》卷十九《乐志一》记载了张华与荀勖之间的一次雅乐论争：

"晋武泰始五年，尚书奏使太仆傅玄、中书监荀勖、黄门侍郎张华各造正旦行礼及王公上寿酒食举乐哥诗。诏

① 《诗品集注》，39页。

② 何文焕：《历代诗话》，中华书局1981年，267页。

又使中书郎成公绥亦作。张华表曰：'按魏上寿食举诗及汉氏所施用，其文句长短不齐，未皆合古。盖以依咏弦节，本有因循，而识乐知音，足以制声，度曲法用，率非凡近所能改。二代三京，袭而不变，虽诗章词异，兴废随时。至其韵逗曲折，皆系于旧，有由然也。是以一皆因就，不敢有所改易。'荀勖则曰：'魏氏哥诗，或二言，或三言，或四言，或五言，与古诗不类。'以问司律中郎将陈颀，颀曰：'被之金石，未必皆当。'故勖造晋哥，皆为四言，唯王公上寿酒一篇为三言五言，此则华、勖所明异旨也。"①

这则记载中提到张华跟荀勖之间关于雅乐歌辞的一次论争。张华认为，汉魏以来雅乐歌辞的体式跟先秦古雅乐歌辞不同，文句长短参差不齐，多是杂言句式，这是适合汉魏雅乐演奏形态的。既然自两汉以来一直沿袭使用，必有其原因，故不能轻易改动。荀勖的意见则完全相反，他认为"古诗"皆为四言，而魏代以来乐府歌诗出现了二言、三言、四言、五言等句式，这是对"古诗"的背离。因此新王朝的创制要努力向"古诗"系统回归。

《宋书》卷二〇《乐志》中对西晋诸公所造雅乐歌辞均有记载。张华作《晋四箱乐歌》共十六章，其中《王公上寿诗》一章四句，为三言和五言句式；《食举东西箱乐诗》十一章中，有两章是四言句式，三章是三言句式，其余六章中杂有三言、四言、

① 《宋书》，539 页。

五言、七言句式；《正旦大会行礼诗》四章皆为四言句式。再对比荀勖的《晋四箱乐歌》十七章，其中《正旦大会行礼歌》四章、《正旦大会王公上寿酒歌》一章、《食举乐东西厢歌》十二章，除了《上寿酒歌》一章是三言五言混杂的句式，其余都是四言句式。傅玄所造雅乐歌辞有《晋郊祀歌》五章、《天地郊明堂歌》五章、《晋宣武舞歌》四章、《晋宣文舞歌》二章、《晋宗庙歌》十一章、《晋四箱乐歌》三章(包括《正旦大会行礼歌》四章、《上寿酒歌》一章和《食举东西箱歌》十三章)，共三十章，其中四言歌诗有十九章，占总数近三分之二。成公绥所造歌诗有《晋四箱歌》十六章(包括《王公上寿酒》一章和《正旦大会行礼诗》十五章)，其中四言歌诗有四章，仅占四分之一。

从四言歌诗的数量可以看出，这几位参与制礼作乐的人对于雅乐歌辞有不同的理解，张华和成公绥比较能接受汉魏雅乐歌辞的创作传统，傅玄则偏于保守。而荀勖对汉魏雅乐歌辞“与古诗不类”的情况极为敏感，在写作歌辞的时候也有意以四言为主，以维护古雅乐歌辞的传统。

二、荀张之争的文化背景

讨论荀、张之争的意义，首先必须追溯秦汉以来雅乐系统的变化。经历秦末战火之后，汉初建国时礼乐典章制度大都亡佚。《汉书·礼乐志》载：“汉兴，乐家有制氏，以雅乐声律世世在大乐官，但能纪其铿锵鼓舞，而不能言其义。”制氏是秦时的宫廷乐官，祖祖辈辈都在太乐中任职。他们对音乐的理解主要依靠记忆和经验，并没有系统的乐理知识。在这种文化背景下建立起来的西汉雅乐系统出现了很多与先秦雅乐不一样的地方，其音乐成分很复杂，既包括先秦雅乐系统的残留部分，也掺杂了楚声和其它地方俗乐。[①]

随着音乐的变化，乐府歌辞体式也发生了变化，从四言句式变成三言、四言、五言、七言和杂言句式。《安世房中歌》中有三言诗三首，三言七言混杂的诗一首。《汉郊祀歌》的一些篇章与《九歌》很接近，如《天门》、《景星》、《天马歌》等，句式参差，三四五六七字不等，且内容反复铺陈，颇似楚辞。不仅如此，歌辞的内容和风格也发生了变化，甚至被指责为“汉郊庙诗歌，未有祖宗之事，八音调均又不协于钟律，而内有掖庭材人，外有上林乐府，皆以郑声施于朝廷”(《汉书·礼乐志》)。[②]

两汉时期古雅乐实际上并未绝迹。除制氏靠记忆保存下来的部分古雅乐之外，民间着力收集古雅乐的学者也不乏其人。《宋书·乐志》载：“武帝时，河间献王与毛生等共采《周官》及诸子言乐事者，以著《乐记》，献八佾之舞，与制氏不相殊。”又《汉书·礼乐志》载：“(叔孙)通没之后，河间献王采礼乐古事，稍稍增辑，至五百余篇。”河间献王收集的雅乐与叔孙通、制氏所作雅乐相同，都属于先秦雅乐的系统，而且河间雅乐达到五百余篇，内容相当完备。河间献王曾试图将所收集的雅乐献给中央王朝，[③]遗憾的是，由于中央王朝提倡制礼作乐的目的是为大一统王国提供理论依据，而非恢复古代礼乐制度的真实面

---

① 高祖唐山夫人作宗庙歌诗《安世房中歌》十七首是属于楚声系统。《汉书·礼乐志》载：“凡乐，乐其所生，礼不忘本。高祖乐楚声，故《房中乐》，楚声也。”武帝时期的《郊祀诗十九首》则“有赵代秦楚之讴”(《汉书·礼乐志》)。

② 《汉书》，1071页。

③ 《汉书·景十三王传》载：“武帝时，献王来朝，献雅乐。”

貌，因此河间献王所献雅乐并没有受到中央王朝的重视。①汉成帝时谒者常山王禹的弟子宋晕等曾上书成帝奏请用河间雅乐，也没有被采纳。后来古雅乐的流传痕迹就难以考察，可能完全亡佚了。汉末曹操平荆州，获汉雅乐郎杜夔，使之制雅乐。但杜夔所习雅乐乃是汉代雅乐，并且制作雅乐也没有获得完全成功。②因此，汉魏时期流传的雅乐，已经跟先秦古雅乐存在根本性差异。

汉代以来古雅乐的衰落使经典的四言体歌诗失去神圣地位，而新雅乐的流行则促使杂言体歌诗随之兴起。张华主张“兴废随时”，采用杂言句式，这是遵循汉魏雅乐歌辞的创作传统；而荀勖主张返归“古诗”，采用四言句式，则是遵循汉前雅乐歌辞的创作传统。荀张之争从表面上看来是对先秦古雅乐与汉魏雅乐接受的不同，实质反映了不同学养的儒士对待礼制和文学的不同态度。

三、“兴废随时”的理论意义

荀勖的乐府改革在当时反响很大，尤其是后来荀勖还亲自

① 《汉书·礼乐志》载：“是时，河间献王有雅材，亦以为治道非礼乐不成，因献所集雅乐。天子下大乐官，常存肄之，岁时以备数，然不常御。常御及郊庙皆非雅声。然诗乐施于后嗣，犹得有所祖述。”

② 《晋书·律历志》载：“汉末，天下大乱，乐工散亡，器法堙灭。魏武始获杜夔，使定乐器声调。夔依当时尺度，权备典章。及武帝受命，遵而不革。”黄节《汉魏乐府风笺序》云：“汉本无‘雅’，夔所肄习乃制氏所传文王伐檀驺虞鹿鸣四诗之音节耳，非汉‘雅’也；其篇又不传，知其无所创定矣。……至于魏，郊庙无‘颂’。萧子显曰：‘魏辞不见，疑用汉辞。’沈约曰：‘魏国初建，使王粲改作登歌及安世巴渝诗而已。’宋志所录魏俞儿舞歌四篇是也；舍是而魏‘颂’亡矣。”(《汉魏乐府风笺》，中华书局2008年，1～2页。)

进行音乐的“复古”实践，自制律尺以校正乐管。[①]而朝廷对荀勖复古改革极为支持，荀勖新律不仅施用于太乐，还用于总章、鼓吹和清商乐，几乎是对音乐的全面改革。[②]在荀勖去世几年以后，朝廷甚至还诏令其子荀藩继续修定金石乐器。[③]如果不是遭遇八王之乱，这场乐府复古改革运动可能就得以成功了。西晋乐府诗以“复古”为主要特征，四言诗数量特别多，成为文学史上的重要现象，不能不说与此相关。

文学史上以复古为革新的现象非常多，但西晋乐府的复古改革本质上是一场儒学礼制的改革，而非为了促进文学往更好的方向发展，因此难免有流于形式的弊端。更不必说四言诗地位的提升势必影响五言诗的发展，这样会剥夺文学自由发展的权利，使得文学再次沦为经学的附庸。

因此，荀勖的复古改革从文学发展史的角度来说不能不说是一种退步。相比之下，张华提出“兴废随时”的理论主张，以一种开放的姿态接受当前流行的事物，似乎更加符合文学发展的潮流。——随着文学题材和艺术经验的积累，到了西晋时

---

① 《隋书·律历志》引徐广、徐爰、王隐等《晋书》载：“武帝泰始九年，中书监荀勖校太乐八音，不和，始知为后汉至魏，尺长于古四分有余。勖乃部著作郎刘恭，依《周礼》制尺，所谓古尺也。依古尺更铸铜律吕，以调声韵。”《隋书·律历志》所载“周尺”下有“晋泰始十年荀勖律尺(为晋前尺)”，和刘歆律尺一样，都属于周尺系统。

② 《晋书·乐志上》载：“泰始九年，光禄大夫荀勖以杜夔所制律吕，校太乐、总章、鼓吹八音，与律吕乖错，乃制古尺，作新律吕，以调声韵。事具《律历志》。律成，遂班下太常，使太乐、总章、鼓吹、清商施用。勖遂典知乐事，启朝士解音律者共掌之。”

③ 《宋书·乐志一》载：“惠帝元康三年，诏其子黄门侍郎籓修定金石，以施郊庙。寻值丧乱，遗声旧制，莫有记者。”《宋书》，540页。

期，四言诗已经不能满足人们写作和表达的需要了。

本章小结

本章主要探讨张华的文学思想。建安时期确立起来的文学观念，在西晋得到进一步发展。张华虽没有专门的文学理论著作，但在不同场合下提出的文学主张，在建安文学向西晋文学的过渡中起到重要的引领作用。他的文学主张，主要有情先于辞、文贵清省、尚悦泽、尽而有余久而弥新、兴废随时等几点。

情先于辞是对文学本质与形式关系的认识。情是文学所要表现的内容，辞则是表情达意的载体。汉代虽有“情动于中而形于言”之说，然而受经学影响，不能超越“发乎情而止乎礼义”的局限。魏晋以后对辞的重视日益增加，二陆甚至以辞先于情。张华提出“情先于辞”的观点，不仅有助于矫正西晋时期重辞轻情的倾向，巩固建安文学的成果，还对南朝以后的文学理论影响深远。

文贵清省、尚悦泽、尽而有余这三重主张见于张华对二陆和左思作品的批评中，体现了张华较为全面的文章审美观，即要求文章精练警醒，清畅动人，还要言有尽而意无穷，令人读完有所回味。这种审美理论既是对魏晋以来诗赋美学趣向的总结，同时也对太康文坛有积极的引导意义。

兴废随时则是张华的文学发展观。这是在一次与荀勖关于雅乐歌辞体式的争论中提出的。荀勖认为汉魏以来的雅乐歌辞与“古诗”四言体不类，应向“古诗”传统回归。他不仅在歌辞的创作上全取四言诗，甚至还对乐府音律、乐器进行改革，试图越过汉魏继承汉前雅乐传统。张华则认为自汉魏以来雅乐歌辞受音乐影响多为杂言诗，既然其来有自，必须承认和接受新变。“兴废随时”的观念体现了张华对新事物的开放态度，而事实证明，五言诗、杂言诗的发展是符合历史潮流的。

……第五章　张华的文学创作……

张华的诗文作品曾结集流传，但其最初结集时间已不可考，所收诗文具体数量也不得而知。《晋书》本传仅言“华著《博物志》十篇，及文章并行于世”。《隋书·经籍志》载：“晋司空张华集十卷，录一卷。”《旧唐书·经籍志》、《新唐书·艺文志》皆著为“《张华集》十卷”。但晁公武《郡斋读书志》卷四上仅载“《张华集》三卷，……集有诗一百二十，哀词册文二十一，赋三”，陈振孙《直斋书录解题》卷十六亦载“《张司空集》三卷，晋司空范阳张华茂先撰。前二卷为四言、五言诗，后一卷为册祝哀诔等文”。可见《张华集》中的作品大量散佚于唐宋时期。而目前所流传的仅为后人辑佚之作，较宋人所见转少。

尽管张华作品流传下来的已经十不存一，所幸许多优秀作品因总集载录而得以保存，对于研究张华文学创作及其特点有非常重要的意义。下面试对张华诗文创作相关问题进行论述。

第一节　张华诗歌“其源出于王粲”辨

中国古代首次对诗歌进行系统点评的作品应属钟嵘《诗品》。产生于南朝梁代的《诗品》是最早对五言诗进行系统评论的诗学著作，与《文心雕龙》一起被称为古代文学批评史上的“双璧”。后世论诗受《诗品》的影响极大，直至今天的许多文学史著述都经常引用其观点。

《诗品》论诗以人物为纲，分上、中、下三品，对从汉古诗到齐梁时期的诗人逐一进行批评，并以“某源出于某”的方式建立一个脉络清晰的诗歌艺术发展系统。根据钟嵘的理论，汉代以来的五言诗皆源于《诗经》和《楚辞》，汉魏诗人又互有渊源关系。这种“某源出于某”的批评方式开启了后人追溯某位作家艺术源流的先河。本节试以钟嵘对张华诗歌的批评为例，审视《诗品》中“某源出于某”批评方式之得失。

一、张华诗歌“其源出于王粲”说的批评

《诗品》“晋司空张华”条载：

> “其源出于王粲。其体华艳，兴托不奇，巧用文字，务为妍冶。虽名高曩代，而疏亮之士，犹恨其儿女情多，风云气少。谢康乐云：‘张公虽复千篇，犹一体耳。’今置之中品疑弱，处之下科恨少，在季孟之间矣。”①

这则批评包含几个方面的内容：第一，张华诗歌源出于王粲；第二，张华诗歌的艺术特征是“华艳”、“兴托不奇”、“巧用文字，务为妍冶”；第三，张华诗善于写儿女之情，缺乏凌空矫捷的风云之气；第四，张华诗歌有千篇一体的弊病；第五，张华诗歌的品级在中下之间。钟嵘对张华诗歌的源流、风格、弊病等方面进行了系统的评论，又把它放在魏晋五言诗发展过程中进行定位，后代的文学研究者常引用以上观点来说明张华诗歌的成就。对这则批评中的文字问题，前人已经有精到的见

① 《诗品集注》，216页。

解。[①]本文仅论“其源出于王粲”之说。

对于《诗品》中“某源出于某”这种追源溯流的方式是否符合文学史发展的真实，后人为之讨论不休。宋代叶梦得《石林诗话》曰：“魏晋间人诗，大抵专工一体，如侍宴、从军之类，故后来相与祖习者，亦但因其所长取之尔。……钟嵘作《诗品》，但云某人诗出某人，亦以此。”[②]毛晋《诗品跋》亦口：“但六朝作者，各自专攻一体，后来争相祖述，故云某出于某也。”[③]他们均认为钟嵘的理论是对魏晋六朝诗人“专攻一体”、“争相祖述”现象的总结。也有不少学者对这种“某源出于某”的论诗方式提出质疑。例如王世贞《艺苑卮言》卷二曰：“吾览钟记室《诗品》，折中情文，裁量事代，可谓允矣，词亦奕奕发之。第所

---

① 钟嵘把张华诗歌定为中品，又言“置之中品疑弱，处之下科恨少”，应在中下之间，只是不得已才放在中品。关于这个评价，已有学者提出质疑。郑振铎指出：“华诗实能以平淡不饰之笔，写真挚不隐之情……意未必曲折，辞未必绝工，语未必极新颖，句未必极秾丽，而其情思却终是很恳切坦白，使人感动的……华虽未必及陈王，至少可追仲宣，仲宣则列‘上品’，茂先则并‘中品’而不逮，何故?”(郑振铎：《插图本中国文学史》，人民文学出版社 1963 年，149～150 页。)曹旭仔细对比了《诗品》和宋代诗话中的引文，发现宋何汶《竹庄诗话》和魏庆之《诗人玉屑》引钟嵘《诗品》的记载与今本《诗品》的记载略有不同，其言曰：“(张华诗)其源出于王粲，其体华艳，兴托多奇，巧用文字，务为妍冶……置之甲科，疑弱；抑之中品，恨少，在季、孟之间耳。”他结合张华的文学创作和文学史地位，认为张华的诗歌特点应该是“兴托多奇”，张华诗的定位应在中上品之间。(曹旭：《论西晋诗人张华》，《上海师范大学学报》，1990 年第 4 期。)

② 《历代诗话》，433 页。

③ 见《津逮秘书》本《诗品》。

推源出于何者，恐未尽然。”[①]纪昀《四库全书总目提要》卷一九五亦曰：“惟其论某人源出某人，若一一亲见其师承者，则不免附会耳。”[②]他们对这种追源溯流的方法表示不能认同。

面对众说纷纭，让我们先追溯张华所属的整个完整诗歌系统。对于其所源出的王粲诗，《诗品》论曰：“其源出於李陵。”而对于李陵诗，《诗品》论曰：“其源出於《楚辞》。”如此构成了“《楚辞》—李陵—王粲—张华”的诗歌艺术发展谱系。

这个诗歌艺术发展谱系似乎脉络清晰，然而前人有诸多歧见。首先，对于王粲诗歌艺术渊源问题的看法。徐祯卿《谈艺录》认为：“王粲《从军》，得之于二雅。”[③]陈祚明《采菽堂古诗选》亦曰：“（仲宣诗）伤乱之情，《小雅》、《变风》之余也。”[④]沈德潜《说诗晬语》卷上也指出：“‘南登霸陵岸，回首望长安’忠厚悱恻，得‘迟迟我行’之意。”[⑤]“迟迟我行”是《诗经·小雅·采薇》篇中的诗句，其意亦以为王粲《七哀诗》源出于小雅。以上诸家的看法皆认为王粲诗歌的特点更接近于《诗经》而非《楚辞》。其次，对于张华诗歌艺术渊源问题的看法。许学夷在《诗源辩体》卷五中很不客气地批评道：“太康诸子，其体有不同

---

① 王世贞：《艺苑卮言》，人民文学出版社1961年，43页。

② 纪昀：《四库全书总目提要》，中华书局1965年影印本，1780页。

③ 徐祯卿：《谈艺录》，见《历代诗话》下册，中华书局1981年，769页。

④ 陈祚明：《采菽堂古诗选》三十八卷，补遗四卷，乾隆十三年刻本，北京大学图书馆藏。

⑤ 叶燮，薛雪，沈德潜：《原诗·一瓢诗话·说诗晬语》，人民文学出版社1979年，206页。

者，当是气有强弱，才有大小耳，未必各有师承也。宋景濂谓安仁、茂先、景阳学仲宣，此论出于钟嵘，不免以形似求之。”①

那么，究竟孰是孰非？笔者认为，还不能够简单地判定是非，而必须探寻钟嵘建立诗歌发展谱系的基础。

二、对“《楚辞》—李陵—王粲—张华”诗歌系统的辨析

笔者注意到，钟嵘论王粲诗的特点是“发愀怆之词，文秀而质羸”，而论李陵诗的特点是“文多凄怆，怨者之流”，两者的情感基调均以“悲”、“怨”为主。李陵诗所源出的《楚辞》，也主要是哀怨离忧的情感基调。因此，“《楚辞》—李陵—王粲”这一诗歌发展谱系建立的基础似乎应该理解为一致的悲感基调。

王粲生于社会动荡的汉末时期，亲历国破家亡、四处流离的生活，目睹民生疾苦，其诗如《七哀诗》、《从军行》等多抒发志士怀才不遇之悲愤，反映战争离乱引起的凄怆之情。李陵为西汉鼎盛时期的将领，因率军攻打匈奴被俘，又诈降匈奴而导致被诛三族，遂弄假成真居留匈奴长达二十余年，传为其所作的《赠苏武诗》中充满忧伤、别离之思。《楚辞》主要作者屈原因馋而为楚怀王所离弃，写下了许多忧思国事、表达高洁志向的诗歌。王粲、李陵、屈原都经历了国家民族的变迁，共同怀抱着家国之恨，这是他们诗歌中悲感基调的源泉。

钟嵘将张华诗歌列于“《楚辞》—李陵—王粲”之余绪，是否也从张华诗歌中读出了家国之思的悲感，不得而知。张华虽然

---

① 许学夷：《诗源辩体》，人民文学出版社1987年，93页。

经历过魏晋禅代，但他对曹魏原没有深厚感情，且入晋之前曾出任司马氏府掾，与司马氏关系匪浅，从他的作品中没有看出由司马氏代魏立晋而引发的家国之悲。倒是太康三年，张华为政敌荀勖、冯紞二人所构，从中书令任上出为幽州刺史这件事，曾被指为与其代表作《情诗》有关。何焯《义门读书记》卷四七论《文选》所录《情诗》二首曰：

“二诗疑为荀、冯所构而作。”①

何焯认为《情诗》中所写的男女之情，跟屈原笔下的男女之情一致，乃是君臣关系的影射，寄寓了臣子对君王的思念。如此一来，《情诗》之情即使真切动人，也只能说明张华对君主的赤诚之心。

《离骚》以香草美人作为政治譬喻，成为后世文人纷纷仿效的艺术模式。不过，张华的处境跟屈原颇有些类似，若将两者进行对比，不同之处也是显然可见的：屈原是楚国的宗室，他对国家和君主命运的关心融汇着一种血浓于水的情感；张华虽是一个富有道德感的臣子，但他对国家和晋武帝的情感决不能跟屈原相比。《离骚》写“求女”因错失时机和被小人中伤而屡屡失败，又直斥对方听信谗言以致疏远和放逐自己，寄寓了深刻的怨愤和幽思。《情诗》中表达的情感只涉及男女双方，却没有指责第三者的意思，更没有透露半点身世之感，很难说这种相思之情就寓含了对君主的思念。将一组简单动人的爱情诗牵附

① 《义门读书记》，931 页。

于政治来进行理解，似乎是求之过甚了。因此，《情诗》五首是否存在《楚辞》及李陵文中那么深刻的怨愤幽思，是颇值得质疑的。

再看张华诗与王粲诗的比较。王粲诗歌的特点，谢灵运在《拟魏太子邺中诗序》中曾言："王粲，家本秦川，贵公子孙，遭乱流寓，自伤多情。"[①]谢氏以知人论世的方法批评王粲诗歌，指出王粲出身于汉代高宦世家，不幸遭遇乱世国破家亡，独自过着颠沛流离的生活，因而诗中不自觉就流露出自伤的色彩。这是符合王粲诗歌特点的。朱乾《乐府正义》评论《从军诗》其三曰："《传》曰：'无私恩，非孝子也；无公义，非忠臣也。''方舟顺广川'以下，所以念其私恩；'以身干戈事'以下，所以发其公义。"[②]然而，王粲的"自伤多情"与张华的"儿女情多"内涵完全不同。以其最能体会出"愀怆之词"的《七哀诗》、《从军诗》为例。《七哀诗》作于建安二十年随曹操西平金城之时，[③]诗中叙述由长安赴荆州依附刘表的途中所见关中社会的惨状，有种弃国离家的悲哀和悲天悯人的情怀。《从军诗》五首作于建安二十年南征张鲁行至南郑之时，诗中描写行军过程的辛苦，歌颂曹操军队的神武，表达了自己报效国家的心志。如果联想作者于建安八年归附曹操而结束颠沛流离的生活，亲眼目睹曹氏平定北方的经历，那么诗中对主公的深深敬仰和感恩，以及希图报效之心便可以理解。这种情感是传统士大夫常有的忠君报

① 谢灵运：《谢灵运集校注》，中州古籍出版社 1987 年，140 页。

② 黄节：《汉魏乐府风笺》，中华书局 2008 年，153 页。

③ 关于《七哀诗》的写作时间，学界有所争议。这里从余冠英《乐府诗选》之说。

国之情。

而张华诗虽然也有重情倾向，其所抒写的“情”却不是王粲那种家国情感，而是儿女私情，且无悲怨愀怆的色彩。张华生活的年代跟王粲大不相同，社会相对比较稳定，国力强盛，一派蒸蒸日上的景象。张华的地位和处境又决定了其诗歌中不可能描写深刻的心灵触动。以《情诗》五首为例，这组诗历来被视为张华“情多”的表现，其一、三、四三首描述闺妇思念在外的游子，其二、五则是游子对闺妇的思念之情，郑振铎特别欣赏其中“居欢惜夜促，在蹙怨宵长。拊枕独啸叹，感慨心内伤”和“巢居觉风飘，穴处识阴雨。未曾远别离，安知慕俦侣”两句，认为这些诗“佳妙可喜”，但叶嘉莹先生认为：“这首诗也都是一些用脑筋的说明，不带给你直接的感动。……这里面真正的感发的生命力是很弱的”。[①]王粲的“情”是自伤多情，是家国之情，是从生命中感发出来的情；而张华的“情”是儿女私情，是有理性节制的情，这是他们诗歌中不一致之处，也是张华诗“源出王粲”的一个重要反证。

三、张华诗歌的题材与艺术渊源

通过以上对张华与王粲诗歌的对比，可以明显看出张华诗歌并非渊源于王粲。那么，魏晋诗人之间的艺术传承关系如何呈现？张华诗歌是否存在可以追溯的渊源？

从文学史的流变来看，张华诗歌的渊源已经有不少诗评家提出更为具体确切的看法。例如明代安磐《颐山诗话》曰：“张茂先《励志》：‘山不让尘，川不辞盈……’又曰：‘复礼终朝，

---

① 叶嘉莹：《汉魏六朝诗讲录》，河北教育出版社 1997 年，379 页。

天下归仁。'‘进德修业，晖光日新。'《三百篇》后，能以义理形之声韵以自振者，才见此耳。晋风浮荡不检，茂先以圣贤自励，可谓独立不群矣。史称其自少修谨造次必以礼度，有由然哉？”[①]这里认为张华《励志诗》的精神与《诗经》系统更为接近。清代宋长白《柳亭诗话》卷十中指出张华诗歌中有效法阮籍之处：“阮嗣宗《咏怀诗》‘弯弓挂扶桑，长剑倚天外’、‘泰山成砥砺，黄河为裳带’，设想甚奇，然自《大言赋》得来。张茂先《壮士篇》从而效之，曰：‘长剑横九野，高冠拂元穹。慷慨成素霓，萧叱起清风。’……”[②]刘师培《中古文学史》则曰：“晋代之诗如张华、张载之属，均与士衡体近。”[③]他认为张华的诗歌跟陆机的诗歌从体式上更为接近，而从钟嵘的角度来看，陆机的诗歌源出于曹植，曹植诗又源出于《国风》，张、陆应隶属于不同系统。今人在这个问题上认识更深一层。徐公持《魏晋文学史》言：“张华的规步对象主要是曹植。如上引《壮士篇》，仿曹植《白马篇》和《鰕䱇篇》；《门有车马客行》，仿曹植《门有万里客行》等等，不少字句亦有抄袭痕迹。所以钟嵘说张华诗‘其源出于王粲’，就乐府诗言，其论不甚确。”[④]徐先生以《壮士篇》、《门有车马客行》为例，指出张华从诗歌艺术上得益于曹植更多。

对于各种歧见，恐怕还需要通过文本细读比较重新加以讨

---

① 安磐：《颐山诗话》，台湾“商务印书馆”1986年影印本，4页。

② 宋长白：《柳亭诗话》，清康熙天苗园刻本。

③ 刘师培：《中国中古文学史讲义》，人民大学出版社2004年，65页。

④ 徐公持：《魏晋文学史》，人民文学出版社1999年，278页。

论。下面试以张华杂诗和游猎诗为例进行分析。

在张华存留下来的诗歌中，隶属于杂诗系统的《情诗》五首和《杂诗》，被后人视为其代表作。《玉台新咏》卷二载录五首，《文选》选录其中二首。江淹模拟西汉到刘宋时期五百年间三十位诗人的作品，其中一篇就是模拟《情诗》。钟嵘《诗品》评张华诗为“儿女情多，风云气少”，亦指《情诗》而言。《情诗》无论从题目还是内容上看，都沿袭了汉魏以来的情诗题材。先看这组诗的内容：

北方有佳人，端坐鼓鸣琴。终晨抚管弦，日夕不成音。忧来结不解，我思存所钦。君子寻时役，幽妾怀苦心。初为三载别，于今久滞淫。昔耶生户牖，庭内自成阴。翔鸟鸣翠偶，草虫相和吟。心悲易感激，俛仰泪流衿。愿托晨风翼，束带侍衣衾。

明月曜清景，昽光照玄墀。幽人守静夜，回身入空帷。束带俟将朝，廓落晨星稀。寐假交精爽，觌我佳人姿。巧笑媚欢靥，联娟眸与眉。寤言增长叹，凄然心独悲。

清风动帷帘，晨月照幽房。佳人处遐远，兰室无容光。襟怀拥虚景，轻衾覆空床。居欢惜夜促，在蹙怨宵长。拊枕独啸叹，感慨心内伤。

君居北海阳，妾在江南阴。悬邈修涂远，山川阻且深。承欢注隆爱，结分投所钦。衔恩笃守义，万里托微心。

游目四野外，逍遥独延伫。兰蕙缘清渠，繁华荫绿渚。佳人不在兹，取此欲谁与。巢居知风寒，穴处识阴雨。不曾远别离，安知慕俦侣。

从组诗的内容上看，主要抒写男女离别之后思而不得、顾影自怜的忧伤、哀怨。除了其一、其四两首以“幽妾”、“妾”自称，可以看出是女子口吻，其它几首很难明确地看出叙述者的性别。这组诗分开看，每一首诗都是一首完整的情诗，组合起来又具有连续性。前三首发生的地点是在家里，其一写从早上到晚上的心理和行为，其二、其三写夜间的心理和行为，其四没有明确的时间地点，但也是在渲染相思之情。其五描写的背景是在春天的郊外。（张溥《张华集》中这组诗的排序略有不同，分别是其三、其五、其一、其二、其四，不知何据。从组诗描写的完整性来看，当依《玉台新咏》所载为佳。）

细读《情诗》五首的内容，不难发现其内容有似曾相识之感。事实上，闺妇游子的相思之情是诗歌中的永恒主题，从上古以来就被反复抒写，并非新鲜独特的题材。就这组诗而言，若将其与阮籍《咏怀诗》进行对比，就可以发现两者之间存在若隐若现的关联。《咏怀诗》其一载：

“夜中不能寐，起坐弹鸣琴。薄帷鉴明月，清风吹我襟。孤鸿号外野，翔鸟鸣北林。徘徊将何见，忧思独伤心。”

《情诗》“北方有佳人，端坐鼓鸣琴。终晨抚管弦，日夕不成音”，与《咏怀诗》“夜中不能寐，起坐弹鸣琴”，所言之事非常接近，只是前者发生于白天，后者发生于夜里；“清风动帷帘，晨月照幽房”，与《咏怀诗》“薄帷鉴明月，清风吹我襟”，斯时斯景岂非如出一辙？“翔鸟鸣翠偶，草虫相和吟”，与《咏怀诗》“孤鸿号外野，翔鸟鸣北林”，也很有相似之处；“拊枕独啸叹，感慨心内伤”，与《咏怀诗》“徘徊将何见，忧思独伤心”，都怀有同样的忧伤。从诗意和构思的角度看，《情诗》仿佛是从《咏怀诗》其一演绎而成。

但是，还不能断然认定《情诗》出于阮籍《咏怀诗》。因为在《咏怀诗》之外，从其它地方也能同样看到模仿的痕迹。例如《古诗十九首》“凛凛岁云暮”篇曰：

> 凛凛岁云暮，蝼蛄夕鸣悲。凉风率已厉，游子寒无衣。锦衾遗洛浦，同袍与我违。独宿累长夜，梦想见容辉。良人惟古欢，枉驾惠前绥，愿得长巧笑，携手同车归。既来不须臾，又不处重闱。亮无展风翼，焉能凌风飞。眄睐以适意，引领遥相睎。徒倚怀感伤，垂涕沾双扉。①

《情诗》中“心悲易感激，俛仰泪流衿。愿托晨风翼，束带侍衣衾”，与此篇中“亮无晨风翼，焉能凌风飞？眄睐以适意，引领遥相睎。徒倚怀感伤，垂涕沾双扉”情景仿佛相似。此外，“寐假交精爽，觌我佳人姿”句，与汉古诗“独宿累长夜，梦想见容辉”所言近乎一致；“佳人不在兹，取此欲谁与”句，与汉古诗

① 《先秦汉魏晋南北朝诗》，333 页。

“采之欲遗谁，所思在远道”所问又何其相似。……通过以上比较，大至于离情的主题、哀怨缠绵的基调，小至于情景表述的内容和方式，都可以看出《情诗》模仿汉魏杂诗的痕迹。

再以游猎诗为例。汉代上至天子诸侯，下至贵族豪强，都非常崇尚讲武田猎的活动。因此，游猎场景在汉魏辞赋中屡屡出现，如司马相如《子虚赋》、班固《西都赋》、张衡《西京赋》、曹植《七启》等作品中都有艺术手法非常娴熟地呈现。以班固《西都赋》为例：

> 六师发逐，百兽骇殚，震震爚爚，雷奔电激，草木涂地，山渊反覆。蹂躏其十二三，乃拗怒而少息。尔乃期门佽飞，列刃钻鍭，要趹追踪。鸟惊触丝，兽骇值锋。机不虚掎，弦不再控。矢不单杀，中必叠双。飑飑纷纷，矰缴相缠。风毛雨血，洒野蔽天。平原赤，勇士厉。猿狖失木，豺狼慑窜。尔乃移师趋险，并蹈潜秽。穷虎奔突，狂兕触蹶。许少施巧，秦成力折。掎僄狡，扼猛噬。脱角挫脰，徒搏独杀。挟师豹，拖熊螭。曳犀犛，顿象罴。超洞壑，越峻崖。蹶巉岩，巨石颓。松柏仆，丛林摧。草木无余，禽兽殄夷。

此段运用夸张、典故修辞从多个角度描写了天子之师田猎的场景：六师驰逐于猎场中，鸟兽受惊四处奔走，勇猛骠悍的壮士各尽所能，猎获了无数野兽。整个场景非常细致、生动。

魏晋以后皇室是否还有田猎讲武的活动，已难以得知。但田猎依然是文人喜欢采用的题材，尽管大赋已经不流行，见于其它文学形式却有不少。诗歌中就有专门描写田猎题材的作品。例如曹植《名都篇》：

> 名都多妖女，京洛出少年。宝剑直千金，被服丽且鲜。斗鸡东郊道，走马长楸间。驰骋未能半，双兔过我前。揽弓捷鸣镝，长驱上南山。左挽因右发，一纵两禽连。馀巧未及展，仰手接飞鸢。观者咸称善，众工归我妍。归来宴平乐，美酒斗十千。脍鲤臇胎虾，炮鳖炙熊蹯。鸣俦啸匹侣，列坐竟长筵。连翩击鞠壤，巧捷惟万端。白日西南驰，光景不可攀。云散还城邑，清晨复来还。①

诗中写京洛少年打猎时非常英勇，射杀了许多猎物，打猎完了以后大家一起设宴庆祝，饮酒作乐。其场景描写显然受到汉代辞赋中田猎场景的影响，如现实中几乎不可能发生的“一纵两禽连”，其构思无疑来自《两都赋》“矢不单杀，中必叠双”。《名都篇》的构思没有明显突破汉赋游猎描写，用语却颇有新颖之处，如“馀巧未及展，仰手接飞鸢”，就属于曹植别出心裁的用语。

张华诗歌《游猎篇》也是以游猎为题材。细读此篇，不难发现与班固《西都赋》、曹植《名都篇》有很多相似之处。现录《游猎篇》全文如下：

---

① 《先秦汉魏晋南北朝诗》，431页。

岁暮凝霜结，坚冰沍幽泉。厉风荡原隰，浮云蔽昊天。玄云晻䨴合，素雪纷连翩。鹰隼始击鸷，虞人献时鲜。严驾鸣俦侣，揽辔过中田。戎车方四牡，文轩驭紫燕。舆徒既整饬，容服丽且妍。武骑列重围，前驱抗修旃。倏忽似回飚，终绎若浮烟。鼓噪山渊动，冲尘云雾连。轻缯拂素霓，纤网荫长川。游鱼未暇窜，归雁不得还。由基控繁弱，公差操黄间。机发应弦倒，一纵连双肩。僵禽正狼藉，落羽何翻翻。积获被山阜，流血丹中原。驰骋未及倦，曜灵俄移晷。结罝弥薮泽，罿声振四鄙。鸟惊触白刃，兽骇挂流矢。仰手接游鸿，举足蹴犀兕。如黄批狡兔，青骹撮飞雉。鹄鹭不尽收，凫鹥安足视。日冥徒御劳，赏勤课能否。野响会众宾，玄酒甘且旨。燔炙播遗芳，金觞浮素蚁。珍羞坠归云，纤肴出渌水。四气运不停，年时何亹亹。人生忽如寄，居世遽能几。至人同祸福，达士等生死。荣辱浑一门，安知恶与美。游放使心狂，覆车难再履。伯阳为我诫，检迹投清轨。

从整首诗的结构、用语看来，对于班固《两都赋》、曹植《名都篇》的模仿处处可见。且看此篇句子与《西都赋》的对比："鸟惊触白刃，兽骇挂流矢"句，与《西都赋》"鸟惊触丝，兽骇值锋"语意相近；"机发应弦倒，一纵连双肩"，与《西都赋》"机不虚掎，弦不再控。矢不单杀，中必叠双"语意相近。"僵禽正狼藉，落羽何翻翻。积获被山阜，流血丹中原"，与《西都赋》"飑飑纷纷，矰缴相缠。风毛雨血，洒野蔽天"语意相近。

再看此篇与《名都篇》的对比：写猎人的装束，《名都篇》作“被服丽且鲜”，《游猎篇》作“容服丽且妍”；写射艺之高，《名都篇》作“左挽因右发，一纵两禽连。馀巧未及展，仰手接飞鸢”，《游猎篇》作“机发应弦倒，一纵连双肩。……驰骋未及倦，曜灵俄移晷。结罝弥薮泽，嚣声振四鄙。鸟惊触白刃，兽骇挂流矢。仰手接游鸿，举足蹴犀兕”；写猎后饮宴，《名都篇》作“归来宴平乐，美酒斗十千。脍鲤臇鲐虾，炮鳖炙熊蹯”，《游猎篇》作“野响会众宾，玄酒甘且旨。燔炙播遗芳，金觞浮素蚁”。不同的是，《游猎篇》的铺陈更加具体详细，前面增加了打猎时的环境描写，并且对于打猎、宴会场面的描写也更具夸饰性，较《名都赋》更接近汉赋中游猎场面的描写。

从以上对张华杂诗和游猎诗题材与艺术渊源的分析可以看出，张华诗歌的题材和艺术不仅对近世文人创作有所模仿，而且取法汉代的辞赋、诗歌，其渊源是多元的。纵观历代对钟嵘《诗品》“某源出于某”的批评，以否定居多。本节通过张华诗歌与前人诗歌的对比分析，推翻了钟嵘所谓“其源出于王粲”的说法，为历代对钟嵘《诗品》的批评提供了一个具体案例。从而证明了汉魏以来诗歌发展虽然存在前后相承的艺术渊源关系，但这种艺术渊源关系绝非那么单一、稳定。

第二节　张华诗歌的艺术特点

西晋文学虽然模仿前人的特色非常明显，其独特的艺术成就也毋庸置疑。刘勰在《文心雕龙·时序》中对晋代文学创作局面有精到的描述：“晋虽不文，人才实盛：茂先摇笔而散珠，太冲动墨而横锦，岳、湛曜联璧之华，机、云摽二俊之采，应、傅、三张之徒，孙挚、成公之属，并结藻清英，流韵绮靡。”[①]“结藻清英，流韵绮靡”，正是西晋文学区别于前代的特点。

作为西晋文学局面开拓者的张华，其诗歌虽然题材和艺术渊源于汉魏文学，不可避免地延续着汉魏文学的某些特色，然其对汉魏文学的师法却并非规行矩步，而是有所开拓创新的。他在诗歌史上的地位，王夫之《古诗评选》中有极高的评价：

“茂先处三国之余，托体华亮，前不欲为陈王之烦重，后不肯同孙楚、夏侯湛之卤莽，乃欲开宋、齐之先，作唐人之祖，风会所趋，盖自是而一变。然寄意荣丽，而萧氏父子不得伴其清；结句遒劲，而盛唐诸人不能学其缓；谋篇简俊，而吴均、柳恽不能步其平。上偭汉人则有惭德，下方来者初不授以口实也。近体渊源莫此为至，不但‘萧史爱长年’一曲而已。……五言之制，去雅不远，虽华必约，虽亮必沉，虽劲必婉，句里字间，恒有三折笔之意，时复一往，得句犹不敢以孤秀自拔。然则非密非敛，其不足此体矣。张公始为轻俊，以洒子建、仲宣之朴涩，而矫枉过正，又导齐梁下佻。至如此篇，沉若有余，敛若不足，斯无间。然‘君居北海阳，妾在江南阴’，近体之佳赏，非古诗之雅度也。……茂先著眼高大，不食建安残渖，迹其独创，且非二陆之所殆庶，况蠢愚烦乱之潘

① 《增订文心雕龙校注》，541 页。

岳哉?”[①]

王夫之对张华诗歌推崇极高，认为其代表作《情诗》既没有曹植诗的烦重，也没有孙楚、夏侯湛诗的卤莽，荣丽而能清、遒劲而能缓、简俊而能平，在魏晋诗歌中几乎处于巅峰地位，凌驾于建安诗人以及二陆、潘岳之上。又认为张华以其“轻俊”，矫正了魏代杂诗的朴涩，开启了齐梁时期的卞佻之门。

客观地说，将张华《情诗》推为魏晋诗歌之巅峰似乎有些过誉，但所言张华在诗歌史上承上启下的作用则是非常确切的。张华诗歌对汉魏文学艺术的继承前面已有阐述，这里试总结张华诗歌的艺术特色及其影响。

一、以赋法而为诗

辞赋是汉代的主流文学体裁，尤其是注重描摹物态、铺张扬厉、劝百讽一的大赋，被视为最能体现大汉风貌的文学形式。魏晋文人虽然很少写作大赋，但在其它文学形式中有意汲取大赋的艺术手法，使得这些文学形式的发展呈现出新的特点。下面试以张华诗歌为例，探讨其与辞赋艺术的关联。

张华诗歌类型众多，最长于铺排的类型当属乐府诗。其乐府诗今存《游猎篇》、《游侠篇》、《博陵王宫侠曲二首》、《门有车马客行》[②]、《轻薄篇》、《壮士篇》、《萧史曲》等八篇，其中《游猎篇》、《轻薄篇》在铺陈辞采方面尤为突出。上节中已对

① 王夫之：《古诗评选》，文化艺术出版社1997年，177页。

② 此首后人疑为鲍照所作。逯钦立《晋诗》卷三注曰：“《乐府诗集》四十载鲍照《门有车马客行》一首，与此全同而又多出六句，文义较为完整，且鲍照本集亦载之，则此当是鲍诗逸篇。”

《游猎篇》中模仿汉赋的特征略有讨论，还须指出的是，《游猎篇》末尾警醒世人生命逝去无法挽留，荣辱祸福变幻莫测，耽于游乐使人心发狂，追逐荣利败坏社会风气，因此必须引以为戒。这种谆谆告诫寄寓了作者的一片苦心。但由于前面对游猎铺陈过多，反而削弱了结尾讽谏的力量。这种结构跟汉大赋“劝百讽一”的结构特征极其相似，可以视为张华乐府诗“以赋为诗”的一个典型案例。

下面再以《轻薄篇》为例进行分析：

> “末世多轻薄，骄代好浮华。志意既放逸，赀财亦丰奢。被服极纤丽，肴膳尽柔嘉。僮仆余粱肉，婢妾蹈绫罗。文轩树羽盖，乘马鸣玉珂。横簪刻玳瑁，长鞭错象牙。足下金镈履，手中双莫邪。宾从焕络绎，侍御何芬葩。朝与金张期，暮宿许史家。甲第面长街，朱门赫嵯峨。苍梧竹叶清，宜城九酝醝。浮醪随觞转，素蚁自跳波。美女兴齐赵，妍唱出西巴。一顾倾城国，千金不足多。北里献奇舞，大陵奏名歌。新声逾激楚，妙妓绝阳阿。玄鹤降浮云，鱏鱼跃中河。墨翟且停车，展季犹咨嗟。淳于前行酒，雍门坐相和。孟公结重关，宾客不得蹉。三雅来何迟？耳热眼中花。盘案互交错，坐席咸喧哗。簪珥或堕落，冠冕皆倾斜。酣饮终日夜，明灯继朝霞。绝缨尚不尤，安能复顾他？留连弥信宿，此欢难可过。人生若浮寄，年时忽蹉跎。促促朝露期，荣乐遽几何？念此肠中悲，涕下自滂沱。但畏执法吏，礼防且切磋。”

此诗描述的内容可谓西晋上层社会生活的写照。西晋上层阶级崇尚奢侈浮华的生活，石崇、王恺、王济、羊琇诸人争豪斗富，时人以为风尚。当时车骑司马傅成曾上书晋武帝言："古者尧有茅茨，今之百姓竟丰其屋；古者臣无玉食，今之贾竖皆厌粱肉。古者后妃乃有殊饰，今之婢妾被服绫罗；古者大夫乃不徒行，今之贱隶乘轻驱肥"?[①]张华虽然跻身上层社会，但他崇尚朴素生活，[②]时刻抱着居安思危的意识。

在这首歌诗中，他托言"末世"、"骄代"，对上层社会浮华骄奢的生活进行描写。除了饮食衣着、宫室处所之外，贵族们出行车马之豪华、佩饰之丰美、侍从之众多、交游之广泛、饮宴之丰盛、歌舞之美妙、娱乐之尽兴，都有非常细致深入的铺排陈述。仅歌舞一节，从"美女兴齐赵"到"展季犹咨嗟"，就有十二句共六十字，从各个侧面描写歌舞的艺术魅力。铺排技巧的运用，使诗歌中有较多空间可以具体而微地抒写情感、描写景物、叙述故事。在长篇铺陈之后，篇末发出"人生若浮寄，年时忽蹉跎。促促朝露期，荣乐遽几何"的感慨，想告诫世人即便享尽荣华富贵，也终究不能抗拒生命老去。还提醒人们执法吏无时不在，放纵情性肆无忌惮的享乐行为极容易导致犯禁的后果。但这种反省于全篇而言也是"劝百讽一"而已。

以赋法而为诗，诗歌描写更趋具体细致，篇幅加长也有助于增强艺术表现力。大赋华丽典雅的艺术特色也延续到诗歌中。钟嵘评论张华诗歌"其体华艳"，即指张华诗歌风格华艳，

---

① 《晋书》，1324 页。

② 《晋书》本传载："(华)雅爱书籍，身死之日，家无余财，惟有文史溢于机箧。"

这正是以赋法为诗的结果。

二、总体雅化的趋向

刘勰总结西晋文学的艺术特点为“结藻清英，流韵绮靡”，张华是这种风格的代表作家之一。仅就诗歌而言，张华诗歌对言辞艺术性的讲究是非常明显的。钟嵘评论其诗“兴托多奇(原作‘不’，据何汶《竹庄诗话》和魏庆之《诗人玉屑》所引改)，巧用文字，务为妍冶”，即谓其诗歌语言精巧工致，多所雕润。

张华对诗歌语言的锤炼首先表现为诗中大量运用对偶和典故。对偶作为修辞手法在《诗经》、汉诗中已经出现，但还处于不自觉的时期，也没有达到精工的水平。建安文人尤其是曹植的诗歌中，所用对偶句大为增多，艺术上也大有进步。张华在前人的基础上，进一步推动了诗歌语言艺术性的发展。他的诗歌中大量使用对偶句，以《轻薄篇》为例，从开篇“末世多轻薄，骄代好浮华”即已使用对偶句。全篇之中不乏佳对，如“横簪刻玳瑁，长鞭错象牙”、“玄鹤降浮云，鱏鱼跃中河”、“簪珥或堕落，冠冕皆倾斜”等，精工已不减唐人。对偶的运用虽然能使诗歌更加华美整饬，但是内容的表达往往受到限制。为了使有限的文字能够表达更丰富的意思，就不得不使用典故。《轻薄篇》中用了许多典故，如“朝与金张期，暮宿许史家”，用汉代金日磾、张安世的典故说明洛阳贵游子弟多出于世家大族；“一顾倾城国，千金不足多”，用汉代李夫人的典故描写女子之美；“玄鹤降浮云，鱏鱼跃中河”，用师旷鼓琴而降玄鹤的典故描写音乐之美；“淳于前行酒，雍门坐相和”，用战国淳于髡和汉代陈遵的典故描写饮酒之乐……典故的运用使诗歌变得典重含蓄，促成了诗文雅化的趋向。

除了对偶和典故运用之外，张华还喜欢运用新奇的表述方式。这点前人已经有所留意。如明何孟春《余冬诗话》卷下言：

“陶渊明《归田园诗》有‘欢来苦夕短，已复至天旭’之句，其《怨诗》又云‘造夕思鸡鸣，及晨愿乌迁’，情事不同如此。张茂先‘居欢惜夜促，在蹙怨宵长’有是哉。”①

清郭麐《续灵芬馆诗话》卷六亦言：

“诗主性情，固矣。然言不典雅，则入于俗调。张茂先《情诗》云：‘居欢惜夜促，在蹙怨宵长’，此即俗传‘欢娱嫌夜短，寂寞恨更长’之语也。而雅郑霄壤，谓格调可不讲得乎。”②

明清人特别推崇《情诗》中“居欢惜夜促，在蹙怨宵长”两句，这两句中注意到情感对于心理时间的影响，在欢乐和痛苦中拥有不同的心灵感受，欢乐之中光阴似箭，痛苦之中则度日如年。张华在诗中展现这种敏感的心灵感受，可见他用心之巧妙。这种艺术敏感使他的诗歌充满不同于前人的新鲜气息。郑振铎也特别欣赏“居欢惜夜促，在蹙怨宵长。拊枕独啸叹，感慨心内伤”和“巢居觉风飘，穴处识阴雨，未曾远别离，安知慕俦侣”

① 何孟春：《余冬诗话》，《丛书集成初编本》中华书局1985年，19页。

② 杜松柏：《清诗话访佚初编》，台北新文丰出版公司1987年，504页。

两句，认为这些诗“佳妙可喜”，从这些诗歌中可见“其情思却终是很恳切坦白，使人感动的”。①

尽管张华非常注重诗歌语言艺术性，在炼字炼句上却还不能做到毫无瑕疵。《文心雕龙·丽辞》中提出“言对为易，事对为难；反对为优，正对为劣”，《情诗》中“明月曜清景，昽光照玄墀”、“巢居知风寒，穴处识阴雨”等，正是所谓的言对、正对。又如《轻薄篇》中“足下金鑮履，手中双莫邪”、“朝与金张期，暮宿许史家”、“一顾倾城国，千金不足多”等，亦不能达到后世对于对偶的要求。但这些瑕疵出现在诗歌艺术发展未臻成熟的西晋时期，似不应过分苛求。

三、类型化特征明显

最早指出张华诗歌类型化特征的是谢灵运。钟嵘评张华诗歌的时候，曾引自谢灵运言曰：“张公虽复千篇，犹一体也。”对此观点，后代诗评家大多表示认可。如许学夷《诗源辩体》卷五曰：

> “张茂先五言，得风人之致，题曰《杂诗》、《情诗》，体固应尔。或疑其调弱，非也。观其《答何劭》二作，其调自别矣。但格意终少变化，故《昭明》不多录耳。谢康乐云：‘张公虽复千篇，犹一体也。’语虽或过，亦自有见。”②

① 郑振铎：《插图本中国文学史》，人民文学出版社 1957 年，149 页。

② 许学夷：《诗源辩体》，人民文学出版社 1987 年，93 页。

许氏认为“千篇一体”之说虽太过苛刻，但还是有一定道理的。又如黄子云《野鸿诗的》亦曰：

> “茂先失于气馁而不健，然其雍和温雅，中规中矩，颇有儒者气象。《情诗》、《杂诗》等篇，不免康乐千篇一体之讥，余若《励志》诸什，断不可一概掩之。”①

黄氏认为《情诗》、《杂诗》的体式相似，可谓千篇一体，但《励志诗》跟这两组诗歌不同，不能够一概而论。陈祚明《采菽堂古诗选》亦曰：

> “张司空范古为趋，声情秀逸，盖步趋绳墨之内者，未可以‘千篇一律’少之。”②

陈氏认为张华的诗歌都取法前代，但自有秀逸的特点，不可因“千篇一律”而加以贬低。

总的来说，关于钟嵘“千篇一体”的评价，历代似以肯定为主，并未详加讨论。仔细考察诸人评论的依据，许学夷和黄子云认为《情诗》和《杂诗》体式相似，主要因为这两组诗歌都是抒情诗，属于“杂诗”类；而许学夷认为“其调自别”的《答何劭诗》却是赠答诗，跟《杂诗》、《情诗》不属于同一类型；黄子云认为

① 黄子云：《野鸿诗的》，见丁福保《清诗话》，上海古籍出版社1978年，861页。

② 陈祚明：《采菽堂古诗选》三十八卷，补遗四卷，乾隆十三年刻本，北京大学图书馆藏。

“不可一概掩之”的《励志诗》跟杂诗也不是同一类型。因此，有必要对张华诗歌区分为不同类型来看待。

举个例子，与《情诗》五首“其调自别”的赠答诗《答何劭诗三首》，如果与同为赠答诗的《赠挚仲洽诗》比较起来，就会发现这两组诗非常近似。《答何劭诗》其三云：

> “驾言归外庭，放志永栖迟。相伴步园畴，春草郁郁滋。荣观虽盈目，亲友莫与偕。悟物增隆思，结恋慕同侪。援翰属新诗，永叹有余怀。”

《赠挚仲治诗》残章云：

> “君子有逸志，栖迟于一丘。仰荫高林茂，俯临渌水流。恬淡养玄虚，沉精研圣猷。”

这两首诗歌都是先赞叹放逸的情志和美德，又描写隐居场所的美好风光，以及隐居的生活状况。不仅内容相当接近，连文字表达都有相似之处。

再以祖道诗为例，《祖道赵王应诏诗》曰：

> “崇选穆穆，利建明德。於显穆亲，时惟我王。禀姿自然，金质玉相。光宅旧赵，作镇冀方。休宠曲锡，备物焕彰。发轫上京，出自天邑。百寮饯行，缙绅具集。轩冕峨峨，冠盖习习。恋德惟怀，永叹弗及。”

《祖道征西应诏诗》曰：

> “赫赫大晋，奄有万方。陶以仁化，曜以天光。二迹陕西，实在我王。内饪玉铉，外惟鹰扬。四牡扬镳，玄辂振绥。庶寮群后，饯饮洛湄。感离叹凄，慕德迟迟。”

这两首诗虽然祖道的对象不同，但内容却很相近，都是先述大晋功德，再述王公德行，又述王公出行、群臣相送的场面，最后抒发感慨，从体式上看缺少变化。可见，所谓“千篇一体”，并不是说张华所有的诗歌在体式上都相同，而是说张华各个类型的诗歌都有某些共同的特征，体式没有太大变化。

从这种理解出发，反过来审视钟嵘《诗品》中的另一个观点“儿女情多，风云气少”，也便能有更加客观的评价。这是深为后人接受的观点，一般都以此概括张华诗歌的总体特征，或对此观点有所引申。如沈德潜《古诗源》曰：“茂先诗，《诗品》谓其‘儿女情多，风云气少’，此亦不尽然。总之笔力不高，少凌空矫捷之致。”[①]又如，何焯认为张华诗中除《励志诗》之外，余皆“女郎诗”。[②]他们对张华诗歌格调的评价都不高。

但对张华诗歌是否可以简单地“一言以蔽之”呢？笔者认为，既然张华诗歌存在类型化特征，那么分类讨论当是理解和评价其诗歌的可行途径。“儿女情多，风云气少”，似专指张华诗歌中的杂诗而言。但张华诗歌中的大部分并不属于爱情题材，从流传下来的作品来看，除了少数杂诗之外，还有游侠、

---

① 沈德潜：《古诗源》，中华书局2006年，126页。

② 《义门读书记》，888页。

游猎、游仙、谈玄、励志等题材。写作题材的不同自然影响到诗歌风格的不同。如《游侠篇》曰：

> “翩翩四公子，浊世称贤明。龙虎方交争，七国并抗衡。食客三千馀，门下多豪英。游说朝夕至，辩士自从横。孟尝东出关，济身由鸡鸣。信陵西反魏，秦人不窥兵。赵胜南诅楚，乃与毛遂行。黄歇北适秦，太子还入荆。美哉游侠士，何以尚四卿。我则异於是，好古师老彭。”

这首诗描写了战国四公子的故事，逐一称颂他们的故事和功业，最后却笔锋一转，表明自已的志向跟游侠不一样，而是推崇古之“老、彭”。这首诗表明了张华的价值取向，并不是源于内心的感动，更不是“儿女情多”的类型。叶嘉莹先生甚至认为这首诗“完全是透过意念思索写出来的”。①

又如《壮士篇》曰：

> “天地相震荡，回薄不知穷。人物禀常格，有始必有终。年时俯仰过，功名宜速崇。壮士怀愤激，安能守虚冲？乘我大宛马，抚我繁弱弓。长剑横九野，高冠拂玄穷。慷慨成素霓，啸吒起清风。震响骇八荒，奋威曜四戎。濯鳞沧海畔，驰骋大漠中。独步圣明世，四海称英雄。”

---

① 叶嘉莹：《汉魏六朝诗讲录》，河北教育出版社 1997 年，379 页。

诗中描写了一位壮士，因不愿意虚度时日，想要及时地建功立业，所以到边疆去从军征战。这位壮士骑的是大宛马，拿的是繁弱弓，这是勇士的装束；他后面背着长剑，头上戴着高冠，发出慷慨的长啸，这又是名士的行为。从装束和行为可以看出，这个人并不是一介草莽之士，而是有生命觉醒、有理想追求的人。后来他果然在战场上表现非常出色，他的行为如惊雷震响，引起所有边地人民的惊骇，他的威风如日月照曜着戎敌，他在沧海之畔洗濯，他在大漠之中驰骋，这样，一位壮士的形象就丰满起来了。诗歌开篇把壮士的行为放在宇宙变化和万物生息的时空之中，让人感受到一种时不我待、当及时建功立业的积极精神，气势宏大，立意高尚，风格清刚，与钟嵘“风云气少”的评论正好相反。

张华的玄言诗则是属于轻淡玄远的风格。如失题《诗》曰：

> “混沌无形气，奚从生两仪？元一是能分，太极焉能离？玄为谁翁子，道是谁家儿？天行自西迴，日月曷东驰？”(《太平御览》卷一引)

这首诗属于《楚辞·天问》体，全诗以问答的形式对宇宙的源初、自然的运行提出疑问，是以诗的形式来描写理性的思考，并不追求言辞上的藻饰，既不是“儿女情多”的诗歌，也不是“巧用文字，务为妍冶”的艺术风格。

从以上分析可见，张华诗歌中类型化特征非常明显，足可看出其才力的限制，这也是他不能跻身一流作家，只能位居中品的重要原因。然而其诗歌的每个类型各有不同风格，若指为

“千篇一体”则未免绝对化。

第三节　张华辞赋中的玄学色彩

张华生活在魏晋玄学流行的时代，玄学不仅对传统儒家思想造成冲击，还逐渐浸染到文学中，改变了魏晋时代的文学风貌。在张华之前，玄学主要以议论文的形式出现在文学作品中，五言诗也略微受到玄言的影响，但辞赋还局限于抒情、言志、体物的功能，并未出现玄言赋。张华在辞赋创作中首先引入了玄学的内容，其代表作《鹪鹩赋》可以说是现存最早的玄言赋，这体现出他对社会思想和文学发展的敏感把握。

一、《鹪鹩赋》的内容意旨

“鹪鹩”取典于《庄子·逍遥游》：

> “尧让天下于许由，曰：‘日月出矣而爝火不息，其于光也，不亦难乎！时雨降矣而犹浸灌，其于泽也，不亦劳乎！夫子立而天下治，而我犹尸之，吾自视缺然。请致天下。’许由曰：‘子治天下，天下既已治也。而我犹代子，吾将为名乎？名者，实之宾也。吾将为宾乎？鹪鹩巢于深林，不过一枝；偃鼠饮河，不过满腹。归休乎君，予无所用天下为！庖人虽不治庖，尸祝不越樽俎而代之矣。’”①

庄子以尧让天下于许由而被推却的故事表达了对“名”和“实”的

① 《庄子集释》，22～24页。

看法，认为“名”和“实”应当分开，“名”只是“实”的宾附，而世人总是追求“名”而丧失“实”。对于个人来说，存在于世间所需的“实”极其有限，就像鹪鹩虽生活于深林之中，但它所占不过一根树枝；鼹鼠虽在河边饮水，但它所需不过填饱肚子。有限的生存资料得到满足之后便能逍遥自在，至于治理天下之名根本不值得重视和争取。“鹪鹩”作为一个喻体在《庄子》中大意如此。

《鹪鹩赋》的思想取自《庄子》，主要展示了鹪鹩三个方面的特征：首先是自足自乐。《鹪鹩赋序》云：

> “鹪鹩，小鸟也，生于蒿莱之间，长于藩篱之下，翔集寻常之内，而生生之理足矣。色浅体陋，不为人用，形微处卑，物莫之害，繁滋族类，乘居匹游，翩翩然有以自乐也。”

鹪鹩生长在蒿莱、藩篱之间，飞翔范围狭窄，所需生存资料容易得到满足，因此可以过逍遥自在的生活。这跟《逍遥游》中“鹪鹩巢于深林，不过一枝”的意思完全符合。

其次是无用之用。《鹪鹩赋序》云：

> “彼鷲鶚惊鸿，孔雀翡翠，或凌赤霄之际，或托绝垠之外，翰举足以冲天，觜距足以自卫，然皆负矰婴缴，羽毛入贡。何者？有用于人也。夫言有浅而可以托深，类有微而可以喻大，故赋之云尔。”

与鹫鹗鹍鸿、孔雀翡翠一类或形体雄伟，或羽毛华丽的动物相比，鹪鹩显得平凡至极，似乎无一可取。但正因其无用，反而得以保全性命，免于外物的损伤。赋中也主要称扬鹪鹩形小、无用的特征：

“育翩翾之陋体，无玄黄以自贵。毛弗施于器用，肉弗登于俎味。鹰鹯过犹俄翼，尚何惧于罿罻。翳荟蒙笼，是焉游集。飞不飘扬，翔不翕习。其居易容，其求易给。巢林不过一枝，每食不过数粒。栖无所滞，游无所盘。匪陋荆棘，匪荣茝兰。动翼而逸，投足而安。委命顺理，与物无患。伊兹禽之无知，何处身之似智。不怀宝以贾害兮，不饰表以招累。静守约而不矜，动因循以简易；任自然以为资，无诱慕于世伪。雕鹖介其觜距，鹄鹭轶于云际。稚鸡窜于幽险，孔翠生乎遐裔。彼晨凫与归雁，又矫翼而增逝。咸美羽而丰肌，故无罪而皆毙。徒衔芦以避缴，终为戮于此世。苍鹰鸷而受绁，鹦鹉惠而入笼。屈猛志以服养，块幽絷于九重。变音声以顺旨，思摧翮而为庸。恋钟岱之林野，慕陇坻之高松。虽蒙幸于今日，未若畴昔之从容。”

作者不仅一味地对鹪鹩的外表、能力、功用进行否定，渲染鹪鹩的平凡，突出其不怀宝、不饰表的特点，说明鹪鹩无所用于人，因而得以保全性命；又将鹪鹩与雕鹖、鹄鹭、稚鸡、孔翠等鸟类进行对比，在比较中凸显其平凡卑微的形象。赋中反复强调正因为这种平凡卑微，使鹪鹩得以安全地生存，不会受到外物的妨害。这种“无用之用”的思想也是来自《庄子》。《逍遥游》曰：

> “子独不见狸狌乎？卑身而伏，以候敖者；东西跳梁，不辟高下；中于机辟，死于罔罟。今夫斄牛，其大若垂天之云。此能为大矣，而不能执鼠。今子有大树，患其无用，何不树之于无何有之乡，广莫之野，彷徨乎无为其侧，逍遥乎寝卧其下。不夭斤斧，物无害者，无所可用，安所困苦哉！”①

庄子指出，狸狌虽然跳跃灵活，但仍不免于人所设的机关；斄牛虽然形体庞大，但却连捕鼠都不会。物各有自己的特性，也各有自己的优缺点，甚至连没有任何用处的大树，也能以其无用而免于斧斤之伐，最终得以全生养性。张华《鷦鷯赋》中的鷦鷯如同毫无用处的大树，虽然无用，却有大用。

再次是处于材与不材之间。按照无用之用的思想，万物只要放弃了自己的优点，丧失了自己的用途，就可以达到避祸的目的。但毫无用处的“大树”之存在于理念之中，万物在大自然中都是相对存在，任何生物都不能够绝对地无用。何况在实际生活中，人们对无用之物往往会采取抛弃或摧毁的态度，无用并不能绝对地避免危害。如何在物类相对性中保持平衡适中的生存状态，这是庄子在分判大小之辨以后提出的新问题。《山木》曰：

---

① 《庄子集释》，40页。

> “庄子行于山中，见大木，枝叶盛茂，伐木者止其旁而不取也。问其故，曰：‘无所可用。’庄子曰：‘此木以不材得终其天年。’夫子出于山，舍于故人之家。故人喜，命竖子杀雁而烹之。竖子请曰：‘其一能鸣，其一不能鸣，请奚杀?’主人曰：‘杀不能鸣者。’明日，弟子问于庄子曰：‘昨日山中之木，以不材得终其天年；今主人之雁，以不材死；先生将何处?’庄子笑曰：‘周将处乎材与不材之间。材与不材之间，似之而非也，故未免乎累。若夫乘道德而浮游则不然。无誉无訾，一龙一蛇，与时俱化，而无肯专为；一上一下，以和为量，浮游乎万物之祖；物物而不物于物，则胡可得而累邪！’”①

生物出于避祸的目的，到底应该坚持无用的因素还是有用的因素？庄子经过思考之后，提出“材与不材之间”的观点，主张和光同尘，与时俱化。这种“材与不材之间”的思想是对“无用之用”的纠正和补充。

以鷦鷯而言，它也不能完全地全生避害。傅咸《仪凤赋序》言：“《鷦鷯赋》者，广武张侯之所造也。以其形微处卑，物莫之害也。而余以为物生则有害，有害而能免，所以贵乎才智也。夫鷦鷯既无智足贵，亦祸害未免；免乎祸害者，其唯仪凤也。”(《艺文类聚》卷九十引)②贾彪《鹏鸟赋序》也言：“余览张茂先《鷦鷯赋》，以其质微处亵，而偏于受害。愚以为未若大鹏栖形遐远，自育之全也。此固祸福之机。”(《艺文类聚》卷九十

① 《庄子集释》，668 页。

② 《艺文类聚》，1559 页。

二引)①他们的观点立足于否定“无用之用”，对《鹪鹩赋》的理解似未深入。张华本人对鹪鹩作为物类的相对性早有认知，赋的末尾云：

> “阴阳陶蒸，万品一区。巨细舛错，种繁类殊。鹪螟巢于蚊睫，大鹏弥乎天隅。将以上方不足，而下比有余。普天壤以遐观，吾又安知大小之所如？”

张华铺陈鹪鹩诸多无用的因素之后，又说它介于大鹏与鹪螟之间，虽比不上弥乎天宇的大鹏，但在纷纭万象的大千世界中却远胜巢于蚊睫的鹪螟。他显然意识到鹪鹩的处境正在“材与不材之间”，形小无用而能躲避祸害的因素也具有相对性。傅、贾二人皆否定“无用之用”的思想，而没有看到这一点就匆匆作文反驳《鹪鹩赋》，故难免有偏狭之处。

何谓逍遥？如何才能达到逍遥？庄子用了许多寓言反复说明这两个问题，而张华《鹪鹩赋》中仅用不到六百字的篇幅就抓住了庄子的思想精髓，并用辞赋的形式表现出来。就连这个思想的载体——鹪鹩，也是庄子笔下的寓言形象。从这个意义上说，《鹪鹩赋》可谓彻底的庄子思想的注脚。

二、《鹪鹩赋》与正始之音的内在关联

《鹪鹩赋》作于司马氏权力膨胀、竹林七贤活动频繁的时期。张华目睹了党争的惨烈，借鹪鹩暗示人在宇宙中亦不过沧海一粟，唯有委命顺理才能全生养性，处乱世之中尤其要行无

---

① 《艺文类聚》，1608页。

为之事。以“口不臧否人物”著称的玄学名士阮籍，竟对当时还名不见经传的张华青眼有加，王隐《晋书》载：“阮籍见张华《鷦鷯赋》，以为王佐之才也。”(《艺文类聚》卷五十六引)这暗示了张华所追求的生存境界与玄学名士存在某种程度的一致性。

这种一致性在于对“自然”共同追求和理解。《鷦鷯赋》末段言：“阴阳陶蒸，万品一区。巨细舛错，种繁类殊。”这里秉承了老庄对自然的理解，认为物类世界从根本上来说均禀阴阳二气而生，因其巨细、明暗、静躁的不同属性而分化出各种类别。从这种自然观出发，张华和竹林名士一样看重个性的自然发展，反对任何扭曲或束缚个性的行为。《韵补》卷二引佚诗曰：

> “乘马佚于野，泽雉若于樊。役心以婴物，岂云我自然?”①

此诗引用《庄子·养生主》的典故：“泽雉十步一啄，百步一饮，不蕲畜乎樊中。神虽王，不善也。”②以在野外自由自在奔跑的骏马和被关在樊笼里面垂头丧气的泽雉相对比，说明现实中纷繁复杂的事物容易使人困扰拘窘，必须时刻保持清醒的自我意识，这样才能追随本心自然地生活。

不过，在对待名教的态度上，张华与阮籍却截然不同。阮籍虽“发言玄远”，但很多行为暗含着对名教的嘲讽，表达了不与名教妥协的态度。张华尽管习染玄学，却不排斥礼教，和阮

① 吴棫：《宋本韵补》，中华书局1987年影印本。
② 《庄子集释》，126页。

籍违礼悖法有着根本区别。鷦鹩式的自足自乐、无用之用、处于材与不材之间的人生观，使他无论在人生的高峰还是低谷，心态都比较平和低调。他既对自身地位有清醒的认识，又对政治有透彻的洞察，深深懂得在党争中应该韬光养晦、与时俱化的道理，因此，当魏晋玄学名士还在为名教和自然的矛盾而烦恼时，他却能够在名教与自然中进退自如。这较嵇康的亢直以杀身，阮籍的隐晦而苦闷着实要高明得多。难怪阮籍读完这篇赋之后要发出“王佐之才”的感叹了。

张华在《鷦鹩赋》中表达的自然观和人生观消解了自然和名教的矛盾，对魏晋名士也有所启示。嵇绍“天地四时犹有消息”之论，阮瞻关于名教与自然“将无同”之答，实乃步张华“阴阳陶蒸，万品一区”之后。

《鷦鹩赋》不仅是一篇说理文，而且所寓含的哲理实际上体现了作者的人生观。因此这篇赋成为千百年来评价张华人格和功绩的坐标，是是非非，众说纷纭。阮籍誉其为“王佐之才”；唐代宰相崔祐甫《齐昭公崔府君集序》亦言：“国之大臣，业参政本，发挥皇王之道，必由于文。……蜀丞相孔明有《出师表》，晋司空茂先有《鷦鹩赋》，皆辅臣之文也。”（《文苑英华》卷七〇二引）[①]也有人认为正因为鷦鹩般的处世哲学，招致了张华自己的人生悲剧甚至整个西晋的衰败。如萧纲《悔赋》曰：“江东起吞并之筹，幽州著怀远之术。运钟毁冕，时属倾颠；铺鸣水阔，日黑山迁。留下之谋决，忠良之戮已缠。台耀之灾虽启，鷦鹩之赋徒然。”（《文苑英华》卷九十一引）[②]区区数百字

① 李昉：《文苑英华》，中华书局1966年影印本。

② 李昉：《文苑英华》，中华书局1966年影印本。

的小赋自问世以来就引人瞩目，毁誉参半，在文学史上可谓罕有。

本章小结

钟嵘具有很敏感的艺术洞察力，以寥寥数语就能够准确地评价一个诗人全部作品或者代表作品的艺术特点，这是《诗品》被推崇到极高地位的原因。《诗品》对诗歌艺术特色的评论有自己的特点和局限，其“某源出于某”的追源溯流的方式对后世诗评深有启发，但往往与文学史发展的实际不符合。《诗品》关于张华诗歌“其源出于仲宣”的评价就很值得商榷。张华的诗歌题材类型非常丰富，如游仙诗、游侠诗、玄言诗、励志诗、感婚诗等类别，均为王粲诗中所无。游仙诗和游侠诗在三曹的诗中出现得比较多，玄言诗则是正始以后的题材。感婚诗乃是汉代张衡《述婚诗》一类的作品。励志诗也多见于汉魏人之诗，如傅毅有《迪志诗》、张衡有《述志诗》、仲长统有《见志诗》、曹植有《矫志诗》、高贵乡公有《言志诗》、嵇康有《述志诗》等。即以杂诗和乐府诗为例，也跟王粲诗歌存在很大差别，而可以追溯其与汉代辞赋、曹植诗、阮籍诗存在渊源关系。因此，将其放在“《楚辞》—李陵—王粲—张华”的诗歌艺术发展谱系中显然是不合适的。

张华诗歌广泛地学习汉魏以来的诗歌，在继承汉魏诗歌题材与艺术手法的基础上，又有进一步开拓创新，因此形成了不同于汉魏诗歌的艺术风貌。《诗品》论诗有时注重对整体风格的评价，有时只是对某一类型诗歌的评价。例如，论张华诗歌

“其体华艳，兴托多奇，巧用文字，务为妍冶”，应是指其杂诗、乐府诗的风格；“儿女情多，风云气少”则专指《情诗》而言。如果不详加分析，将这个评价用以概括张华所有诗歌的艺术风格，就未免以偏概全。对张华诗歌的艺术弊病也当作如是观，张华诗歌类型众多，同一类型的作品确有体式相近之嫌，但不同类型的作品体式并不相同，笼统地批评为“千篇一体”并不太准确。

张华辞赋流传下来的主要为咏物赋和抒情赋，篇幅简短而内容精湛，《文心雕龙》称其特点为“奕奕清畅”。以《鷦鷯赋》为例，全篇不足六百字，但深刻阐发庄子思想，发挥正始之音的精神，应属于典型的玄言赋。这在辞赋史上是前所未有的新创。

第六章 《博物志》若干问题讨论

第一节 《博物志》的成书

《博物志》是张华最重要的著述，也是现存最早的博物类小说，在古代小说史上有非常重要的地位。但是，正因为此书属于小说家言，并未引起传统文人的重视。围绕这部书的许多问题，例如成书时间、流传情况等，也大多停留在猜测的层面，至今还没有确定的说法，因此有必要重新进行探讨。

一、《博物志》成书时间考证

《博物志》的成书时间，文献中并没有记载。王嘉《拾遗记》卷九最早提及《博物志》的成书，曰：

> “张华字茂先，挺生聪慧之德，好观秘异图纬之部，捃采天下遗逸。自书契之始，考验神怪，及世间闾里所说，造《博物志》四百卷，奏于武帝。……帝常以《博物志》十卷置于函中，暇日览焉。”①

据此可知，《博物志》的成书是在晋武帝时期。《拾遗记》载《博

① 王根林点校：《魏晋六朝笔记小说大观》，上海古籍出版社 1999 年，554～555 页。

物志》四百卷，后人多认为是小说家言，可信性很低；关于《博物志》成书于晋武帝时期的说法也受到质疑。《四库总目提要》卷一四二子部“小说家类”载：

> “《博物志》十卷。旧本题晋张华撰。考王嘉《拾遗记》称：‘华好观秘异图纬之部，捃采天下遗逸，自书契之始，考验神怪及世间闾里所说，造《博物志》四百卷，奏于武帝。帝诏诘问，卿才综万代，博识无伦，然记事采言，亦多浮妄。可更芟截浮疑，分为十卷云云。’是其书作于武帝时，今第四卷物性类中，称武帝泰始中武库火，则武帝以后语矣。”①

这里认为，今本《博物志》卷四中有“武帝”语，“武”乃是司马炎死后谥号，所以“武库火”一条不可能作于武帝朝，《拾遗记》的记载值得商榷。但这是一条孤证，而且，后人在抄写或刊刻时，往往有将古书所载帝王改称其谥号的情况。《四库全书总目·广弘明集提要》中就说道：“道宣卒于乾封二年，而书未有游大慈恩寺诗，乃题高宗之谥，殊不可解。”陈垣先生在《中国佛教史籍概论》中指出，高丽本书唐高宗者皆作“今上”，可见是后来刊刻时将“今上”改成“高宗”，而四库馆臣未曾考察所有版本，故有此疑问。那么，《博物志》中出现的“武帝”语，亦不足以说明其非成书于武帝朝。

实际上，由于《博物志》是一部资料汇编性质的书，我们可

---

① 永瑢等撰：《四库全书总目》，中华书局1965年，1213页。

以通过考察《博物志》的引书来推断它的成书时间。下面对比几组文献材料：

1.“犬戎，文马，赤鼠，身色似若黄金，即古之乘黄，今谓之露犬也，能飞食虎豹。”(《博物志》卷三“异兽”)

“犬戎，文马而赤鬣，缟身，目若黄金，名吉黄之乘。”(《逸周书》卷七)

“渠叟，以鼩犬。鼩犬者，露犬也，能飞食虎豹。”(《逸周书》卷七)

2.“猩猩若黄狗，人面能言。”(《博物志》卷三“异兽”)

“都郭生生，若黄狗，人面能言。”(《逸周书》卷七)

3.“昔西夏仁而去兵，城郭不修，武士无位。唐伐之，西夏亡。”(《博物志》卷九“杂说上”)

“昔者西夏性仁非兵，城郭不修，武士无位，惠而好赏，屈而无以赏。唐氏伐之，城郭不守，武士不用，西夏以亡。”(《逸周书》卷七)

4.“昔者玄都贤鬼神道，废人事，其谋臣不用，龟策是从，忠臣无禄，神巫用国。”(《博物志》卷九“杂说上”)

“玄都贤鬼道，废人事天，谋臣不用，龟策是从，神巫用国。”(《逸周书》卷八)

5.“榆炯氏之君孤而无徒，曲沃进伐之，以亡。”(《博物志》卷九“杂说上”)

“曲集之君伐智而专事，强力而不贱其臣，忠良皆伏。愉州氏伐之，君孤而无使，曲集以亡。”(《逸周书》卷八)

6.“昔有巢氏有臣而贵，任之，专国主断。已而夺之，臣怒而生变，有巢氏以亡。昔者清阳强力，贵美女不治国而亡。”(《博物志》卷九“杂说上”)

“昔者有巢氏有乱臣而贵，任之以国，假之以权，擅国而主断，君已而夺之，臣怒而生变。有巢以亡。”(《逸周书》卷八)

7.“昔有洛氏宫室无常，囿池广大，人民困匮。商伐之，有洛以亡。”(《博物志》卷九“杂说上”)

“昔者有洛氏宫室无常，池囿广大，工功日进，以后更前。民不得休，农失其时，饥馑无食，成汤伐之，有洛以亡。”(《逸周书》卷八)

从以上七组材料不难看出，《博物志》中不少内容引自《逸周书》。《逸周书》是汲冢出土的古书。除了《逸周书》之外，《博物志》从汲冢古书中引用的文献还有《竹书纪年》和《穆天子传》。

汲冢古书的出土时间史籍中有不同的记载，而至今也还存有争议。主要有几种说法：一说是在咸宁五年。见《晋书·武帝纪》：“咸宁五年……冬十月，汲郡人丕準掘魏襄王冢，得竹简小篆古书十余万言，藏于秘府。”一说是在太康元年。《北堂书钞》卷一百一引王隐《晋书》：“太康元年汲县民盗发魏王冢，得竹书漆字。”唐修《晋书·卫恒传》、《律历志》、《隋书·经籍志》采此说。一说是在太康二年。荀勖《穆天子传序》：“太康二年，汲县民丕準盗发古冢。”《齐太公望表》：“太康二年，县之西偏有盗发冢而得竹策之书。”(太康十年汲令范阳卢无忌立石)。《初学记》卷十二引傅畅《晋诸公赞》：“太康二年，汲郡冢中得竹书。”《太平御览》卷七四九引王隐《晋书》：“太康二年，得汲郡冢中古文竹书。”唐修《晋书·束皙传》采此说。一说是太康八年。《尚书·咸有一德正义》：“《纪年》之书，晋太康八年汲郡民发魏安厘王冢得之。”考察记载四种说法的来源文献，似以“太康二年”说法的最为可信。荀勖是汲冢文献整理的直接参与者，卢无忌立石时间距离文献出土仅隔八年，他们的说法应该不会有错。认为出土时间在太康元年者，常引用一条有力证据，即杜预《春秋左传集解后序》(以下简称《后序》)所载：“太康元年三月，吴寇始平，余自江陵还襄阳，解甲休兵。乃申抒旧意，修成《春秋释例》及《经传集解》。始讫，会汲郡汲县有发其界内旧冢者，大得古书，皆简编科斗文字，发冢者不以为意，往往散乱。”《后序》作于太康三年(282)，因此太康八年出土说可以排除。《后序》离出土时代最近，其说法具有很强的说服力。但杜预所指太康元年发生的事是平吴而非汲冢书出土。他在平吴归来以后修《春秋释例》和《经传集解》二书，这两部书修讫以后，才有汲冢文献出土之事，所以把汲冢书出土时间定在太康二年似乎更合适。王隐《晋书》将时间定在太康元年，可能是误推了杜预《后序》所载的时间，而孔颖达和唐代史官又沿其讹。至于咸宁五年的说法，可资互相证明的文献太少。

汲冢竹书的出土是当时文化界的大事，运至洛阳以后由秘书监人员负责整理和考订。至今犹存的荀勖《穆天子传序》中明确记载了此书以“黄纸写上”，而荀勖卒于太康十年，因此此书当在太康时期整理完成。《逸周书》、《竹书纪年》的整理时间不详，根据《晋书》的记载，直到元康时期，卫恒和束皙还在继续整理汲冢书。那么只能据此推测《博物志》的成书时间当在太康二年以后。

下面再看一组材料：

> “有一国亦在海中，纯女无男。又说得一布衣，从海浮出，其身如中国人，衣两袖，长二丈。又得一破船随波出，在海岸边，有一人，项中复有面。生得与语，不相通，不食而死。其地皆在沃沮东大海中。”(《博物志》卷二“异人”)
>
> “毌丘俭遣王颀追高句丽王宫，尽沃沮东界。问其耆老，言国人常乘船捕鱼，遭风吹数十日，东得一岛，上有人，言语不相晓，其俗常以七夕取童女沉海。”(《博物志》卷二“异俗”)
>
> “毌丘俭讨句丽……王颀别遣追讨宫，尽其东界，问其耆老：‘海东复有人不?’耆老言：‘国人尝乘船捕鱼，遭风见吹，数十日，东得一岛，上有人，言语不相晓，其俗常以七月取童女沉海。’又言有一国亦在海中，纯女无男，又说得一布衣从海中浮出，其身如中国人衣，其两袖长三丈。又得一破船，随波出，在海岸边。有一人，项中复有面，生得之，与语不相通，不食而死，其域皆在沃沮东大海中。”(《三国志·魏志》卷三十《东夷传》)

以上所引今本《博物志》中的两条材料当合为一条，这是在流传过程中被误分为二，详见下述。对比《博物志》和《三国志》的记载，不难发现两书存在互相引用的关系，而考虑到两书性质不同，《博物志》引《三国志》可能性更大。而据《华阳国志·后贤志》载：“吴平后，寿乃鸠合三国史，著魏吴蜀三书六十五篇，号《三国志》。”[①]可知《三国志》开始撰著于平吴之后。而其中载及孙皓太康五年(284)死于洛阳，则当成书于太康中后期。《博物志》既引及《三国志》，其成书时间亦当在太康中期以后。

再看另一组材料：

> “始皇陵在骊山之北，高数十丈，周回六七里，今在阴盘县界北。陵虽高大，不足以销六十万人积年之功，其功力或隐不见，如骊山水泉本北流，障使东西流；又此土无石，于渭北诸山运取大石，故歌曰：‘运石甘泉口，渭水为不流。千人唱，万人钩，今陵余石大如覆土屋。’其余功力皆如此类。”(《博物志》卷六“地理考”)
>
> “秦始皇陵在骊山之北，高数十丈，周六里，今在阴平县界。此陵虽高大，不足以消六十万人积年之功。其用功力或隐不见。不见者，骊山水泉本北流，北流者陂障使东西流。又此土无石，于渭北诸山运取大石。故其歌曰：‘运石甘泉口，渭水为不流。千人一唱，万人相钩，今陵下余石大如覆土屋。’其消功力皆此类也。”(宋敏求《长安志》卷十五引《关中记》。《太平御览》卷五五九亦载《关中记》这条材料，略有省引)

宋敏求未载《关中记》作者，考诸《太平御览》卷五五九所引，可知是潘岳所作。潘岳一生主要时间在洛阳度过，只有两次出任外职，一为河阳令，一为长安令。其《关中记》当作于长安令任

---

① 《华阳国志校补图注》，634页。

上。考潘岳《西征赋》载："岁次玄枵，月旅蕤宾，丙丁统日，乙未御辰。潘子凭轼西征，自京徂秦。"李善注引臧荣绪《晋书》曰："岳为长安令，作《西征赋》述行，历论所经人物山水也。"可知其任长安令时间应在元康二年。《关中记》原书已佚，根据古籍中引用的若干材料看，这是一部地理考实性著作。而《博物志》是资料汇编性质的著作，两者的引用关系非常明确，显然是《博物志》引用了《关中记》的材料。

综合以上引书情况，《博物志》撰成于元康时期的可能性比较大。以此看来，"武帝泰始中武库火"条中"武帝"的称谓，即非后人所改，也可得到解释了。

二、《博物志》的性质

《博物志》在历代公私书目中归类往往不同，这是因为人们对它的性质的认识存在差异。下面是《博物志》在目录书中的著录情况：

《隋书·经籍志》	子·杂家
《旧唐书·经籍志》	丙部·子录·小说家
《新唐书·艺文志》	丙部·子录·小说家
《宋史·艺文志》	子·杂家
《通志·艺文略》	杂家
《文献通考·经籍考》	子·小说家
《崇文总目》	小说类
《郡斋读书志》	子·小说类
《直斋书录解题》	卷十"杂家类"，卷十一"小说家类"
《遂初堂书目》	"小说类"

续表

《汲古阁珍藏秘本书目》	子·小说家
《绛云楼书目》	小说类
《述古斋藏书目》(附宋版书目)	小说家
《补晋书·艺文志》	丙部·子录·杂家类
《四库全书总目》	子·小说家
《郑堂读书记》	子·小说家
《越缦堂读书记》	文学杂记类
《中国文言小说总目提要》	志怪类
《日本国见在书目录》	杂家

从表中可以看到，有的认为它属于杂家，有的认为它应该归入小说家。较早的目录学著作中是把《博物志》视为杂家作品。随着后代书籍分类观念的变化和对“小说”认识的变化，到了五代以后，开始有人把《博物志》看成小说了。尽管后来还有人认为它是杂家著作，但基本上都倾向于认为它属于小说家类。今人宁稼雨先生还进一步认为它应该归入志怪类小说。

早期的“小说家”，主要是从文献来源和思想内容两个方面来界定的。《汉书·艺文志》曰：

“小说家者流，盖出于稗官。街谈巷语，道听途说者之所造也。孔子曰：‘虽小道，必有可观者焉，致远恐泥，是以君子弗为也。’然亦弗灭也。闾里小知者之所及，亦使缀而不忘。如或一言可采，此亦刍尧狂夫之议也。”①

① 《汉书》，1745页。

小说的来源地是闾里街巷，其创造者是平民百姓。亦即桓谭《新论》所言：“合丛残小语，近取譬论，以作短书，治身理家，有可观之辞。”(《文选》卷三一江淹《拟李都尉诗》李善注引)①后来文人参与创作小说，小说虚构的成分越来越大，并逐渐注重叙事性和传奇性。这时它就成为文学中的独立门类了。《汉志》对“杂家”则定义为：

> “杂家者流，盖出于议官。兼儒、墨，合名、法，知国体之有此，见王治之无不贯，此其所长也。及荡者为之，则漫羡而无所归心。”②

“杂家”即杂取诸子之说而能自成一家者。诸子之说纷纭驳杂，甚至互相攻讦，而杂家试图会通各家之说，往往容易流于漫羡浮妄。

观今本《博物志》，卷一主要是地理考实性的内容，跟以往地理书不同的是，张华用了“正国十二”的观点对地理进行了新的划分。卷二采录了汉代谶纬神学中的观点，用儒家的道德观去解释山川地理。卷三记载了神话传说中的地理知识，主要是采自《山海经》等书。卷四中主要采录道教养生的资料，卷五记载魏晋之际方士的故事，这两卷多引《神农经》、《服食方》、《列仙传》、《辨道论》等书，可以视为道教的文献资料汇编，其中关于养生的理论以及由养生而衍生出来的药物学知识，具有

---

① 《六臣注文选》，589页。

② 《汉书》，1742页。

早期科学的特点。卷六主要是杂考类，对地理、典礼、乐、服饰、器名、物名等方面进行考证。卷七、八、九、十是历史传说，有的可以补史、证史，有的可以增广见闻。可以看出，《博物志》仅前三卷为地理方面的记载，其余七卷均不属于地理类，并且其中所载带有故事性和传奇性的材料只占相当少一部分。因此从内容上看，无论将其归入史部地理类还是子部小说家类都是不太恰当的。

再从材料来源上看，《博物志》是张华从诸子百家、经史著作以及时人传说中取材而撰成的著作，带有资料汇编和考订的性质，并非来自街谈巷议、道听途说，而更接近于《汉志》所言杂家类“兼儒墨、合名法”的特征。《博物志》的引书非常多，根据唐久宠先生的统计，《博物志》明引的书如下：

《河图括地象》、《考灵耀》、《史记·封禅书》、《老子》、《庄子》、《异说》、《东方朔传》、《神仙传》、《桓谭新论》、《河图玉板》、《周官书》、《诗含神雾》、《周书》、《春秋经》、《春秋公羊传》、《左氏传》、《礼记》、《南荆赋》、《墨子》、《列子》、《曾子》、《荆州图语》、《神农经》、《孔子家语》、魏文帝《典论》、曹植《辨道论》、左元放《荒年法》、《列传》、《徐偃王志》。

暗引的书如下：

《尔雅》、《援神契》、贾谊《新书》、《搜神记》、《淮南子》、《国语》、《汉书》、《魏志·东夷传》、《后汉书·华佗

> 传》、《魏略》、《皇览·冢墓记》、《越绝书》、《吴越春秋》、《燕丹子》、《十洲记》、《归藏易》、《山海经》、《养生经》、《抱朴子》、《竹书纪年》、《西京杂记》、《晏子春秋》、《论衡》、《韩诗外传》、《徐州地理志》、《交州记》、《括地图》、《关中记》、《大戴礼记》、《战国策》、《春秋繁露》、《风俗通义》等。①

除了以上所举书目，今可考知的《博物志》引书还有：

> 《神仙服食方》、《汉武内传》、《荀子》、《白虎通》、《外国图》、《田俅子》、《洞冥记》、《淮南万毕术》、《汉武故事》、《逸周书》、《穆天子传》、《论语考比谶》、《决疑要注》、《括地志》、《皇览》、《神灵经》(或《圣贤墓冢记》)、《说苑》、《列女传》。

从引书的文献类型来看，有考实性地理文献、神话地理文献、谶纬地理文献、魏晋道教文献资料、学术文献、小说文献等。引书遍布于经史子集之中，没有一定的学派归属。《搜神记》、《世说新语》也是资料汇编性质的著作，但作者编撰时只选取“说”类文献，其小说家特征非常明显，目录书中归入小说家完全合乎事实。这是《博物志》和《搜神记》、《世说新语》等小说的根本区别。

再从《博物志》的创作目的来看，据张华在《序》中言：

---

① 唐久宠：《张华博物志的编成及其内容》，《中国古典小说研究专集》(2)，台北联经出版事业有限公司 1980 年，33～34 页。

“余视《山海经》及《禹贡》、《尔雅》、《说文》地志，虽曰悉备，各有所不载者，作略说。……博物之士，览而鉴焉。”

这里提到编纂《博物志》的目的是要续《山海经》、《禹贡》、《尔雅》、《说文》等书中的地理志。但从今本《博物志》，仅卷一为地理考实性的内容，因此这则《序》应该只是卷一地理类的序，其余各卷可能也带有序，只是被删节或已佚。但是，这里提到“博物之士，览而鉴焉”，又书名为《博物志》，事实上已经可以窥知创作意趣了。“博物”一词，在先秦时期就是指对万事万物见识广博之意。《史记·郑世家》载：

“二十五年，郑使子产于晋，问平公疾。平公曰：‘卜而曰实沉、台骀为祟，史官莫知，敢问?’对曰：‘高辛氏有二子，长曰阏伯，季曰实沉，居旷林，不相能也，日操干戈以相征伐。后帝弗臧，迁阏伯于商丘，主辰，商人是因，故辰为商星。迁实沉于大夏，主参，唐人是因，服事夏、商，其季世曰唐叔虞。当武王邑姜方娠大叔，梦帝谓己：‘余命而子曰虞，乃与之唐，属之参而蕃育其子孙。’及生，有文在其掌曰‘虞’，遂以命之。及成王灭唐而国大叔焉。故参为晋星。由是观之，则实沉，参神也。昔金天氏有裔子曰昧，为玄冥师，生允格、台骀。台骀能业其官，宣汾、洮，障大泽，以处太原。帝用嘉之，国之汾川。沈、姒、蓐、黄实守其祀。今晋主汾川而灭之。由是观之，则台骀，汾、洮神也。然是二者不害君身。山川之神，则水旱之灾禜之；日月星辰之神，则雪霜风雨不时禜之；若君疾，饮食哀乐女色所生也。'平公及叔向曰：'善，博物君子也！'厚为之礼于子产。"①

又《孔丛子·嘉言第一》载：

"夫子适周，见苌弘，言终而退。苌弘语刘文公曰："吾观孔仲尼，有圣人之表。其状河目而隆颡，黄帝之形貌也；修肱而龟背，其长九尺有六寸，成汤之容体也。然言称先王，躬礼廉让，洽闻强记，博物不穷，抑亦圣人之兴者乎?"②

子产、孔子皆因熟知史事、见多识广，且能博引旁通而被誉为"博物"。《博物志》大略是张华"撮取载籍"所为，其"记事采言，亦多浮妄"(《拾遗记》)，所载内容有虚妄不实、尚奇炫博的一面，符合先秦以来"博物"的特征。既然此书以"博物"为目的，拾取百家之学，不限于一家之言，那么归入杂家类实无不可。

把《博物志》归入"杂家"还是"小说家"，反映了人们对《博物志》性质的不同理解。通过考察《博物志》的内容、取材和创作目的，笔者认为，此书归入杂家类似乎更为合适。后人把《博物志》归入"小说类"，大概是只看到《博物志》中某些材料具有"说"类文体的特点，而没有考虑到其它方面的因素。将《博

① 《史记》，1772 页。

② 傅亚庶：《孔丛子校释》，中华书局 2011 年，第 1 页。

物志》归入小说类的做法沿用已久，希望通过以上的讨论，有助于我们更准确地认识这部书的性质。

第二节 《博物志》的内容与文献价值

《博物志》是一部资料汇编性质的著作，内容包罗万象，充分表现出“博”和“奇”的特点。在今天的学科归类中，《博物志》被列为文言小说之一种。又因其被视为小说，而遮蔽了其它方面价值的发掘。实际上，《博物志》的内容不仅包括了“说”类文献，还囊括了史地、民俗、宗教等方面的内容，可以作为研究晋代以前文化史各分支学科的材料。本节试从几个方面阐述这部书的文献价值。

一、可与先秦汉魏时期历史互相印证

以地理文献为例，《博物志》主要是从《尔雅》、《禹贡》、《战国策》、《左传》、《史记》、《汉书》等书中采录材料。在第一卷中，张华提出一个全新的地理观念：“诸国境界，犬牙相入，春秋之后，并相侵伐，其土地不可具详，其山川地泽略而言之，正国十二。”他按照山川地理的形势把疆域重新划分为十二个国家。（《博物志》卷一中实际记载的国家有十四个，跟“正国十二”的观念似乎略有不同。仔细考察这十四国家，其中东越和南越在春秋战国时代都是部族名，未曾建国。显然是张华结合实际情况，在春秋“正国十二”之外补充上去的。）这些国家的地理方位跟典籍中所载战国地理方位大致相同。如卷一“地理略”载：

"秦前有蓝田之镇，后有胡苑之塞，左崤函，右陇蜀，西通流沙，险阻之国也。"

古代用前、后、左、右来表示南、北、东、西的地理方位。《战国策·秦三》载苏秦说秦惠王曰："大王之国，西有巴蜀汉中之利，北有胡貉代马之用，南有巫山黔中之限，东有肴函之固。"同卷载范雎说秦昭王曰："大王之国，北有甘泉、谷口，南带泾、渭，右陇、蜀，左关、阪。"这两则记载涉及的地域范围和《博物志》所载很接近。又如燕国的地域，卷一"地理略"载：

"燕却背沙漠，进临易水，西至君都，东至于辽。长蛇带塞，险阻相乘也。"

君都即军都，在今北京昌平。《战国策·燕策一》载苏秦说燕文侯曰："燕东有朝鲜、辽，东北有林胡、楼烦，西有云中、九原，南有呼沱、易水，地方二千余里。"两则材料所载地理位置大致相当。又如齐国的地域，卷一"地理略"载：

"齐南有长城，巨防、阳关之险；北有河济，足以为固；越海而东，通于九夷；西界岱岳，配林之峻，坂险之国也。"

检《史记·苏秦列传》载苏秦言："齐南有太山，东有琅邪，西有清河，北有渤海，此所谓四塞之国也。"又《战国策·西周》载张仪言："昔者，齐南破荆，中破宋，西服秦，北破燕，中使韩、魏之君，地广而兵强，战胜攻取，诏令天下，济清河浊足以为限，长城钜坊足以为塞。"又《战国策·秦四》载黄歇言："齐南以泗为境，东负海，北倚河，而无后患。"这几则记载的地域范围也很接近。其它关于周、魏、鲁、宋、南越、吴、东越、卫诸国的记载，虽不知道出于哪些文献，但应该也是有所依据的。

刘昭注《后汉书》的时候，引用了不少《博物志》的材料。如：

> "酒泉延寿县南有山石，出泉水，大如筥篴，注池为沟。其水有肥如煮肉洎，羕羕永永，如不凝膏，然之极明，不可食。县人谓之石漆。"
>
> "河东有山泽近盐，沃土之民不才。汉兴，少有名人，大衣冠三世皆衰绝也。"
>
> "颠軨阪在县盐池东，吴城之北，今之吴阪。"
>
> "白季邑县，西北卑耳。山县西南，齐桓公西伐所登。"
>
> ……

可见《博物志》记载的地理文献对于研究古代地理有重要的价值。

二、有助于了解古人的思想观念和知识结构

在先秦两汉的子书和地理类典籍中保存了许多神话传说，反映了先民对世界的感性把握和无限想象。《博物志》广泛采录

这些著作，保存了相当一部分神话传说的文献，有助于我们了解古人的思想观念和知识结构。如关于天地的形成，《博物志》卷一“地”类载：

“天地初不足，故女娲氏炼五色石以补其阙，断鳌足以立四极。其后共工氏与颛顼争帝，而怒触不周之山，折天柱，绝地维，故天后倾西北，日月星辰就焉；地不满东南，故百川水注焉。”

女娲补天的故事见于《淮南子·览冥训》：

“往古之时，四极废，九州裂，天不兼覆，地不周载；火爁炎而不灭，水浩洋而不息；猛兽食颛民，鸷鸟攫老弱。于是女娲炼五色石以补苍天，断鳌足以立四极。……”

共工与颛顼争帝的故事见于《淮南子·天文训》：

“昔者共工与颛顼争为帝，怒而触不周之山，天柱折，地维绝。天倾西北，故日月星辰移焉；地不满东南，故水潦尘埃归焉。”

女娲补天和共工怒触不周山是两个没有关联的神话故事，在《博物志》中，这两个故事有了先后关系，形成了一个天地生成的故事系统。

关于大地的构造，《博物志》卷一“地”类载：

> “昆仑山北，地转下三千六百里。有八玄幽都，方二十万里。地下有四柱，四柱广十万里。地有二千六百轴，犬牙相举。”

这则材料没有明确指出引书，检《初学记》卷五引《河图括地象》曰：“昆仑山为天柱，气上通天。昆仑者，地之中也。地下有八柱，柱广十万里，有三千六百轴，互相牵制，名曰大川，孔穴相通。”可知当引自《河图括地象》。这里把昆仑山视为顶天立地的天柱，而认为大地之下存在另一个世界——“八玄幽都”，并有四柱支撑着这个世界，具有强烈的宗教神话意味。

关于海陆的形成和变化，《博物志》卷一“地”类引《考灵曜》曰：

> “地有四游，冬至地上北而西三万里，夏至地下南而东三万里，春秋二分其中矣。地常动不止，譬如人在舟而坐，舟行而人不觉。”

所谓“四游”，即是说星辰、大地往东南西北四方游动。这显然是古人凭着想象去理解大地的运动，与现代科学的认识相去甚远。不过，“地常动不止”的推断已经被现代科学所证明。

关于山川的神力和使命，《博物志》卷一“山水总论”类引《援神契》曰：

“五岳之神圣，四渎之精仁。河者水之伯，上应天汉。太山，天帝孙也，主召人魂魄。东方万物始成，故知人生命之长短。”

这里把五岳和四渎视为大地的精神所在，又把泰山看作天帝之孙，认为泰山是一切生命体的灵魂归宿，并掌管一切生物的生死。这种看法具有远古自然崇拜的色彩。

关于大地与人的关系，《博物志》卷一“山水总论”载：

“五岳视三公，四渎视诸侯。诸侯赏封内名山者，通灵助化，位相亚也，故地动臣叛。名山崩，王道讫，川竭神去，国随以亡。海投九仞之鱼，流水涸，国之大诫也。泽浮舟，川水溢，臣盛君衰。百川沸腾，山冢崒崩，高岸为谷，深谷为陵，小人握命，君子陵迟，白黑不别，大乱之征也。”

又《博物志》卷一“物产”类载：

“和气相感则生朱草，山出象车，泽出神马，陵出黑丹，阜出土怪，江出大贝，海出明珠。人主寿昌，民延寿命，天下太平。”

这里把五岳、四渎跟三公、诸侯联系起来，又认为山川的变化预示着社会人事变迁，以此来告诫君王诸侯们要注意道德修养。

《博物志》中采集了前人关于天地山川形成的种种说法，这些说法中含有浓烈的谶纬神学的色彩，反映出汉代天人感应思维在魏晋时期的延续。

三、记载了古代自然科学方面的知识

自然科学以自然界各种物质为研究对象，包含着非常广泛的领域。在“重道轻器”的古代中国，虽没有受到足够的重视，但也有一定的发展。《汉书·艺文志》所载农家、阴阳家、杂家类的典籍大多是早期的自然科学著作。《博物志》卷四、卷五中物性、物理、物类、药物、药论、食忌、药术、戏术、方士、服食、辨方士等类，也大多与汉魏时期的医学、方术相关，可视为古代自然科学的文献。如卷五引《孔子家语》曰：

> “食水者乃耐寒而善浮，食土者无心而不息，食木者多力而不治，食石者肥泽而不老，食草者善走而愚，食桑者有绪而蛾，食肉者勇毅而悍，食气者神明而寿，食谷者智能而夭，不食者不死而神。”

又引《仙传》曰：

> “杂食者百病，妖邪之所钟焉。”

这两则材料反映了汉代人的养生理论。他们对各类食物根据性质不同而进行了粗略的划分，并观察每一类食物的养生功能。有的养生理论深受道教神仙家思想的影响，例如关于“食气”、“不食”的理论，与道教修炼气功、辟谷之术毋庸置疑存在着渊源关系。除了养生理论，《博物志》中还记载了许多具体食物的功效。《博物志》载："人啖豆三年，则身重，行止难"、"啖榆则眠，不欲觉"、"啖麦稼，令人有力健行"、"饮真茶，令人少眠"、"人常食小豆，令人肌肥粗燥"、"食燕麦，令人骨节断解"等，这些认识并不都符合今天的科学理论，但体现了古人对养生理论和食物科学的探索。

与饮食密切相关的另一学科是医药。《博物志》"药术"、"药论"、"药理"等类中主要记载医药方面的知识，如卷四引《神农经》曰：

> "上药养命，谓五石之练形，六芝之延年也；中药养性，合欢蠲忿、萱草忘忧；下药治病，谓大黄除实、当归止痛。夫命之所以延，性之所以利，病之所以止，当其药应以病也。违其药、失其应，即怨天尤人，说鬼神矣。"
>
> "药种有五毒，一曰狼毒，占斯解之；二曰巴豆，霍汁解之；三曰黎卢，汤解之；四曰天雄，乌头大豆解之；五曰班猫，戎盐解之。毒菜害小儿，乳汁解，多食饮二升。"

《神农经》又称《神农本草》、《神农本草经》，是今传最早的医书，对后世许多医典都有影响。又如卷五引《神仙服食方》曰：

> "蟹漆相合，成为神仙药。"

《神仙服食方》是道教方术之书。从这条引用看来，张华可能和道教徒一样相信神仙药的存在。从现代科学的角度看来也许这是一种迷信，但在汉魏时代，无疑反映了人们重生、贵生的观念。

对于自然中的物理现象，《博物志》也有所载录。如卷四“戏术”类：

“削冰令圆，举以向日，以艾于后承其影则得火。”

此记载引自《淮南万毕术》。《御览》卷七三六引《淮南万毕术》曰：“削冰令圆，举以向日，以艾承其影，则火生。”《淮南万毕术》传为淮南王刘安所著，多载古代的物理、医药知识。这则记载的内容实际上是凸透镜的聚焦原理。这个原理今天已经广泛地应用在生活之中。又如卷四引《神农本草》云：

“鸡卵可作琥珀。其法，取伏卵毈黄白浑杂者，煮及尚软，随意刻作对象，以苦酒渍数宿。既坚，内着粉中。佳者乃乱真矣。此世所恒用，作无不成者。”

类似这样的记载，充满神奇色彩，反映了古人对物理世界的探索和想象，也可以视为古代自然科学方面的资料。

四、是研究小说史的重要材料

《博物志》非常注重收集民间故事和奇谈异闻，有些生动的民间故事成为后代小说创作的母题。例如三则死人复活的故事，以及“燕丹子”、“千日酒”、“猴玃取妇”、“八月浮槎”等故事，都很富有传奇色彩。“燕丹子”故事见于《博物志》卷八“史补”：

“燕太子丹质于秦，秦王遇之无礼，不得意，思欲归，请于秦王，王不听。谬言曰：‘令乌头白、马生角，乃可。’丹仰而叹，乌即头白，俯而嗟，马生角。秦王不得已而遣之，为机发之桥，欲陷丹，丹驱驰过之，而桥不发。遁到关，关门不开，丹为鸡鸣，于是众鸡悉鸣，遂归。”

这则材料明显是来源于《燕丹子》。燕丹子的故事在秦汉时期流传甚广，司马迁撰《史记》时没有采录这则故事，在《荆轲列传》中还加以评论：“世言荆轲，其称太子丹之命，‘天雨粟，马生角’也，太过。”《四库全书总目》亦曰：“其文实剳裂诸书燕丹、荆轲事杂缀而成，其可信者已见《史记》，其它多鄙诞不可信。”可见这个故事带有很强的虚构性，以史家的标准来衡量，是不够雅正的。

“千日酒”故事见于卷一〇“杂说下”：

“昔刘玄石于中山酒家酤酒，酒家与千日酒，忘言其节度。归至家当醉，而家人不知，以为死也。权葬之，酒家计千日满，乃忆玄石前来酤酒，醉当醒耳。往视之，云玄石亡来三年，已葬。于是开棺。醉始醒。俗云：‘玄石饮酒，一醉千日。’”

中山千日酒的故事在魏晋时期流传甚广，左思《魏都赋》中有“醇酎中山，流湎千日”的句子。但如果不是《博物志》的记载，可能我们就不知道当时曾经流传这样一个故事，也就很难读懂《魏都赋》中的这两句话了。

“八月浮槎”的传说见于卷一〇“杂说下”载：

> “旧说云，天河与海通。近世有人居海滨者，年年八月有浮槎去来不失期。人有奇志，立飞阁于槎上，多赍粮，乘槎而去。十余日中，犹观星月日辰，自后芒芒忽忽，亦不觉昼夜。去十余日，奄至一处，有城郭状，屋舍甚严，遥望宫中多织妇。见一丈夫牵牛渚次饮之，牵牛人乃惊问曰：‘何由至此！’此人具说来意，并问此是何处。答曰：‘君还至蜀郡，访严君平则知之。’竟不上岸，因还如期。后至蜀，问君平，曰：‘某年月日有客星犯牵牛宿，计年月，正是此人到天河时也。’”

这则记载显然是取自民间传说，所以只载“旧说云”。关于天河和牛郎织女的传说源远流长，但这则记载文字简洁而又生动活泼，带给人无尽的想象和向往，成为文学史上一个令人津津乐道的故事原型。

五、余论

《博物志》这部博物类著作产生于魏晋时期，并不是偶然现象，而是有一定文化背景的。汉晋之间的文人对博物学有着浓厚兴趣，编纂出许多博物学著作，如杨孚《异物志》、《南州异物志》、万震《南州异物志》、常宽《蜀志》、康泰《扶南土俗》等，[1]所载皆为殊方异族的生活习俗。杨孚、常宽、万震等人

① 《太平御览》卷七八七载：“吴时康泰为中郎，表上《扶南土俗》(曰)：(拘)利正东行，极崎头，海边有居人，人皆有尾五六寸，名蒲罗中国，其俗食人。”

皆为南方人，其书所载大抵为亲眼目睹或亲耳听闻。张华《博物志》中所载却不局限于一时一地。他生逢西晋大一统时代，吴蜀两国文献汇归于晋廷。而他长期担任中书省官长(中书令)，完全有机会阅看秘府藏书，足不出境就可以了解殊方异域的风俗。因此，《博物志》有着比以往博物学著作更为宏伟的编纂目的，即试图建立一个比《山海经》、《禹贡》、《尔雅》、《说文》、地志容纳更多知识的完备的体系。[①]《博物志》地理略的序言载："余视《山海经》及《禹贡》、《尔雅》、《说文》、《地志》，虽曰悉备，各有所不载者。作《略说》，出所不见，粗言远方。陈山川位象，吉凶有征。"但可惜的是，今本《博物志》已经被删节太多(详见下述)，惟《地理略》所载差可看出这个编纂宗旨的具体实施，其它小类都已经无法看出了。

《博物志》中所载的内容，有的源文献已经亡佚，有的虽见于它书而记载有异。因此，这部书不仅可以帮助我们认识晋代以前的社会文化和历史地理，了解古人的思想观念和知识结构，同时也是研究小说史、文学史的重要材料，值得进一步展开研究。

第三节 《博物志》与张华形象的形成

《博物志》的内容汇聚各家、包罗万象，注重"奇"和"博"的特点，不仅受到博雅之士的喜爱，也成为后代小说家取材的之渊薮，一些著名的故事如燕丹子、八月浮槎等被反复演绎着。

---

① 罗欣：《博物志成因三论》，《求索》，2007年9月。

更有意思的是，作为《博物志》的编纂者，张华因此获得博物的名声，甚至以博物学家的形象进入六朝小说中，影响到千百年后人们对他的理解和认识。

一、六朝小说中的张华形象

今存六朝小说中有不少以张华为主角的故事。如王嘉《拾遗记》卷九所载：

> “张华字茂先，挺生聪慧之德，好观秘异图纬之部，捃采天下遗逸。自书契之始，考验神怪，及世间闾里所说，造《博物志》四百卷，奏于武帝。帝诏诘问：‘卿才综万代，博识无伦。远冠羲皇，近次夫子。然记事采言，亦多浮妄。宜更删剪，无以冗长成文！昔仲尼删《诗》、《书》，不及鬼神幽昧之事，以言怪力乱神。今卿《博物志》，惊所未闻，异所未见，将恐惑乱于后生，繁芜于耳目，可更芟截浮疑，分为十卷。’即于御前赐青铁砚，此铁是于阗国所出，献而铸为砚也；赐麟角为笔管，此辽西国所献；侧理纸万番，此南越所献。后人言‘陟里’，与‘侧理’相乱，南人以海苔为纸，其理纵横邪侧，因以为名。帝常以《博物志》十卷置于函中，暇日览焉。”①

这则故事以《博物志》的编纂为题材演绎而成，被不少学者作为信史采用。但也有人对这则记载的可信性提出怀疑。且不说王

① 王根林点校：《魏晋六朝笔记小说大观》，上海古籍出版社 1999 年，554～555 页。

嘉《拾遗记》整部书所载多虚浮之谈，就这则记载而言，《博物志》“四百卷”之说就很难令人信服。虽然《汉书艺文志》中已有“《虞初周说》九百四十三篇”这样大部头的著作，但《博物志》见诸记载皆作十卷，所有传本亦作十卷，若是应晋武帝提议而由四百卷删节为十卷，那么为何今本中还保留有这么多“鬼神幽昧、怪力乱神”之事？赐青铁砚、麟角笔、侧理纸等事也未见史传所载，难以令人相信。因此，笔者颇疑《拾遗记》所载晋武帝提议删书之事，应是由于《博物志》中有“鬼神幽昧、怪力乱神”的记载，故有这样的虚构。

以上这则是就《博物志》成书而虚构的故事。此外，六朝小说中还有许多故事与张华有关。如《异苑》曰：

> “晋武时，吴郡临平岸崩出一石鼓，打之无声。以问张华，华云：‘可取蜀中桐材刻作鱼形，扣之则鸣矣。’于是如言，声闻数十里。”（《水经注》卷四十引）

又曰：

> “魏时殿前大钟无故大鸣，或作不扣自鸣，人皆异之。以问张华，华曰：‘此蜀郡铜山崩，故钟鸣应之耳。’寻蜀郡上，其事果如华言。”

张华识蜀中铜材的故事，让我们想起江淹《古铜剑赞》引《博物志》曰：“铸铜之工不可复得，惟蜀地羌中时有解者。”这则佚文今本中不载，可能原来条文更为丰富。从佚文看来，张华对蜀中铸铜颇有了解，后世小说家演绎张华识铜的故事应是据此而来。又《异苑》曰：

> “晋惠帝元康五年武库火，烧汉高祖斩白蛇剑、孔子履、王莽头等三物。中书监张茂先惧难作，列兵陈卫。咸见此剑穿屋飞去，莫知所向。”

这条记载以“武库火”为背景。《博物志》卷四“物理”类载：“积油满万石，则自然生火。武帝泰始中，武库火，积油所致。”据此，则武帝泰始中曾发生“武库火”的事件。《异苑》所载惠帝元康中亦发生武库火，已是不可思议的巧合；武库本为陈列兵器的地方，居然有汉高祖斩白蛇剑、孔子履、王莽头，也很令人难以置信；众人皆见剑穿屋飞去，更是无法取信于人。因此，笔者推测《异苑》作者可能是受到《博物志》所载“武库火”的灵感启发，从而创作出了这则故事。

又如《拾遗记》载：

> “及晋之中兴，夜有紫色冲斗牛。张华使雷焕为丰城县令，掘而得之。华与焕各宝其一，拭以华阴之土，光耀射人。后华遇害，失剑所在。焕子佩其一剑，过延平津，剑鸣飞入水，及入水寻之，但见双龙缠屈于潭下，目光如电，遂不敢前取矣。”

丰城宝剑的故事在今本《博物志》中没有相关记载，但《博物志》中有许多关于宝器的载述，应该是这则故事的灵感来源。

《博物志》由于记载了殊方异域的风俗物产和各种神怪传说而被作为故事虚构和演绎的生发点。六朝小说中还记载了一些与张华有关而从今本《博物志》中没有找到相关记载的条目。例如《异苑》载：

> 豫章有石黄白色而理疏，以水灌之便热，加鼎于上炊足以熟，冷则灌之。雷焕以问张华，华曰："此燃石也。"

又如《拾遗记》载：

> "张华为九酝酒，以三薇渍曲蘖。蘖出西羌，曲出北胡，胡中有指星麦。四月火星出，麦熟而获之蘖。用水渍麦三夕而萌芽，平旦鸡鸣而用之，俗人呼为鸡鸣麦。以之酿酒，醇美久含，令人齿动，若大醉。不叫笑摇荡，令人肝肠消烂，俗人谓为消肠酒，或云醇酒。"

今本《博物志》中没有关于"然石"、"九酝酒"的记载。不过，然石、九酝酒的传闻与《博物志》内容特征极为相似，很可能在古本《博物志》中是有相关载述的，可惜已无法确考。

《博物志》属于文献汇编的性质，并未出现有意虚构的特征。到了六朝小说中，以上面所举张华为主角的故事为例，开始呈现出一些共同特征：其一作为主角的张华具有学识渊博的特点，展示了一个博物君子的形象。其二，这些故事大多按照"某地出现异物或异象，请教张华并获得解答"的简单情节去展开，如"吴郡石鼓"、"魏时大钟"，以及下面引述的"陆机饷华鲊”条、《搜神记》所载斑狐华表条、《幽明录》所载九处羊珠条皆是如此。这表明六朝小说创作已经进入有意虚构的阶段。

二、六朝小说中“张华”形象对史传的影响

我们注意到，六朝小说中关涉到张华的故事，基本都是因《博物志》内容演绎而成。如果不是其所载内容极不可思议，这种叙述方式倒是很容易令人信以为真。这是造成六朝小说常常混淆史实的原因。

在未曾对六朝小说详加考察的后世史家那里，不乏据以为信史而采入史传之中的情况。例如唐修《晋书·五行志上》载：

> “(元康五年)武库火，……是以累代异宝，王莽头，孔子屐，汉高祖断白蛇剑及二百万人器械，一时荡尽。”①

张华本传亦载：

> “武库火，华惧因此变作，列兵固守，然后救之，故累代之宝及汉高斩蛇剑、王莽头、孔子屐等尽焚焉。时华见剑穿屋而飞，莫知所向。”②

这条就是出自《异苑》。又如张华本传载：

> “吴郡临平岸崩，出一石鼓，槌之无声。帝以问华，

---

① 《晋书》，805 页。

② 《晋书》，1074 页。

华曰："可取蜀中桐材，刻为鱼形，扣之则鸣矣。"于是如其言，果声闻数里。"①

这条也是出自《异苑》，上面均已有所引述。

在人物别传中也常常出现采用小说家言的情况。《雷焕别传》载：

"焕字孔章，鄱阳人。司空张华夜见异气起牛斗，问：'焕见之乎？'焕曰：'此谓宝剑气。'华以焕为丰城令。焕至县，移狱掘地三十余尺，得青石函一枚，中有双剑，文采甚明。焕取南昌西山黄白土，用拭剑，光艳照耀，乃送一剑与华，自留一剑。华使以华阴赤土一觔送与焕，焕得土磨剑，鲜光愈亮。及华诛，剑亡。后焕子爽带剑经延平津，剑无故堕水。见二龙长数丈，光采微发，曜日映川。"

这条出自《拾遗记》，而增加了张华问雷焕、雷焕取南昌西山黄白土拭剑等情节。这个故事同样载入《晋书》张华本传：

初，吴之未灭也，斗牛之间常有紫气，道术者皆以吴方强盛，未可图也，惟华以为不然。及吴平之后，紫气愈明。华闻豫章人雷焕妙达纬象，乃要焕宿，屏人曰："可共寻天文，知将来吉凶。"因登楼仰观，焕曰："仆察之久矣，惟斗牛之间颇有异气。"华曰："是何祥也？"焕曰："宝

---

① 《晋书》，1075页。

剑之精，上彻于天耳。”华曰：“君言得之。吾少时有相者言，吾年出六十，位登三事，当得宝剑佩之。斯言岂效与!”因问曰：“在何郡?”焕曰：“在豫章丰城。”华曰：“欲屈君为宰，密共寻之，可乎?”焕许之。华大喜，即补焕为丰城令。焕到县，掘狱屋基，入地四丈余，得一石函，光气非常，中有双剑，并刻题，一曰龙泉，一曰太阿。其夕，斗牛间气不复见焉。焕以南昌西山北岩下土以拭剑，光芒艳发。大盆盛水，置剑其上，视之者精芒炫目。遣使送一剑并土与华，留一自佩。或谓焕曰：“得两送一，张公岂可欺乎?”焕曰：“本朝将乱，张公当受其祸。此剑当系徐君墓树耳。灵异之物，终当化去，不永为人服也。”华得剑，宝爱之，常置坐侧。华以南昌土不如华阴赤土，报焕书曰：“详观剑文，乃干将也，莫邪何复不至?虽然，天生神物，终当合耳。”因以华阴土一斤致焕。焕更以拭剑，倍益精明。华诛，失剑所在。焕卒，子华为州从事，持剑行经延平津，剑忽于腰间跃出堕水，使人没水取之，不见剑，但见两龙各长数丈，蟠萦有文章，没者惧而反。须臾光彩照水，波浪惊沸，于是失剑。华叹曰：“先君化去之言，张公终合之论，此其验乎!”华之博物多此类，不可详载焉。①

这则记载显然出自《拾遗记》“昆吾山”条，令人难以理解的是，《晋书》中的记载较《拾遗记》演绎得更丰富、更生动。《拾遗记》

① 《晋书》，1075～1076页。

中没有出现的内容包括：张华和雷焕在深夜“屏人”并登楼仰观之后的对话、雷焕掘地得双剑的名称、雷焕始以西山岩下土拭剑后又以华阴土拭剑、张华预言双剑终合等情节，这些情节具有非常明显的虚构性，决非出自史家之手。与《雷焕别传》所载相比，这则记载也更加丰富曲折，增加了许多人物对话，连雷焕之子的姓名也由“爽”而变成了“华”。

可见，《雷焕别传》和《晋书》都依据小说载入，但显然依据的并非《拾遗记》，但它们所据究为何书，就不得而知了。《晋书》中的记载前后载述还存在龃龉之处，其中说到雷焕掘地得双剑，“并刻题，一曰龙泉，一曰太阿”，但后面又出现张华有“详观剑文，乃干将也，莫邪何复不至”之语。需要指出的是，龙泉、太阿与干将、莫邪是两组不同的宝剑，这在汉魏时期的典籍上是记载明确的。《越绝书·外传记宝剑》载：“欲知龙渊，观其状，如登高山，临深渊；欲知太阿，观其(纹)，巍巍翼翼，如流水之波；欲知工布，(纹)从文起，至脊而止，如珠不可衽，文若流水不绝。”可见龙泉、太阿分别作高山、流水之纹。而《博物志》载：“干将，阳龙文；莫邪，阴鳗理。此二剑，吴王使干将作。莫邪，干将妻也。”则干将、莫邪是作龙纹和鳗纹。既然雷焕掘地发现的宝剑上有刻题，又何以对熟谙剑纹的博物君子张华竟指为干将、莫邪呢？这足可说明这个故事是六朝小说家虚构无疑。其所以会将龙泉、太阿与干将、莫邪混而为一，恐怕也是由于《博物志》中不仅载及干将、莫邪，还载及龙泉、太阿：“宝剑名纯钩、湛卢、豪曹、鱼肠、巨阙五剑，皆欧冶子所作。龙泉、太阿、工市三剑，皆楚王所问者，风胡子因吴王请干将、欧冶子作。”(见卷六《器名考》)

《晋书》本传中其它相关的记载，虽然不详其原始文献出处，但可以肯定的是与《博物志》也有密切关系。如：

> 陆机尝饷华鲊，于时宾客满座，华发器，便曰："此龙肉也。"众未之信，华曰："试以苦酒濯之，必有异。"既而五色光起。机还问鲊主，果云："园中茅积下得一白鱼，质状殊常，以作鲊，过美，故以相献。"①

这则"张华识龙肉"的记载，内容实出自《博物志》卷四"物性"条载："龙肉以醯渍之，则文章生。"正因《博物志》中有这神奇的记载，所以后世小说家便以此演绎为故事，转而又为《晋书》所采用。

三、六朝文学采用张华故事为典故的现象

《博物志》对六朝文学的影响，除了被直接用为诗文典故之外，还在于其内容被演绎为各种小说故事，而且这些小说故事又成为写作素材进入文学作品之中。上面举《晋书》所载丰城宝剑一则，可以看出六朝时期曾有其它小说家在《拾遗记》的基础上又加以演绎发挥，使其内容更加丰富生动。这种情况在另一部六朝小说《世说》中也出现。《世说》载：

> "张华既贵，有少时知识来候之。华与共饮九酝酒，为酣畅，其夜醉眠。华常饮此酒，醉眠后，辄敕左右，转侧至觉。是夕，忘敕之。左右依常时为张公转侧，其友人

① 《晋书》，1075 页。

无人为之。至明，友人犹不起。华咄云：‘此必死矣。’使视之，酒果穿肠流床下滂沱。”

这则记载很明显是在《拾遗记》“九酝酒”基础上增加了人物、情节，如此虚构而成的故事。根据《拾遗记》的记载，这种消肠酒味道极为醇美，但“不叫笑摇荡，令人肝肠消烂”，《世说》所载的这个故事似乎正是为了呼应《拾遗记》的记载而创作出来的，可见作者必定是看过《拾遗记》之后而获得了灵感启发。

除了以上两例，六朝诗文中还有不少例证。如庾信《故周大将军义兴萧公墓志铭》言：“山临鹤塞，非无陶侃之宾；气连斗牛，即有张华之剑。”《思旧铭》言：“剑没丰城，气存牛斗。”徐陵《与李那书》亦言：“街巷相填，无异华阴之市。但丰城两剑，尚不俱来。”这些都是用了六朝小说中“丰城宝剑”的典故。又如庾信《周车骑大将军贺娄公神道碑》言：“青城仙洞，黄石祠坛”、庾信《温汤碑》言：“嵩岳二仙之馆，不孤擅于天池”，这两句都是用刘义庆《世记》的典故。《艺文类聚》卷七引《世记》曰：“嵩高山北有大穴，莫测其深，百姓岁时每游观其上。晋初尝有一人误堕穴中同，辈冀其傥不死，乃投食于穴中。坠者得之，为寻穴而行。计可十许日，忽旷然见明。又有草屋中，有二人对坐围棋，局下有一杯白饮。坠者告以饥渴，棋者曰：可饮此。坠者饮之，气力十倍。半年许乃出于蜀中，归洛下。问张华。张华曰：‘此仙馆大夫所饮者玉浆也。’”由这些典故可以看出，六朝文人在写作的时候不讳用小说入典，使得那些根据《博物志》内容演绎而成的故事得以广泛传播，张华的形象也越来越充满神秘化色彩。

第四节 《博物志》流传考论

《博物志》是古代文言小说三大类型之一博物类小说的代表作，对后世文学发展有着深远影响。但此书在流传过程中产生了一些问题，至今尚无令人满意的解答。其一是唐宋典籍中所载的《博物志》有许多不见载于今本《博物志》中。范宁先生曾辑录出二百一十二条佚文，载于《博物志校证》之后；笔者在此基础上又辑录出一百〇六条佚文。[①]仅古籍中所载佚文，数量几与今本内容相当。不仅如此，唐宋典籍中所载的《博物志》条文也比今本更为详尽完整。这种严重的脱佚现象该如何解释？后人曾作出种种推论，但都缺乏有力的证据，未能得出令人信服的结论。另一个问题是，《博物志》的两种版本系统——明贺志同刻本系统和清黄丕烈重刻连江叶氏本系统，虽然体例不同而内容基本相同，后人对这两个版本系统孰先孰后，孰优孰劣，也存有不同的看法。因此，本节专门探讨《博物志》的流传问题，希望有助于进一步认识《博物志》的文献价值。

一、关于《博物志》流传情况的几种异说

关于《博物志》的流传，自宋以来主要有以下几种说法：

1.“散佚之后重辑”说

这种说法首见于宋代李诩《戒庵老人漫笔》卷三：

---

① 王媛：《范宁〈博物志佚文〉补正》，《古籍整理研究学刊》2009年，第5期。

“张华《博物志》，世止十卷，事多杂出诸书，或本书久失，后人掇拾为之耳。又云：原四百卷。武帝俾删其繁存，此亦不应倍去若是之悬绝也。”①

李诩认为通行本《博物志》所载仅十卷，与原四百卷之数相去甚远，且所载“事多杂出诸书”，因此可能是“后人掇拾为之”。但他说的“原四百卷之数”出于王嘉《拾遗记》所载，乃小说家之言，并不足为据。而“事多杂出诸书”，则是由于《博物志》本就是一部杂纂百家之书而成的著作。这两个理由都不能成为通行本《博物志》出于后人之手的力证。明代胡应麟《少室山房笔丛》卷二十九《九流绪论下》亦言：

“《博物志》十卷，晋张华撰。华博洽冠古今，此书所载，疏略浅猥，亡复伦次，疑后世类书中录出者。然《隋志》亦仅十卷，每用为疑。近阅一杂说，记唐人殷文圭云：华原书四百卷，武帝删之，止作十卷。始信余见有吻合者，盖《隋志》乃武帝所删本，至宋不无脱落，后人又从《广记》录出，虽十卷，实二三存，并非隋世之旧，故益寥寥耳。”②

胡应麟亦认同原书有四百卷之说，并断定《隋志》著录的《博物志》十卷已是删本，而从隋唐流传至宋又散佚很多，后人重新从《太平广记》中辑录出十卷，卷数虽相同，内容数量却只是原

---

① 李诩：《戒庵老人漫笔》，中华书局 1982 年，83 页。
② 胡应麟：《少室山房笔丛》，中华书局 1958 年，378 页。

先十分之二三。但可惜他没有提出任何证据，仅言“此书所载，疏略浅猥，亡复伦次”，这是见仁见智之说。

朱氏、胡氏认为《博物志》是后人辑佚而成，从而否定了唐宋以来《博物志》的版本流传具有承续性。然胡应麟所言今本乃从《广记》中录出，有非常明显的问题。《广记》中所引仅三十三条(此外又有一条明注引自唐林登《博物志》，卷三二七《萧思遇》、卷三三九《崔书生》条虽注引自《博物志》，但有“贞元中”“陈文帝天嘉元年二月二日”之语，亦当出唐林登《博物志》)，仅当通行本《博物志》十分之一，且其中卷二一〇所载“刘褒汉桓帝时人，曾画《云汉图》，人见之觉热；又画《北风图》，人见之觉凉。官至蜀郡太守”、卷四〇六所载“酒树出典逊国，名棖酒”，此两条皆今本《博物志》中未载者，可见今本《博物志》从《广记》辑录而来的说法是不能成立的。

再从宋代文献中引用的《博物志》条文来看，有许多与通行本《博物志》不同之处。如《太平御览》卷八百六十六引《博物志》曰：“酒暴熟者易酢醯，酸者易臭。又曰：龙肉以醯渍之则文章生。”今本《博物志》只录“又曰”之后的内容。又《太平御览》卷九百八十八引《博物志》曰：“海上有草焉，名曰蒒草，其实食之如大麦。从七月稔熟，民敛，至冬乃讫，名自然谷，或曰禹余粮。今药中有禹余粮者，世传昔禹治水，弃其所余食于江中，而为药也。”今本《博物志》卷三“异草木”类下亦载，而止于“或曰禹余粮”，“今药中有禹余粮”以下阙。类似这样的情况还有很多。很明显，这不能简单地解释为宋人在辑佚时的疏忽和遗漏。出现这种情况的原因只有一种比较合理的解释，那就是宋初的时候还存有较全的《博物志》版本，后人删节《博物志》而成今本的规模，而较全的《博物志》版本又佚失了，只剩下今本《博物志》在流传。

2.“唐宋古注类书所引为《张公杂记》”说

这种说法见于黄丕烈《刻连江叶氏本博物志序跋》：

“若夫《通考》所云，《博物》四百，本非有成书。刘昭《郡国志》注、小司马《索隐》、李崇贤《文选注》及《艺文类聚》、《初学记》、《太平御览》所引，多出今本外。《隋志》云：‘《博物志》十卷，张华撰。’又云：‘《张公杂记》一卷，张华撰。梁有五卷，与《博物志》相似，小小不同。’又云：‘《杂记》十一卷，张华撰。’然则所引或出二书欤？倘好事者搜辑纂录，不妨别存梗概，苟欲执彼以补此，则恐无事自扰之诮，有所未可也。”

周中孚《郑堂读书记》卷六十七子部小说家类《原本博物志》条也有此疑问：

“《新唐志》(杂家类)亦载《张公杂记》一卷，然则《史记索隐》，《续汉书注》，《三国志注》，《文选注》及《艺文类聚》，《初学记》，《太平御览》所引，多有出于此本外者，或即《张公杂记》之文欤？”①

黄氏根据《隋志》所言《张公杂记》与《博物志》内容大体相同，从

---

① 周中孚：《郑堂读书记》，商务印书馆1940年，1323页。

而推断唐宋典籍中所引《博物志》佚文应出自《张公杂记》。这种说法认为今本《博物志》与唐宋典籍所引的《博物志》并无必然联系，维护了《博物志》版本的传承性。

但是这种说法并不可靠。因为《隋志》中所谓与《博物志》“小小不同”的《张公杂记》，在梁时有五卷，到唐初就剩下一卷了，内容是相当少的，而唐宋典籍中所引的《博物志》条文却非常多，辑录起来当不止一卷。而且，古人没理由引用《张公杂记》而改题为《博物志》，这两个书名没有任何相似之处。因此，钱熙祚《刻博物志序跋》中批评黄丕烈说：“乃遽以叶本为全书，而疑散见于他所称引者为《张公杂记》，亦执持太过矣。”①范宁先生亦指出：“惟检黄氏所称诸类书及古注，其征引标明张华《博物志》者，计《后汉书》三十三条，《初学记》三条，小司马《索隐》八条，《文选》李氏注七条，《艺文类聚》十二条，《太平御览》三十七条，均出今本外。但无一条明注出《张公杂记》，故不得如黄氏所云‘或出二书’之推论。”②

3.《博物志》非张华所著说

这种说法首见于宋周密《齐东野语》卷七：

> “《博物记》当是秦汉间古书，张茂先盖取其名而为志也。”③

但他没有提出任何证据。明代杨慎认为《博物记》与《博物志》并

---

① 范宁：《博物志校证》，中华书局1980年版，第155页。
② 范宁：《博物志校证》，中华书局1980年版，第161页。
③ 周密：《齐东野语》，中华书局1983年，130页。

非一书。《丹铅总录》卷十一《古书不知名考》：

“汉有《博物记》，非张华《博物志》也。周公谨云：不知谁著，考《后汉书》注，始知《博物记》为唐蒙作。”

关于杨慎的观点，四库馆臣不仅非常认同，而且还详细地进行论证。《四库总目》卷一四二子部“博物志”条载：

“刘昭《续汉志注·律历志》引《博物记》一条，《舆服志》引《博物记》一条，《五行志》引《博物记》二条，《郡国志》引《博物记》二十九条，《齐东野语》引其中日南野女一条，谓《博物记》当是秦汉间古书，张华取其名而为志。杨慎《丹铅录》亦称据《后汉书注》，《博物记》乃唐蒙所作，今观裴松之《三国志注》引《博物志》四条，又于《魏志·凉茂传》中引《博物记》一条，灼然二书，更无疑义。此本惟载江河水赤一条，又载汉末关中女子及范明友奴发冢重生一条，而分为两条。又载日南野女一条，讹‘群行不见夫’句为‘群行见丈夫’，讹‘其状皛且白’句为‘状晶目’，其余三十一条，则悉遗漏，岂非偶于他书。见此三条，以《博物》二字相同，不辨为两书，而贸贸采入乎？至于杂记下所载‘豫章衣冠，人有数妇’一条，乃《隋书·地理志》之文，唐人所撰。华何自见之？尤杂合成编之明证矣。”①

① 余嘉锡：《四库提要辨证》，中华书局1980年，1157页。

这里以《后汉书》刘昭注中引用的三十四条，（按：刘昭注引《博物记》实不止三十四条，晚清马国翰辑刘昭《汉志注》引《博物记》一卷凡五十四条。[①]此外还可辑得三条。）与通行本进行对比，发现两者不仅条目分合不同，文字上也有差别，更重要的是三十四条中就有三十一条不见通行本《博物志》所载。又裴松之《三国志注》所引既有《博物志》，又有《博物记》。因此断定《博物志》和《博物记》应为二书，而《博物志》乃后人"杂合成编"。

姚际恒在《古今伪书通考》中即将其定为伪书：

> 《博物志》称张华撰。唐殷文奎为注，曰张华读三十车书，作《博物志》四百卷，武帝以为繁，止作十卷。案：此书浅猥无足观，决非华作。殷之所云，正以饰是书之陋耳。魏晋间人何尝有著书四百卷者？且从中选得十卷，不知当若何佳，今乃尔耶？[②]

其定为伪书之依据，亦仅因为此书"浅猥无足观"，并没有足以令人信服之文献凭证。

杨慎"《博物志》为唐蒙作"之论出于误读古书，清人已经加以反驳。段玉裁《经韵楼集》卷七《唐蒙博物记辨》载：

> "《丹铅录》曰：汉有《博物记》，非张华《博物志》。周公谨云：不知谁著，考《后汉书注》始知为唐蒙作。玉裁按：古记、志通用，如郑康成书引《礼记》皆曰《礼志》。

---

① （清）马国翰：《玉函山房辑佚书》卷七十三子编杂家类。

② 姚际恒：《古今伪书考》，景山书社 1929 年版，第 50 页。

《水经注》引《华阳国志》作《华阳记》是也。刘昭注《郡国志》引《博物志》，皆作《博物记》，如‘河内郡’引《博物记》有‘奥水流入淇水，有菉竹草’，《水经注》‘淇水篇’则云‘肥泉’，《博物志》谓之‘澳水’。《毛诗注》言‘澳，隈也’。郑亦不以为津源，而张司空专以为水流入于淇，非所究也。郦氏、刘氏所引，正是一书，知升庵之妄矣。”

孙志祖《读书脞录》卷四中也有类似的驳论。而事实上，《博物记》即《博物志》并不难判断，因为唐代以前的传世文献中，在裴松之《三国志》注及刘昭《后汉书》注之外，并未见《博物记》的著录和引用。而古人引书并不严谨规范，把“志”引为“记”是很常见的。胡应麟《二酉辍遗》卷中即就书名提出疑问：“余读《太平御览》，目无此书。仅再生类一事称出《博物记》而内言及魏郭后，恐非汉人所撰。意以‘记’为‘志’字误。”唐久宠先生也详细考辨过这个问题。[①]况且，将《后汉书》刘注所引《博物记》的条文与通行本《博物志》进行对比，就可以看出有数条重合。通行本《博物志》中未载的条文，有可能就是流传过程中脱佚的内容。

4.“删书”说

以上三种说法均有未安之处，相比而言，似乎“删书”说更趋合理。此说首见于王嘉《拾遗记》卷九：

“张华字茂先，挺生聪慧之德，好观秘异图纬之部，

① 唐久宠：《张华博物志的编成及其内容》，《中国古典小说研究专集》(2)，台北联经出版事业有限公司1980年，43～46页。

捃采天下遗逸。自书契之始，考验神怪，及世间闾里所说，造《博物志》四百卷，奏于武帝。帝诏诘问：'卿才综万代，博识无伦。远冠羲皇，近次夫子。然记事采言，亦多浮妄。宜更删剪，无以冗长成文！昔仲尼删《诗》、《诗》不及鬼神幽昧之事，以言怪力乱神，今卿《博物志》，惊所未闻，异所未见，将恐惑乱于后生，繁芜于耳目，可更芟截浮疑，分为十卷。'"①

唐殷文奎也同意这种说法，《文献通考·经籍考》引：

"晋张华读三十车书，作《博物志》四百卷。武帝以为繁，只作十卷。"②

又元伊世珍《琅嬛记》卷上曰：

"华后著《博物志》，多琅嬛中所得，帝使削去，可惜也。"③

根据《拾遗记》所载，《博物志》成书之初多达四百卷，后因晋武帝责其"多浮妄"，故删至十卷。

《拾遗记》乃小说家言，论者或以为不可用作信史。上述所引姚际恒《古今伪书考》中就对删书说提出异议："魏、晋间人

---

① 《汉魏六朝笔记小说大观》，554～555 页。

② 马端临：《文献通考》，中华书局 1986 年，1755 页。

③ 伊世珍：《琅环记》，明万历刻本。

何尝有著书四百卷者？且从中选得十卷，不知当若何佳，今乃尔耶!”余嘉锡《四库提要辨证》也不同意原书为“四百卷”之说，他说：“王嘉《拾遗记》所记之事，杜撰无稽，殆无一语实录。”[1]如此看来，“张华删书说”只能是一段历史疑案了。然即《拾遗记》所载为浮夸之说，“十卷”之数却与今本相符。《隋书·经籍志》、《日本国见在书目》、《旧唐书·经籍志》、《新唐书·艺文志》、《宋史·艺文志》、郑樵《通志·艺文略》、高似孙《子略》、王尧臣《崇文总目》、《四库全书总目》所载《博物志》均为十卷。惟晁公武《晁氏郡斋读书志》、陈振孙《直斋书录解题》、马端临《文献通考·经籍考》均载“周、卢注《博物志》十卷，卢氏注六卷”，检晁氏所言：“两本前六卷略同，无周氏注者稍多，而无后四卷。”则六卷本可能是指卢氏注共六卷，而非别有六卷本的《博物志》。因此，自王嘉以来，所见《博物志》皆为十卷。

另一“删书”说载于《北史·常景传》，曰：

> “(景)删正晋司空张华《博物志》及撰《儒林列女传》各数十篇云。”[2]

“常景删书说”见于正史所载，较“张华删书说”自然可信度更高。清代丁国钧《补晋书艺文志》卷三曰：

---

① 余嘉锡：《四库全书总目提要辨证》，中华书局1980年，1154页。

② 李延寿：《北史》，中华书局1974年，1562页。

“考《北史·常景传》有删正《博物志》语，是世所传本已非张氏之旧。段公路《北户录》及《文选》注所引各条，多出今本之外，疑据景未删之本。”①

李善(？～689)比常景(？～550)后出百余年，段公路是晚唐时人，与常景相去三百许年。丁国钧认为，李善、段公路著作中所引的条文比今本《博物志》更加丰富详细，是因为唐时还流传着常景删书之前的本子。

余嘉锡《四库提要辨证》中认为丁氏的说法不可信，他指出：

“然何以解于其文与《拾遗记》、《汉武内传》诸伪书暗合乎？(书中明引《列子》，近人多疑《列子》晋人伪作，则未必在张华之前)。”②

余氏以此推断《博物志》纯由后人辑佚而成，但这个证据无疑是不够充分的。因为这个证据也可以反过来解释，《博物志》中与《拾遗记》、《汉武内传》诸书相暗合的内容，可能是伪书作者取材于《博物志》。《列子》成书时间尚未能确定，且它很可能并非一时成书，即便它成书于《博物志》之后，张华撰《博物志》时也有可能看到《列子》的早期本子或同源材料。

今人范宁先生则同意丁国钧的说法，他断定：

① 丁国钧：《补晋书艺文志》，《两晋南北朝十史补编》，北京图书馆2005年，378页。

② 余嘉锡：《四库提要辨证》，中华书局1980年，1156页。

“宋时张华旧本及常景删本尚并存。”①

又说：

“因今本此条后有周日用注，又知其为常氏删本。”②

据范氏的说法，今本即常景删本，唐宋典籍中引用的《博物志》佚文正是出自张华旧本。

钱熙祚也认为今本经过后人删节，但他的推断与丁氏颇不相同。《刻博物志跋》言：

“窃意宋初原书尚存，故《御览》、《广记》引《博物志》往往出今本外。此系叶氏删节之本，未免移易改窜。逮全帙既亡，后人觉叶本不安，辄以意强析门类，卒不知其愈失愈远。”③

钱氏认为宋代典籍所引《博物志》条文多出今本之外，因此宋时原书(他没有说明“原书”是常景删本还是张华旧本)应该还存留，至连江叶氏为之删节。后人在连江叶氏本的基础上重新进行整理，分门别类(即《博物志》的另一个版本系统贺志同刻本系统)。

---

① 范宁：《博物志校证·后记》，中华书局 1980 年，162 页

② 范宁：《博物志校证·后记》，中华书局 1980 年，162 页。

③ 范宁：《博物志校证》，中华书局 1980 年，155 页。

那么，今本究竟是常景删本还是连江叶氏删本？唐宋时期的《博物志》版本皆已亡失，无从对比与今本的区别，但是以下的两条材料或许有助于说明问题。《太平御览》卷九五〇引《博物志》曰：

“远方诸山出蜜蜡处，其处人家有养蜂者，其法以木为器，或十斛五斛，开小孔，令才容蜂出入。以蜜蜡涂器内外令遍，安着檐前或庭下。春月此蜂将作窠生育时，来过人家围垣者，捕取得三两头，便内著器中。数宿出蜂飞去，寻将伴来还，或多或少，经日渐溢，不可复数，遂停住。往来器中，所滋长甚众。至夏开器取蜜蜡，所得多少，随岁中所宜丰俭。卢氏曰：春至秋末始有蜜，晚者至冬，余所见。今云夏，未详其故。”

今本卷十“杂说下”载：

“远方诸山蜜蜡处，以木为器，中开小孔，以蜜蜡涂器内外令遍。春月蜂将生育时，捕取三两头，著器中，蜂飞去寻将伴来，经日渐益，遂停器中。”

不难看出，今本条文与《太平御览》所引相比删略极多，不仅正文删略，连卢氏的注文也删略了。周、卢二家注文，《隋志》、《唐志》均无载，唐代典籍中亦未引用，《太平御览》、《郡斋读书志》、《玉海》中始加引用和著录，可见二家注文应出现于唐五代时期，常景当然不可能删落。所以，今本为连江叶氏删本的可能性似乎更大。

二、今本经过删节的文献证据

古本《博物志》亡佚已久，要恢复其原书面貌显然是不可能的。不仅如此，连同原书的体例、规模如何，也不得而知。现在只能通过研究唐宋典籍中所引《博物志》条文，考察其早期流传情况。

笔者将唐宋典籍中所引的《博物志》条文与今本进行对比，不仅辑录了数量与今本相当的佚文，还发现今本中存在的不少问题。下面试论述之：

1. 疏漏舛误。唐宋典籍中所引的《博物志》条文不少内容较今本《博物志》详细完整，范宁先生《博物志校证》中有广泛的引用。这些条文不仅能丰富今本的内容，更重要的是，有的还可以补正今本的疏漏舛误。如卷一"水类"载：

> "汉使张骞渡西海，至大秦。西海之滨有小昆仑，高万仞，方八百里。东海广漫，未闻有渡者。"

此条洪兴祖《楚辞补注》卷一引作："汉张骞渡西海，至大秦。大秦之西乌迟国，乌迟国之西复言有海。西海之滨有小昆仑，高万仞，方八百里。"今本中省略了"大秦之西乌迟国，乌迟国之西复言有海"。又载：

> "水有五色，有浊有清。汝南有黄水，华山有黑水、泞水。"

此条《太平御览》卷五九引作："水有浊有清，河淮浊，江汉清。南阳有清泠之水、丹水、泉水，汝南有黄水，华山南有黑水。天下之水皆类五色，今载其名也，泞水不流。"今本不仅阙略甚多，而且所载"华山有黑水、泞水"，以泞水出华山，显然有误。

又卷二"异产"类载：

> "一说汉制，献香不满斤。西使临去，乃发香器如大豆者，拭著宫门，香气闻长安数十里，经数日乃歇。"

此条《法苑珠林》卷四九引作："西域使献香，汉制，献香不满斤，不得受。西使临去，乃发香器如大豆者，拭著宫门，香气闻长安四面数十里中，经日乃歇。"《太平御览》卷九八一所引同。今本中"一说汉制，献香不满斤"语意不完整。

又卷三"异鸟"类载：

> "有鸟如乌，文首、白喙、赤足，曰精卫。故精卫常取西山之木石，以填东海。"

此条《太平御览》卷九二五引作："有鸟如乌，文首、白喙、赤足，名曰精卫。昔赤帝之女媱往游于东海，溺死而不反。其神化为精卫，故精卫常取西山之木石，以填东海。"今本"故精卫常取西山之木石"之前语意不完整。

又卷四"物性"类载：

“鹳，水鸟也。伏卵时，卵冷则不孕。取礜石，周绕卵，以助暖气。故方术家以鹳巢中礜石。”

此条《太平御览》卷五二、卷九二五、卷九八七均载作：“鹳，水鸟也。伏卵时数入水，卵冷则不孕。取礜石，周绕卵，以助暖气。故方术家以鹳巢中礜石为真物。”今本最后一句语意不完整。又载：

“白鹢，雄雌相视则孕。或曰雄鸣上风，则雌孕。”

此条《北户录》卷一引作：“孔雀不匹偶，但音影相接便有孕；如白鹢雄雌相视则孕，或曰雄鸣上风，雌鸣下风，亦孕。”不仅较今本为详，有“孔雀不匹偶，但音影相接便有孕”句；而且后半条中“雌鸣下风”今本所无，可见今本阙略甚多。

又卷五“方士”类载：

“甘始老而少容，曹子建密问其所行，始言本师姓韩，字世雄，尝与师于南海作金，投数万斤于海。又取鲤一双，鲤游行浮沉，有若处渊。其一无药者已熟而食。言此药去此踰远万里，已不可行，不能得也。”

此条《后汉书·甘始传》注引作：“甘始老而少容，曹子建密问其所行，始言本师姓韩，字世雄，尝与师于南海作金，投数万斤于海。又取鲤一双，令其一著药，俱投沸膏中，有药者奋尾鼓鳃。鲤游行浮沉，有若处渊。其一无药者已熟而可食。言此药去此踰远万里，已不可行，不能得也。”今本“又取鲤一双”以下语意不完整。

又卷六“文籍考”载：

> “太古书今见存有《神农经》、《山海经》，或云禹所作。《周易》。蔡邕云《礼记·月令》，周公作。”

今本所载阙文甚多，不可通读。而据《太平御览》卷六一八所载：“太古书今见存者有《神农经》、《山海经》，或云禹所作。《素问》，黄帝作。《连山》、《归藏》，夏殷之书，《周易》曰易。蔡邕云《礼记·月令》，周公所作。《谥法》、《司马法》，亦云周公所作。”则可以通读理解。

又卷七“异闻”载：

> “灵帝光和元年，辽西太守黄翻上言：海边有流尸，露冠绛衣，体貌完全。使翻感梦云：‘我伯夷之弟孤竹君也，海水坏吾棺椁，求见掩藏。’民有襁褓，视，皆无疾而卒。”

此条《文选·桓元子荐谯元彦表》注引作：“灵帝光和元年，辽西太守黄翻上言：海边有流尸，露冠绛衣，体貌完全。使翻感梦云：‘我伯夷之弟，孤竹君之子也，海水坏吾棺椁，求见掩藏。’民有襁褓，视，皆无疾而卒。”《太平广记》卷二九二、《太平御览》卷五四九所引同。伯夷为商末孤竹君长子，叔齐之兄。今本作“伯夷之弟孤竹君”，显然有误。又同卷载：

> “大司马曹休所统中郎谢璋部曲义兵奚侬息女，年四岁病疫，故埋葬，五日复生。太和三年，诏令休使父母同时送女来视。其年四月三日病死，四日埋葬，至八日同墟人采桑。闻儿生活，今能饮食如常。”

此条中“闻儿生活，今能饮食如常”，语意不通。检《太平御览》卷八八七引作：“魏大司马曹休所统中郎将谢璋部曲义兵奚侬息女，年四岁病疫，故埋葬，五日复生。太和三年七月，诏令休使父母同时送女来视。其年四月三日病死，四日埋葬，至八日同墟人采桑。闻儿啼声，即语侬妻，往发视之。儿生活，今能饮食如常。”如此则语意通畅。

2. 将两条或数条合而为一。《博物志》的内容引自不同典籍，属于资料汇编性质的著作。根据表达主题的需要把不同文献中的材料汇聚在一条里，这是合乎编纂原则的。但如果把不同主题的材料放在一起，则不仅显得很混乱，还很容易对读者造成误导。如卷二“异人”：

> “秦始皇二十六年，有大人十二见于临洮，长五丈，足迹六尺。东海之外，大荒之中有大人国僬侥氏，长三丈。”

此条应是合二为一条。前半条见《汉书·五行志》载：“秦始皇帝二十六年，有大人，长五丈，足履六尺，皆夷狄服，凡十二人，见于临洮。”后半条关于僬侥氏的传说，先秦以来许多典籍中均有涉及。《国语·鲁语下》：“仲尼曰：僬侥氏长三尺，短之至也。"《山海经·海外南经》:"周饶国在其东,其为人短小,冠带。一曰焦侥国在三首东。"郭璞注曰:"其人长三尺,穴居,能为机巧,有五谷也。《外传》云:'焦侥民长三尺,短之至也。'《诗含神雾》曰:'从中州以东西四十万里,得焦侥国人,长尺五寸也。'"《史记·大宛列传》张守节《正义》引《括地志》曰:"小人国在大秦南,人才三尺,其耕稼之时,惧鹤所食,大秦卫助之,即焦侥国,其人穴居也。"《法苑珠林·卷八》引《外国图》曰:"焦侥国人长尺六寸,迎风则偃,背风则伏,眉目具足,但野宿。一曰,焦侥长三尺,其国草木夏死而冬生,去九疑三万里。"以上文献均以僬侥氏为小人国,只有今本《博物志》载为大人国,当是后人将两条不同内容合为一条,又因前半条所述为"大人",故将"小人国"改为"大人国","长三尺"改为"长三丈"。

又《博物志》卷三"异兽"类载:

> "犬戎文马,赤鬣,身色似若黄金,即古之乘黄。复蓟之露犬也,能飞,食虎豹。"

此条是二条合而为一。内容出自《逸周书·王会解》:"犬戎文马而赤鬣,缟身,目若黄金,名吉黄之乘。"又:"渠叟,以鼩犬。鼩犬者,露犬也,能飞,食虎豹。"文马与露犬乃是两物,产于不同国家。今本《博物志》误将两条合为一,容易使人误解"犬戎文马"与"复蓟之露犬"为一物,祝鸿杰在《博物志全译》中就误译为"犬戎国出产一种花斑马,……本为渠叟国的露犬。

这文马能飞，以虎豹为食物”。[1]

又《博物志》卷三“异鸟”类载：

> “崇丘山有鸟，一足、一翼、一目，相得而飞，名曰蛀。见则吉良，乘之寿千岁。”

“崇丘山有鸟”条见《山海经·西次三经》载：“崇吾之山……有鸟焉，其状如凫，而一翼一目，相得乃飞，名曰蛮蛮。”“见则吉良”以下则见《山海经·海内北经》：“有文马，缟身，朱鬣，目若黄金，名曰吉量，乘之寿千岁。”今本《博物志》将两条合为一，也很容易引起误解，如祝鸿杰译为“出现这种鸟很吉利，如乘上这种鸟，寿命可达千岁”，[2]殊为不当。

又《博物志》卷九“杂说上”：

> “箕子居朝鲜，其后燕伐之，朝鲜（原本作‘其后伐燕，之朝鲜’，据张惠言所校改）亡，入海为鲜国。师两妻，黑色，珥两青蛇，盖勾芒也。”

此条应是两条合为一。“箕子居朝鲜”条见《汉书·地理志》载：“殷道衰，箕子去，之朝鲜，教其民以礼义。……汉初大乱，燕、齐、赵人往避地者数万口，而燕人卫满击破准而自王朝鲜。”“师两妻”之后，见《山海经·海外东经》：“雨师妾在其北，其为人黑，两手各操一蛇，左耳有青蛇，右耳有赤蛇。一曰在

① 祝鸿杰：《博物志全译》，贵州人民出版社1992年，70页。
② 祝鸿杰：《博物志全译》，贵州人民出版社1992年，72页。

十日北，为人黑身人面。……东方勾芒鸟身人面。”

3. 将一条拆分成两条。《博物志》贺志同刻本系统按照不同内容分为三十九类，有的原本完整的条文被析分为多条，归入不同类别中，也容易造成理解上的困难。如卷二“异人”类：

“有一国亦在海中，纯女无男。又说得一布衣，从海浮出，其身如中国人，衣两袖，长二丈。又得一破船随波出，在海岸边，有一人，项中复有面。生得与语，不相通，不食而死。其地皆在沃沮东大海中。”

同卷“异俗”类：

“毋丘俭遣王颀追高句丽王宫，尽沃沮东界。问其耆老，言国人常乘船捕鱼，遭风吹数十日，东得一岛，上有人，言语不相晓，其俗常以七夕取童女沉海。”

以上两则所载内容与《三国志》中所载相近。《三国志·魏志·东夷传》载：

“毋丘俭讨句丽……王颀别遣追讨宫，尽其东界，问其耆老：‘海东复有人不?’耆老言：‘国人尝乘船捕鱼，遭风见吹，数十日，东得一岛，上有人，言语不相晓，其俗常以七月取童女沈海。’又言有一国亦在海中，纯女无男，又说得一布衣从海中浮出，其身如中国人衣，其两袖长三丈。又得一破船，随波出，在海岸边。有一人，项中复有面，生得之，与语不相通，不食而死，其域皆在沃沮东大海中。”

经过对比，可见此两条应是引自《三国志》，或与《三国志》引自同源材料。但今本《博物志》中将此条材料分为两条，显然不妥。检《太平广记》卷四百八十“沃沮”引《博物志》载，此两条正是合为一条，可见在《博物志》早期版本中原是一条，是后来整理者按照内容分类的需要割裂为二。

又《博物志》卷二“外国”类载：

“孟舒国民，人首鸟身。其先主为霅氏，驯百禽。夏后之世，始食卵，孟舒去之，凤凰随焉。”

卷三“异草木”类载：

“止些山多竹，长千仞，凤食其实，去九疑万八千里。”

“止些山”不见于典籍所载，祝鸿杰以为山名，译为“止些山上长着许多竹子”。[①]检《太平御览》卷九一五载：“《括地图》曰：孟亏，人首鸟身。其先为虞氏，驯百兽，夏后之末世，民始食卵。孟亏去之，凤随之止于丹山，山多竹，长千仞，凤凰食竹实，孟亏食木实。去九疑万八千里。”可知此两条应合为一条。

---

① 祝鸿杰：《博物志全译》，贵州人民出版社 1992 年，84 页。

4. 条目重复。《博物志》卷一“地类”载：

“泰山一曰天孙，言为天帝孙也。主召人魂魄。东方万物始成，知人生命之长短。”

此条又见同卷“山水总论”载：

“《援神契》曰：五岳之神圣，四渎之精仁。河者水之伯，上应天汉。太山，天帝孙也，主召人魂魄。东方万物始成，故知人生命之长短。”

这两条皆引自《援神契》，而重见于《博物志》中。

5. 注文阑入正文。《博物志》卷四“戏术”载：

《神农本草》云：“鸡卵可作琥珀。其法，取伏卵毈黄白浑杂者，煮及尚软，随意刻作物，以苦酒渍数宿。既坚，内著粉中。佳者乃乱真矣。”此世所恒用，作无不成者。

本条中“此世所恒用，作无不成者”十字，《法苑珠林》卷四三、《太平御览》卷九一八所引作小字，当为周日用注而误入正文。

6. 注文被删。如上所举卢氏注文被删之例。

对比唐宋典籍中所引《博物志》条文与今本《博物志》内容，可以发现，今本《博物志》不仅散佚严重，还存在语意疏漏舛误、将多条合二为一、将一条析分为二，及条目重复、注文羼入正文、注文被删等文献问题。这些文献问题说明《博物志》在流传过程中经过一次或多次删节，殆无疑义。整理者在删节《博物志》的时候，有的是整条删去，有的只删去部分内容。由于整理者水平的限制，导致今本《博物志》中不少地方存在记载错误或语意不通的情况。

三、现存《博物志》两种版本系统之比较

现存《博物志》有两种刻本系统：明弘治贺志同刻本系统和黄丕烈士礼居刻本系统。贺志同刻本系统主要包括明翻贺刻本、武林快阁本、秘书廿一种本、稗海本、古今逸史本、格致丛书本、汉魏丛书本等，日本所藏刻本两种也属于贺志同刻本系统。黄丕烈刻本系统除了士礼居刻本之外，还有龙谿精舍丛书本和《指海》本。这两种刻本系统的内容相同，都是分为十卷，但章节次序和条文分合并不一致，因此这两个版本系统的先后和优劣问题曾有争议。

黄丕烈《刻影宋连江叶氏本〈博物志〉序》曰：

> "予家有汲古阁影钞宋本《博物志》，末题云连江叶氏，与今世所行本然不同。尝取而读之，乃知茂先此书大略撮取载籍所为，故自来目录皆入之杂家。其体例之独创者，则随所取之书，分别部居，不相杂厕。如卷首《括地象》毕，方继以《考灵耀》是也。以下虽不能条举所出，然《列子》、《山海经》、《逸周书》等皆显然可验。今本强立门类，割裂迁就，遂使荡析离居，失其指趣，致为巨谬矣。考《读书志》及《通考》，皆载周日用注十卷，即是此本。晁氏云'首卷《地理略》，后有赞文'，实为吻合。"

黄丕烈认为，连江叶氏本体例与贺志同刻本体例不同之处在于前者是依照引书编次材料，所以更接近《博物志》原本的面貌。关于连江叶氏本的来源，钱熙祚认为是叶氏删节古本而成，唐久宠先生则认为："……然则叶氏本，殆亦唐五代残存卷抄而传刻者欤。"①不管这个本子是否由叶氏删定，至少在北宋的时候它已经存在了。《汲古阁珍藏秘本书目》子部小说类载：

"北宋板《博物志》一本，其次序与南宋板不同，系蜀本大字，真奇物也。"②

这里所谓南宋板即是指贺志同刻本的底本。黄丕烈称他所得刻本乃是汲古阁覆宋本，也就是说，连江叶氏本即"北宋板《博物志》"。宋晁公武《郡斋读书志》"周卢注博物志十卷卢氏注六卷"条(袁本)解题曰：

"右晋张华茂先撰，周日用注。载历代四方奇物异事，首卷有《理略》，后有赞文。"③

据此，晁氏所见十卷本第一卷前有《理略》，后有《赞文》。检士

① 唐久宠：《张华博物志的编成及其内容》，《中国古典小说研究专集》(2)，台北联经出版事业有限公司 1980 年，32 页。

② 毛扆：《汲古阁珍藏秘本书目》，中华书局 1985 年，15 页。

③ 晁公武撰，孙猛校证：《郡斋读书志校证》，上海古籍出版社 1990 年，543 页。

礼居刻本卷一，次序正好与此相同，而贺志同刻本系统中前虽有《理略》，《赞文》却是在“地”类之上。尤其值得注意的是，晁公武并未提及《博物志》的分类问题，所以他所见得本子应该就是连江叶氏本。《汲古阁珍藏秘本书目》所载的“北宋板《博物志》”应该也是晁公武所见本，这点唐久宠先生有过推论：

> “晁氏南北宋之间人，且因丙午之变，携家西入蜀。……是则今传博物志叶氏本，即出于蜀刻，亦即晁氏所见十卷之本。”①

因此，所谓“北宋板《博物志》”、“晁公武所见本”和“连江叶氏本”应该是同一版本；这个版本至迟在两宋之交已经存在。连江叶氏本虽然产生甚早，但因为体例不分明，所以流传并不广泛，到明代已经不传，成为“秘本”，故毛氏得之而以为“奇物”。

连江叶氏本体例不明，黄丕烈认为是依引书编次材料，并举《列子》、《山海经》、《逸周书》为例进行说明。黄氏没有系统做过引书考，因此其结论是否可靠，还需要仔细分析。《博物志》属于资料汇编性质的著作，所引典籍可以考知者近九十部。由于《博物志》的引书绝大多数已经亡佚，如今有些条目能够考知出处，有的条目不能够考知出处。从可考出处的条目来看，黄丕烈的结论并非完全正确。如卷五“孔子东游”条、“詹何以独茧丝为纶”条、“薛谭学讴于秦青”条、“赵襄子率徒十万狩于

① 晁公武撰，孙猛校证：《郡斋读书志校证》，上海古籍出版社1990年，31页。

中山”条、“思士不妻而感”条、“燕太子丹质于秦”条、“昔刘玄石于中山酒家沽酒”条、“西域有蒲萄酒”条、“古之善射者甘蝇”条依次排列在一起，前五条和“古之善射者甘蝇”条都是引自《列子》，而“燕太子丹质于秦”条出《燕丹子》，“昔刘玄石于中山酒家沽酒”条不可考知出处，但所载为魏事，可知并非出自《列子》，又“西域有蒲萄酒”条今本《列子》中所无，不可考知出处。又如引自《山海经》的材料，有卷八“结胸国”条和“君子国”条，又有卷十“昔彼高阳”条、“华山有蛇名肥遗”条、“崇丘山有鸟”条、“夷海内西北有轩辕国”条、“白民国”条、“海水西夸父与日相逐走”条、“呕丝之野”条、“三珠树生赤水上”条等，材料分散于不同卷帙中，自然不能说是依引书部次。

另外，叶氏刻本卷一前有“序”，后有“赞”，内容集中围绕天下地理形势，其它卷内容则错综复杂，毫无条理可言，又有数处重出，如卷八“女子跪树呕丝”条又见于卷十；卷三“魏武伐冒顿”条又见于卷十；卷九“东海有牛鱼”条又见于卷十。

如此看来，士礼居刊本的体例基本上无法确定。这也正好证明该本产生于贺志同刻本系统之前，因为按照事物发展的正常逻辑，后人一般不会故意打乱已经按照内容分目的体例，而去编排一部根本无法判断体例的书。相反，很可能是后人看到连江叶氏本的体例不分明，内容杂乱无章，才会按照内容分类来重新加以厘定。

贺志同刻本既然是在连江叶氏本的基础上分类而成，按理说应比连江叶氏本体例更优。然而黄丕烈说“强立门类，割裂迁就，遂使荡析离居，失其指趣，致为巨谬”，却并非毫无道理。今考贺志同刻本系统共分三十八类，体例如下：

卷一　地理略自魏氏日已前夏禹治四方而制之　地　山
　　　水　山水总论　五方人民　物产
卷二　外国　异人　异俗　异产
卷三　异兽　异鸟　异虫　异鱼
卷四　物性　物理　物类　药物　药论　食忌　药术
　　　戏术
卷五　方士　服食　辨方士
卷六　人名考　文籍考　地理考　典礼考　乐考　服饰考
　　　器名考　物名考
卷七　异闻
卷八　史补
卷九　杂说上
卷十　杂说下

这个刻本系统的分目看起来似乎很清楚，但如果结合《博物志》的内容，可以发现它并不能完全准确地反映各类中的内容。主要问题有以下几个方面：

首先，有些内容相同却被分置于不同类目之下。如第一卷中既然已分地、山、水三类，似乎不必另立“山水总论”一类；卷二中分为“外国”、“异人”、“异俗”、“异产”等，其实内容都是讲中国周边少数民族国家的人物、风俗和特产，包含人、物、事等方面的内容，以“外国”一类便可以概括了；卷四中“物性”类“蛴螬以背行，快于用足”、“百足，一名马蚿，中断成两段，各行而去”等条可以归入卷三“异虫”类；卷四中“物性”类和“物理”类从内容上来看并无本质差别，都是记载物的某方面特性；“药论”类和“药术”类内容都是关于药物的用法，可归为一类。卷五中的“方士”和“辨方士”都是关于汉魏方士的记载，可不必分为两类。卷六“地理考”和卷一的“地理略”相似，所载始皇陵的建造、“洛阳”名称的演变、洞庭君山名称的由来、及江陵台的形制等，皆可归入“地理略”。卷七的“异闻”和卷八的“史补”都是记载历史上奇异的传闻，在内容上并无本质区别。

其次，类目不能反映内容中的情况。如卷一“石者，金之根甲。石流精以生水，水生木，木含火”条，置于“山”类下似乎不太切合。卷六“人名考”中有“昔彼高阳，是生伯鲧，职典水土，取帝之息壤，以堙洪水”、“平原管辂善卜筮、解鸟语”、王粲非女婿才、太丘长陈寔四世于汉魏二朝有重名等条，可入“异闻”或“史补”类，而不该置于“人名考”中。

再次，各卷分类的标准不一。有些标目非常具体地概括某一类的内容，有些则可泛指所有的内容。如前面六卷的材料分类比较明晰，第七、八、九、十卷标目“异闻”、“杂说上”、“杂说下”和“史补”，则所指不甚明确，因此著录内容也非常庞杂。《博物志》一书所载内容基本上都是“异闻”和“杂说”，有作为“史补”的功能，以此作为某一类的类目并不怎么合适，故后四卷虽有分类，实际上却如同没有分类。

综上所论，贺刻本系统的体例从表面看似乎比士礼居刻本的体例更加简洁有序，但实际上隐藏着很多的问题，未必优于士礼居刻本。虽然如此，它毕竟在某种程度上提供了检阅上的方便，所以明代以后这个版本流传广泛，而连江叶氏本因不便于阅读而不再刊刻，最后成了罕见之物。

本章小结

《博物志》在小说史上有着重要地位，是博物类小说的代表作。但由于小说在传统社会中地位低下，产生于汉晋时期的小说也并未得到较好保存和完整流传，以《博物志》为例，就存在着严重亡佚、脱佚的情况。本章在重新辑录、校勘《博物志》的基础上，对其中存在的若干问题进行讨论，主要结论如下：

首先是《博物志》的成书时间问题。受王嘉《拾遗记》的影响，一直以来人们认为《博物志》成书于晋武帝朝。但笔者考察《博物志》所引述的书，发现其中引用的潘岳《关中记》是在惠帝朝才出现的，因此推测其成书于元康期间的可能性较大。

其次是《博物志》的性质问题。历代目录学著作中或归入杂家，或归入小说家，今人则多认为此书属于志怪类小说。从内容看来，此书是分类杂抄众家而成，并不局限于"说"类文献，同以《搜神记》为代表的志怪类小说相比存在很大区别，因此当归入杂家类为妥。

再次是《博物志》的版本问题。今本《博物志》与唐宋古籍所引的《博物志》条文存在许多不同，因此后人对其流传过程有诸多说法，或认为此书曾经后人删节，或认为此书有所散佚，或认为古人所引即《张公杂记》，而非《博物志》。笔者比较今本与古籍所引的内容差别，发现今本中存在不少文献问题，如原本应合为一条的内容却被分为两条，原本应分为两条或若干条的内容却被合为一条，还有条目重复出现，或被误删之后导致错讹等等，这说明今本《博物志》确实曾经后人删节整理。

今本《博物志》存在不少文献问题，因此有必要重新辑佚、整理。希望通过本文的讨论，能够为《博物志》的进一步整理和研究提供参考。

结　语

张华是魏晋时期著名政治家、文学家，对太康文学发展影响至深。本文对张华生平经历、文学思想、文学创作等方面进行专题研究，主要内容和结论包括以下几个方面。

一、从知人论世的角度对张华生活时代的政治文化现象进行述论

张华生于魏明帝太和六年，卒于晋惠帝永康元年，这段期间虽然表面看来政局稳定，却是魏晋党争最激烈的时期。在入晋之前曹氏与司马氏的党争中，张华虽未参与其事，但其岳父刘放、引荐者卢钦都属于司马氏一党，因此甫一开始进入仕途就打上司马氏集团的烙印。

魏晋禅代之后，司马氏麾下的朝臣群体分为两个集团，一以玄学名士为主要构成的任恺党，一是以儒学之士为主要构成的贾充党。张华从思想情感上与玄学名士有千丝万缕的联系，这决定了他在司马氏集团中的地位不同于死心塌地追随司马氏家族的儒学名士。他站在任恺党立场，对晋初若干重大事件建言献策。在平吴事件中，他积极表示支持伐吴，获得了很高声誉；在立嗣事件中，他主张立齐王攸为后嗣，因此而被免职。

晋惠帝继位以后，随着贾充党的解体，政治局势发生了变化。为了防范宗室争权，张华与王戎、裴頠等人受到重用，其弥缝补缺的政策维持了十年社会安稳。在贾后与太子的斗争中，张华虽对贾后进行劝谏而未能阻止其暴行，因此在太子被废杀之后颇遭时人诟病，并被赵王伦借机所杀。从元康时期的

政治环境来看，张华选择无所作为有其必然性，但却以被杀害的悲剧告终，成为政治斗争的牺牲品，这不仅是个人的悲哀，更是门阀社会中寒族文士的悲哀。

张华年轻时写作的《鹪鹩赋》中，描述了鹪鹩安时处顺、无用之用、处于材与不材之间的特点。鹪鹩在物类世界中上比不足下比有余的处境，与张华在政治上的处境极为相似，鹪鹩的生存智慧对他不同阶段的人生都有启示意义。他最后被杀，可以说是玄学家的鹪鹩式人生理想在现实中的破灭。

二、通过对张华与同时代文人的关联性研究，揭示了从正始文学向太康文学发展的具体进程

汉末到三国鼎立五六十年中，政治上的隔阂导致南北方文化交流不多，三国学术文化发展不平衡的状况。北方儒学自汉代中后期以来经历了从今文经学转变为古文经学，又从古文经学转变为玄学，接着进入玄儒互相消长的不同阶段，而南方的吴蜀两国学风相对比较保守，仍以传习今文经学为主。就文学而言，建安之后北方人文荟萃，不仅文学创作非常繁荣，而且很注意理论上的总结，被后人称为“文学自觉”的时期。而在南方吴蜀两国，文学依然是经学和政治的附庸，无论作品数量还是艺术水平，都无法跟北方文学相比。

蜀国被灭暨西晋统一以后，大批才华出众的南方文士进入洛阳文坛，造成南北方文化的交流和碰撞。南士携本土生活习惯而入陌生之洛阳，本来已多有不便之处，还要忍受政治上的防范和文化上的歧视，更增加了融入北方文坛的难度。张华性好人物，利用自己的崇高地位，积极扶持吴蜀士人及其他北方寒族文士，使外来的文士得以在党争复杂的洛阳中立足，逐渐

成为太康文坛的新生力量，为太康文学的繁荣做出了贡献。

张华在与外来文士的交流过程中，注重总结魏晋以来的文学创作经验，提出若干具有前瞻性的理论，如情先于辞、文贵清省、注意音韵等观点，有助于南士熟悉北方文坛的创作习惯和审美风尚。同时，他从汉文学、建安文学和正始文学中吸取创作经验，探索新的创作题材和艺术手法，以自己的作品作为典范，树立了新的审美标准和创作取向，从而推动了太康文学时代的到来。而他的文坛领袖地位，也正是在这个过程中形成的。

三、通过文本细读，分析张华文学观点的意义及文学创作的特色

张华在与二陆、左思交流的过程中，曾提出情先于辞、文贵清省、尚悦泽、尽而有余、久而弥新、重视音韵、兴废随时等观点。这些观点是张华针对不同人提出的，虽然零散不成系统，但影响了太康文学的发展方向，对后世的文学理论也有所启发。

情先于辞是关于文学本质的问题。两汉时期无论“诗言志”还是“诗言情”，都以情志作为重点。魏晋以后对辞的重视日益增加，二陆甚至以辞先于情。张华提出“情先于辞”的观点，有助于矫正二陆重辞轻情的倾向。文贵清省、尚悦泽、尽而有余是张华对文章审美要求。“贵清省，尚悦泽”要求文章精炼警醒，清畅动人，“尽而有余”要求文章言有尽而意无穷。这是针对陆机诗赋中一味追求文辞繁缛、铺陈太过而言，也是对魏晋以来北方文学美学趣向的总结，对太康文人有积极的引导意义。兴废随时则是张华对文学新变现象的看法。他认为自汉魏

以来雅乐歌辞受音乐影响，多为杂言体，其来有自，必须承认新变。这是针对荀勖的复古主张而言。事实证明，五言诗、杂言诗的发展是符合历史潮流的。

就其文学创作而言，张华虽主张“情先于辞”，但在具体创作实践中，对文学艺术性的追求也是很明显的。以《情诗》五首为例，这组诗继承了汉魏时期情诗的主题，还汲取了汉古诗、曹植、徐干、阮籍等各家的艺术构思和表达手法，巧妙地将前人的创作经验化用于其中，同时又更加雕琢文字，讲究辞采，如钟嵘所评：“举体华艳”、“巧用文字，务为妍冶”。《情诗》超越了“淡乎寡味”的正始文学，向建安文学传统回归。主导了有晋一代文学藻采化、雅化的倾向。张华的另一类诗文则主于义理，虽不以裁取取胜，但却最能够体现其儒者品格。如《励志诗》中从时光流逝而勉励自己努力进德修业，追求完美人格和圣世理想，因而为历代儒士所仰慕；《女史箴》中推崇女子妇德，敢于揭露现实弊病和批判当权者的勇气，也深受后世文人所嘉许。这些“以义理形之声韵”的诗文中，体现了他的崇高人格。

后人对张华诗歌的评价，大多沿用钟嵘《诗品》的说法。但细读张华作品，不难看出，《诗品》的观点颇有片面性。如“其源出于王粲”，从其诗歌题材与艺术渊源来看，实际上受汉魏文学的影响更大。张华诗歌以赋法而为诗，总体上有雅化的趋向。钟嵘所言“儿女情多，风云气少”，此评价只适用于《情诗》，并不适合其它类别。又“千篇犹一体”的持论也略显苛刻，纵观张华诗歌的各种类型，虽然同一类型的诗歌在体式上很相近，但不同类型的诗歌体式却不一致。

四、运用文献整理与研究的基本方法，在重辑《博物志》的基础上，对其文献价值、文献问题进行探讨

《博物志》是一部资料汇编性质的著作，具有重要的文献价值。其成书时间，据《拾遗记》所载应在晋武帝时期。但若考察《博物志》的引书，可以发现，其中有若干完成于太康、元康时期的著作，因此笔者推测可能完成于元康期间。

唐宋以来的典籍中引用的《博物志》内容多出于今本《博物志》之外，或者较今本《博物志》详细完整。对这种现象的原因众说纷纭，有的认为是在流传中有所删节；有的认为全书已佚，今本是重新辑佚而成；甚至有的认为唐宋典籍中所引的《博物志》条文实际上属于另一部书《张公杂记》。对比唐宋典籍中所引的《博物志》条文与今本的区别，可以发现今本内容存在语意疏漏舛误、一条分为二条、二条合为一条和条目重复等问题，这说明《博物志》在流传过程中，确曾被人有意删节并重新编排。

今本《博物志》有两种版本系统：一是来源于北宋连江叶氏本的士礼居刻本系统，一是来源于南宋刻本的贺志同刻本系统。这两种版本系统的内容数量一样而体例迥异。士礼居刊本体例不明，贺志同刻本的体例是按照内容分类编排材料。从两种版本体例的对比可以看出，贺志同刻本应是在连江叶氏本的基础上重新划分门类、部次材料而成。虽然贺志同刻本的编排体例存在不少问题，但从便于翻阅检索的角度看，实优于连江叶氏本。

………附录　张华年谱简编………

太和六年(232)

张华出生。

《晋书》卷三十六《张华传》:“是夜难作，诈称诏召华……遂害之于前殿马道南，夷三族，朝野莫不悲痛之，时年六十九。”张华被害时在永康元年(300)，以六十九岁推算，可知他出生于魏明帝太和六年。

《晋书》卷三十六《张华传》:“张华字茂先，范阳方城人也。父平，魏渔阳郡守。”张华出身寒门，父张平是下层官吏。华少时贫而有才学，为卢钦、刘放所知。本传云:“华少孤贫，自牧羊。同郡卢钦见而器之，乡人刘放亦奇其才，以女妻焉。”卢钦，汉卢毓之后，官至尚书左仆射。后张华所举卢浮，即钦之子。

嘉平元年(249)

张华十八岁。作《感婚诗》、《感婚赋》。

《初学记》卷十四引张华《感婚赋》云:“方今岁在己巳，将次四仲，婚姻者竞赴良时，粲丽之观，相继于路。”案:己巳年为嘉平元年。

以往学者多据《感婚诗》、《感婚赋》，推断己巳年为张华与刘放之女成婚之年。然赋中言:“彼婚姻之俗忌，恶当梁之在斯。逼来年之且至，迨星纪之未移。窈窕初茂，玉质始盛。容华外丰，心神内正。接轸连骑，隐隐习习。充街塞里，晖曜城邑。相丽姿之绰约兮，遥仿佛以感心。怨佳人之幽翳兮，恨检防之高深。”又诗言：“驾言游东邑，东邑纷禳禳。婚姻及良时，嫁娶避当梁。”可知张华出外闲游，路上见人婚娶，有感而作此诗赋，非关其本人事。故以此年为张刘成婚年似乎有误。

嘉平二年(250)

张华十九岁。刘放卒，官至骠骑将军。张华作《刘骠骑诔》。

《三国志·魏志·刘放传》：“嘉平二年，放薨，谥曰敬侯。”

正元二年(255)

张华二十四岁。为太常博士，又推荐成公绥为博士。

《晋书》卷三十六《张华传》：“郡守鲜于嗣荐华为太常博士。”《晋书》卷二十四《职官志》：“太常博士，魏官也。魏文帝初置，晋因之掌引导乘舆，王公已下应追谥者，则博士议定之。”案：据禹平、王柏中《两汉太常的祭祀礼事职能问题考述》，两汉时期太常作为汉代国家中央官制体系中的重要职官，列于九卿之首，其职司之一就是主管祭祀礼事。太常属下的机构十分庞大，太常卿不仅主管神事，还兼及陵县的民政与学校教育。太常卿不仅总领属下诸多祭祀管理的职能部门，而且自身在祭祀活动中也要充任特定的礼职。(《学术交流》2006 年第 9 期)魏代也沿袭了太常机构，主要负责朝仪的制订和实施，又设太常博士，职掌及人数均不详。据《通典》卷三十六《魏官品》所载，“诸博士”属于六品官，与“著作丞郎”属于同一品阶。

《晋书》卷九十二《成公绥传》："张华雅重绥，每见其文，叹伏以为绝伦。荐之太常，征为博士。……泰始九年卒，年四十三。"又《太平御览》卷六三二引《文士传》载："张华荐成公绥曰：'窃见处士东郡成公绥，年二十五，字子安，体珪璋之质，资不器之量，知深虑明，足以妙见研思，笃好足以致精贞干，劲操足以敦风笃俗，渊才逵学足以弘遵世教。固逸伦之殊俊，缙绅之检式也。'"成公绥出生于魏明帝太和四年(231)，二十五岁被张华举为博士，时在高贵乡公正元二年(255)。陆侃如先生认为张华任太常博士之后不久，即荐成公绥为太常博士。今案《晋书》卷二十四《职官志》："太常有博士、协律校尉员，又统太学诸博士祭酒，及太史、太庙、太乐、鼓吹陵等令。太史又别置灵台丞。"可知太常以下又有若干机构，张华担任太常博士，有管理太常事务的责任和举荐人员到太常机构任职的权力，他推荐成公绥在太常中任职，是很合理的。但成公绥被征为博士，未必就是太常博士，也可能是太学博士。

《艺文类聚》卷四十载张华《晋文王谥议》，议公卿谥号是太常博士的职掌。又《宋书》卷十四《礼志》引荀崧上疏云："世祖武皇帝圣德钦明，应运登禅，受终于魏。崇儒兴学，治致升平。……置博士十九人。九州之中，师徒相传，学士如林、犹是选张华、刘寔居太常之官，以重儒教。"故姜亮夫先生疑咸熙二年晋文王薨时，张华任太常博士，直到入晋之后数年。但《晋书》本传明确记载张华入晋前任中书郎，晋朝立国之后任黄门侍郎，爵关内侯。张华以中书郎的身份议晋文王谥，似乎是越职，但考虑到他曾担任过太常博士，又受到司马昭的重用，因而以中书郎参与议谥，也不是不可能的。荀崧上疏只是列举西晋曾任太常的人，而非晋初任太常官者，据《晋书》卷四十一《刘寔传》可知，刘寔是在咸宁中任太常，而张华在太康六年被征为太常，二人并未同时在太常中任职。

景元元年(260)

张华二十九岁。转长史。

《晋书》卷三十六《张华传》："卢钦言之于文帝，转河南尹丞，未拜，除佐著作郎。顷之，迁长史兼中书郎，朝议表奏多见施用，遂即真。"据《魏官品》，著作丞郎是六品官，则佐著作郎品阶又当低一级。张华自太常博士改除佐著作郎，品级上有所下降，似不合情理。据《文选》李善注卷十三引臧荣绪《晋书》曰："张华……少好文义，博览坟典，为太常博士，转兼中书郎。"张华自太常博士转公府长史，公府长史与诸博士同属于六品官，故言"转"，如此则并未任佐著作郎一职。此说似乎更确切。

张华作《鷦鷯赋》，阮籍叹为王佐之才。《鷦鷯赋》作年之说有二：一说作于出仕之前。《晋书》卷三十六《张华传》："初未知名，著《鷦鷯赋》以自寄。……陈留阮籍见之叹曰：'王佐之才也。'由是声名始著，郡守鲜于嗣荐华为太常博士。"一说作于迁中书郎之后。《文选》李善注卷十三引臧荣绪《晋书》曰："张华……少好文义，博览坟典，为太常博士，转兼中书郎。虽栖处云阁，慨然有感，作《鷦鷯赋》。"案：张华居范阳时已见知于刘放与卢钦，后为郡守鲜于嗣所荐是情理中事，不必在阮籍为之扬名后。但若以《鷦鷯赋》作于兼任中书郎时亦不确。其任中书郎的时间在咸熙二年(264)(详见下述)，但《鷦鷯赋》曾得到阮籍的称赏，阮籍死于景元四年(263)，故此赋不可能推至张华兼任中书郎时作。刘勰《文心雕龙·才略篇》则曰："张华短章，奕奕清畅，其《鹪鹩》寓意，即韩非之《说难》也。"①《说难》是韩非的名文，专论辩士游说君主的种种危难，及如何逢迎君主以达到游说目的。刘勰将《鹪鹩赋》比于韩非《说难》，是因为《鹪鹩赋》中有"色浅休陋，不为人用；形微处卑，物莫之害"之言，隐约透露出忧生惧祸之感，与韩非《说难》有异曲同工之妙。以此看来，《鹪鹩赋》作于出仕之后、景元四年之前似乎更合情理，姑系于此年。

咸熙二年(264)

张华三十三岁。兼中书郎，随司马昭西征钟会，回京之后即真。

《太平御览》卷五九七引《张华别传》曰："驾西征钟会，次长安。华兼中书侍郎，从行，掌军中书疏表檄，文帝善之。"则可知张华先前所任职的公府就是司马昭的幕府。西行之时，张华的才能被司马昭赏识，"朝议章奏多见施用"，故回京后即真。

泰始元年(265)

张华三十四岁。任黄门侍郎，爵关内侯。

《晋书》卷三十六《张华传》："晋受禅，拜黄门侍郎，封关

① 《增订文心雕龙校注》，575页。

内侯。”黄门侍郎掌侍从皇帝、传达诏令之职。

泰始五年(269)

张华三十八岁。作《王公上寿酒食举乐哥诗表》、《冬至初岁小会歌》、《宴会歌》、《命将出征歌》、《劳还师歌》、《中宫所歌》、《宗亲会歌》。

《宋书》卷十九《乐志》:“晋武太始五年，尚书奏使太仆傅玄、中书监荀勖、黄门侍郎张华，各造正旦行礼及王公上寿酒食举乐哥诗。”

据《晋书》卷二十二《乐志》载，《冬至初岁小会歌》、《宴会歌》、《命将出征歌》、《劳还师歌》、《中宫所歌》、《宗亲会歌》作于此年。

泰始七年(271)

张华四十岁。任中书令，荐陈寿为佐著作郎。

《晋书》卷八十二《陈寿传》:“司空张华爱其才，以寿虽不远嫌，原情不至贬废，举为孝廉，除著作佐郎。”案：张华拜司空时在元康六年正月(296)，此处乃旧史笔法，著张华最后官职，并非张华拜司空之后才推荐陈寿当佐著作郎。

张华与荀勖整理秘阁藏书。

《晋书》卷三十九《荀勖传》:“俄领秘书监，与中书令张华依刘向《别录》整理记籍。”

泰始九年(273)

张华四十二岁。作《正德舞歌》、《大豫舞歌》；加散骑常侍；丁母忧离职，和峤代理中书令。

《宋书》卷十九《乐志》："九年，荀勖遂典知乐事，使郭夏、宋识等造正德、大豫之舞，而勖及傅玄、张华又各造此舞哥诗。"

《晋书》卷三十六《张华传》："后加散骑常侍。遭母忧，哀毁过礼，中诏勉励，逼令摄事。"《三国志·蜀志》卷五："臣寿等言：臣前在著作郎，侍中领中书监济北侯臣荀勖、中书令关内侯臣和峤，奏使臣定《故蜀丞相诸葛亮故事》……泰始十年二月一日癸巳平阳侯相臣陈寿上。"张华丁忧离职，由和峤代理中书令，这是陈寿在上《蜀相诸葛亮集》中称其奉"中书监荀勖"、"中书令和峤"之命的原因。《诸葛亮目录》撰定于泰始十年，陈寿撰《诸葛亮故事》当在此前，故陆侃如先生系于此年张华丁母忧于太始九年。陆先生又云："我疑华在十年以前遭母忧而去职，所谓中诏令摄事，恐仅摄散骑而非中书。"案：《晋书》卷二十《礼志中》："太康七年，大鸿胪郑默母丧，既葬，当依旧摄职，固陈不起。于是始制大臣得终丧三年。"可知太康之前朝臣居丧离职止于葬期，既葬而后摄事，和峤代为中书令仅在张华葬母之前。

泰始十年(274)

张华四十三岁。作《元皇后哀策文》，与荀勖校试乐府乐器。

《晋书》卷三十一《武元皇后传》："太始十年崩于明光殿，绝于帝膝，时年三十七。"严可均《全晋文》中有张华《元皇后哀策文》，当作于此年。

《宋书》卷十一《律志》："泰始十年，中书监荀勖、中书令张华出御府铜竹律二十五具，部太乐郎刘秀等校试，其三具与杜夔及左延年律法同，其二十二具视其铭题尺寸，是笛律也。"

咸宁三年(277)

张华四十六岁。作《祖道赵王应诏诗》。

陆侃如《中古文学系年》引《晋书》卷三《武帝纪》："三年……八月癸亥……琅邪王伦为赵王。"又卷五十九《赵王伦传》："咸宁中，改封于赵，迁平北将军，督邺城守事。"丁福保《全晋诗》卷二载张华《祖道赵王应诏诗》有"光宅旧赵，作镇冀方"句，当作于此时。癸亥为二十一日。(671～672页)

咸宁五年(279)

张华四十八岁。力主灭吴。四月，以张华为度支尚书；张华与蜀人何攀等人画策。

《晋书》卷三十六《张华传》："初帝潜与羊祜谋伐吴，而群臣多以为不可，唯华赞成其计。其后祜疾笃，帝遣华诣祜，问以伐吴之计，语在《祜传》。及将大举，以华为度支尚书。"《太平御览》卷二百一十七引刘道荟《晋起居注》"咸宁五年"诏："其以散骑常侍、中书令张华为度支尚书。"《文选·晋纪总论》注引干宝《晋纪》："咸宁五年龙骧将军王濬上疏曰：'吴王荒淫，且宜征伐。'上将许之，贾充、荀勖等毕谏以为不可，张华固执之。杜预亦上疏。上先纳羊祜之谋，重以睿、预之决，乃发诏，诸方大举。"《华阳国志》卷十一《后贤志》："何攀入洛，与羊祜共画攻吴策，司空裴公奇其才，以女妻之。中书令张华命宿下舍，设诸难，攀皆通之。”

太康元年(280)

张华四十九岁。进封广武郡侯。作《封禅书》，建议封禅东岳。

《晋书》卷三十六《张华传》：“及吴灭，诏曰：尚书关内侯张华，前与故太傅羊祜共创大计，遂典掌军事，部分诸方，算定权略，运筹决胜，有谋谟之勋。其进封为广武县侯，增邑万户。封子一人为亭侯，千五百户。赐绢万匹。”

《晋书》卷四十一《魏舒传》：“太康初，拜右仆射，舒与卫瓘、山涛、张华等以六合混一，宜用古典，封禅东岳。前后累陈其事，帝谦让不许。”《封禅书》今不传。陆云《与兄平原书》云：“顷得张公封禅事，平平耳；不及李氏其文无比。”又云：“寻得李宠劝封禅草，信自有才，颇多烦长耳，令送。间人又有张公所作，已令写别送。”

太康三年(282)

张华五十一岁。建议由齐王攸继位，失武帝意；又被荀勖构陷，出督幽州诸军事。

《晋书》卷三十六《张华传》：“而荀勖自以大族，恃帝恩，深憎疾之；每伺间隙，欲出华外镇。会帝问华谁可寄托后事者，对曰：‘明德至亲莫如齐王攸。’既非上意所在，微为忤旨，间言遂行。乃出华为持节都督幽州诸军事，领护乌桓校尉、安北将军。”

《晋书》卷三《武帝纪》“太康三年”：“春正月，丁丑，罢秦州，并雍州。甲午，以尚书张华都督幽州诸军事。”

《北齐书》：“张华原为兖州刺史，狱有系囚，乃谓之曰：三元之始，念卿幽闭，今给假五日，足得展谒亲族，期尽当还也。囚果应期而至。”

太康六年(285)

张华五十四岁。征为太常。

《晋书》卷三十六《张华传》：“初，华毁征士冯恢于帝。紞即恢之弟也，深有宠于帝。紞尝侍帝，从容论魏晋事。因曰：‘臣切谓钟会之衅颇由太祖。’……帝曰：‘当今岂有如会者乎？’紞曰：‘东方朔有言谈何容易。易曰：臣不密则失身。’帝乃屏左右曰：‘卿极言之。’紞曰：‘陛下谋谟之臣着大功于天下，海内莫不闻知。据方镇总戎马之任者，皆在陛下圣虑矣。’帝默然。顷之，征华为太常。”

三月三日，武帝宴群臣于华林园。张华作《太康六年三月三日后园会诗》四章。

《晋起居注》曰：太常张华上书，按旧事拜公建始殿，因以小会。盖所以崇宰辅也。

太康十年(289)

张华五十八岁。陆机、陆云入洛，张华为之力荐诸公。以太庙梁折被免官。

《晋书》卷五十四《陆机传》：“至太康末，与弟云俱入洛，造太常张华。华素重其名，如旧相识，曰：‘伐吴之役，利获二俊。’……张华荐之诸公，后太傅杨骏辟为祭酒。”

《晋书》卷三十六《张华传》："陆机兄弟志气高爽，自以吴之名家，初入洛，不推中国人士，见华一面如旧，钦华德范，如师资之礼焉。"

《晋书》卷三十六《张华传》："以太庙屋栋折免官，遂终帝之世，以列侯朝见。"关于太庙梁折的时间，诸本所载略有差别。《晋书》卷三《武帝纪》"太康五年"："五月丙午，宣帝庙梁折。"又《晋书》卷三《武帝纪》"太康八年"："春正月戊申朔，日有蚀之。太庙殿陷。"万斯同《晋将相大臣年表》、陆侃如《中古文学系年》系于太康八年。案：太康五年张华犹任幽州刺史，而太康八年乃太庙陷，并非梁折。《唐开元占经》卷一一四引干宝《晋纪》："武帝太熙元年，太庙梁折，四月世祖崩。"《晋书》卷三《武帝纪》"太康十年"："十二月庚寅，太庙梁折。"可知张华免官应是在太康十年十二月或太熙元年，这两个时间非常接近，其一可能是史臣误载。

永熙元年/永平元年(290)

张华五十九岁。为太子少傅，其子张祎入太子府。

《晋书》卷五十六《愍怀太子传》："惠帝即位，立为皇太子，盛选德望以为师傅。……张华为少傅……元康元年出就东宫，又诏曰：遹尚幼蒙，今出东宫，惟当赖师傅群贤之训，其游处左右宜得正人，使共周旋，能相长益者。于是使太保卫瓘息庭、司空泰息略、太子太傅杨济息毖、太子少师裴楷息宪、太子少傅张华息祎、尚书令华廙息恒，与太子游处，以相辅导焉。"

元康元年(291)

张华六十岁。议废杨太后事，拜右光禄大夫，侍中，中书监。作《女史箴》。

《晋书》卷三十六《张华传》："惠帝即位，以华为太子少傅，与王戎、裴楷、和峤俱以德望为杨骏所忌，皆不与朝政。及骏诛后，将废皇太后，会群臣于朝堂，议者皆承望风旨，以为《春秋》绝文姜，今太后自绝于宗庙，亦宜废黜。惟华议以为：'夫妇之道，父不能得之于子，子不能得之于父，皇太后非得罪于先帝者也。今党其所亲，为不母于圣世，宜依汉废赵太后为孝成后故事，贬太后之号，还称武皇后，居异宫，以全贵终之恩'。不从，遂废太后为庶人。"《晋书》卷四《惠帝纪》"永平元年"："贾后矫诏废皇太后为庶人。"

《晋书》卷三十六《张华传》："及玮诛，华以首谋有功，拜右光禄大夫、开府仪同三司、侍中、中书监，金章紫绶。固辞开府。"据万斯同《晋将相大臣年表》，中书监和峤三月卒，张华六月迁中书监。

《太平御览》卷二百四十三引《晋起居注》：元年诏曰："中书监光禄大夫张华，历世腹心，情所凭赖，故畴其勋绩，使仪同三司而虚冲挹损，难违高尚。其以光禄大夫仪同三司，本职如故。"又给亲信满百人。

《太平御览》卷一百四十五引《晋记》："元康中，司空张华惧后族之盛，乃作《女史箴》。"《文选注》卷五十六《女史箴》篇李善注引曹嘉之《晋纪》曰："张华惧后族之盛，作《女史箴》也。"

元康三年(293)

张华六十一岁。封壮武郡公。

《晋书》卷三十六《张华传》:“久之，论前后忠勋，进封壮武郡公。华十余让，中诏敦譬，乃受。”陆侃如《中古文学系年》系于此年(749页)。

作《祖道征西应诏诗》及《祖道赵王应诏诗》。此两首诗内容很相近，开篇述大晋功德，再述王公德行，出行的壮观场面，以及群臣相送的情景，

元康五年(295)

张华六十三岁。救武库火灾。

《晋书》卷四《惠帝纪》:“五年……冬十月，武库火焚累代之宝。”

《晋书》卷三十六《张华传》:“武库火，华惧因此变，作列兵固守，然后救之。故累代之宝，及汉高斩蛇剑、王莽头、孔子履等尽焚焉。”

元康六年(292)

张华六十四岁。拜司空、领著作。张华辟束晳、薛兼等人。作《祖道征西应诏诗》。

《晋书》卷四《惠帝纪》:“六年春正月，大赦。司空下邳王晃薨，以中书监张华为司空。”本传云:“代下邳王晃为司空，领著作。”

《晋书》卷四《惠帝纪》:“六年……五月……征征西大将军为车骑将军，以太子太保梁王肜为征西大将军，都督雍、梁二

州诸军事，镇关中。”

《晋书》卷六十八《薛兼传》：“少与同郡纪瞻、广陵闵鸿、吴郡顾荣、会稽贺循齐名，号为五儁。初入洛，司空张华见而奇之曰：‘皆南金也。’”

《艺文类聚》卷七十五引《竹林七贤论》：“王济尝解禊洛水，明日或问王济曰：‘昨日又有何议论?’济曰：‘张华善说史、汉，裴逸人叙前言往行，衮衮可听，安丰侯道子房季札之间，超然玄著。’”又见《初学记》四、《北堂书钞》卷一百五十五、《太平御览》卷三十引。

《世说新语》卷上之上《言语》：“诸名士共至洛水戏，还，乐令问王夷甫曰：‘今日戏乐乎?’王曰：‘裴仆射善谈名理，混混有雅致；张茂先论史、汉，靡靡可听；我与王安丰说延陵、子房，亦超超玄著。’”

元康八年(298)

张华六十六岁。拒绝刘卞废后之议。

《太平御览》卷二百四十七引王隐《晋书》：“刘卞为愍怀太子左率，知贾后必害太子，乃问张华，华曰：‘君欲如何?’卞曰：‘东宫俊乂如林，四率精兵万人。公居阿衡之任，若得公命，皇太子因朝使录尚书事，废贾后于金墉，两黄门力耳!’华曰：‘废立大事，又非所能。’贾后微闻，迁卞为雍州刺史。卞恐终露，乃服药卒。”

元康九年(299)

张华六十七岁。谏废太子事。

《晋书》卷三十六《张华传》："及帝会群臣于式乾殿，出太子手书，遍示群臣，莫敢有言者。惟华谏曰：'此国之大祸。自汉武以来，每废黜正嫡，恒至丧乱。且国家有天下日浅，愿陛下详之。'尚书左仆射裴頠以为宜先检校传书者，又请比校太子手书，不然，恐有诈妄。贾后乃内出太子素启事十余纸，众人比视，亦无敢言非者，议至日西不决，后知华等意坚，因表乞免为庶人，帝乃可其奏。"

永康元年(300)

张华六十八岁。被害。

《太平御览》卷六百四十六引《晋朝杂事》："夜遣通事令史张林、黄门令史骆休，开神虎门迎故太傅赵王至太极殿前，召收中书监张华、侍中贾谧、尚书裴頠、解结、侍郎杜斌等，斩之于东钟下。华等大呼，自称忠臣。张林诘之曰：'公等知太子无罪，何不谏？谏若不从，何不去也？'遂斩之。"

萧方等《三十国春秋》曰：晋永康元年正月大会，有鸠入御坐武帐中，拂司空张华之冠。

刘颂为吏部尚书，及赵王伦之害张华也。颂哭之甚恸，闻华子得逃，喜曰：茂先卿尚有种。伦党张林闻之大怒，惮颂持正而不能害也。

参考文献

汉 司马迁.《史记》. 中华书局 1959 年

汉 班固.《汉书》. 中华书局 1962 年

汉 班固撰 清 陈立疏证 吴则虞点校.《白虎通疏证》. 中华书局 1994 年

汉 王充撰 黄晖校释.《论衡校释》. 中华书局 1990 年

魏 曹植撰 赵幼文校注.《曹植集校注》. 人民文学出版社 1984 年

魏 王粲撰 俞绍初校.《王粲集》. 中华书局 1980 年

魏 阮籍撰 陈伯君校注.《阮籍集校注》. 中华书局 1987 年

魏 嵇康撰 戴明扬校注.《嵇康集校注》. 人民文学出版社 1962 年

晋 张华撰 范宁校证.《博物志校证》. 中华书局 1980 年

晋 张华撰 祝鸿杰译注.《博物志全译》. 贵州人民出版社 1992 年

晋 潘岳撰 王增文校注.《潘黄门集校注》. 中州古籍出版社 2002 年

晋 潘岳撰 董志广校注.《潘岳集校注》. 天津古籍出版社 2005 年

晋 嵇含撰 张宗子辑注.《嵇含文辑注》. 中国农业科技出版社 1992 年

晋 陆机撰 郝立权注.《陆士衡诗注》. 人民文学出版社 1958 年

晋 陆机撰 张少康集释.《文赋集释》. 人民文学出版社 2002 年

晋 陆机撰 金涛声点校.《陆机集》. 中华书局 1982 年

晋 陆云撰 黄葵点校.《陆云集》. 中华书局 1988 年

晋 陈寿.《三国志》. 中华书局 1959 年

晋 范晔.《后汉书》. 中华书局 1965 年

晋 常璩撰 任乃强校注《华阳国志校补图注》. 上海古籍出版社 1987 年

晋 干宝等撰 清 汤球辑《九家旧晋书辑佚》.《丛书集成初编》本

晋 崔豹撰 焦杰校点 .《古今注》. 辽宁教育出版社 1998 年

晋 葛洪撰 杨明照校笺:《抱朴子外篇校笺》, 中华书局 1997 年

晋 干宝撰 汪绍楹校注 .《搜神记》. 中华书局 1979 年

晋 王嘉撰 梁 萧绮录 .《拾遗记》. 中华书局 1986 年

晋 陶渊明撰 袁行霈笺注 .《陶渊明集笺注》. 中华书局 2003 年

宋 沈约 .《宋书》. 中华书局 1974 年

宋 刘义庆撰 余嘉锡笺疏 .《世说新语笺疏》. 中华书局 1983 年

宋 刘义庆撰 徐震堮校笺 .《世说新语校笺》. 中华书局 1984 年

宋 鲍照撰 清 钱振伦集注 .《鲍参军集注》. 上海古籍出版 1980 年

梁 钟嵘撰 曹旭集注 .《诗品集注》. 上海古籍出版社 1994 年

梁 刘勰撰 范文澜校注 .《文心雕龙校注》. 中华书局 1961 年

梁 萧统编 唐 李善注 .《文选》. 中华书局影印本 1977 年

陈 徐陵编 清 吴兆宜笺注 .《玉台新咏笺注》. 中华书局 1958 年

唐 房玄龄 .《晋书》. 中华书局 1974 年

唐 李延寿 .《南史》. 中华书局 1975 年

唐 李延寿 .《北史》. 中华书局 1974 年

唐 魏征 .《隋书》. 中华书局 1973 年

唐 吴兢 .《贞观政要》. 中华书局 2009 年

唐 瞿昙悉达 .《开元占经》. 台湾“商务印书馆”1969 年

唐 徐坚等 .《初学记》. 中华书局 2004 年

唐 虞世南 .《北堂书钞》. 中国书店 1989 年影印南海孔氏三十有三万卷堂校注重刊影宋本

唐 欧阳询 .《艺文类聚》. 上海古籍出版社 1982 年

唐 白居易.《白氏六帖》. 上海古籍出版社 1992 年

唐 张彦远.《历代名画记》. 人民美术出版社 1963 年

后晋 刘昫等.《旧唐书》. 中华书局 1975 年

宋 李昉等.《太平广记》. 中华书局 1961 年影印本

宋 李昉等.《太平御览》. 中华书局 1960 年影印本

宋 王钦若等.《册府元龟》. 中华书局 1960 年

宋 欧阳修 宋祁等.《新唐书》. 中华书局 1975 年

宋 欧阳修 宋祁撰 赵超集校.《新唐书宰相世系表集校》. 中华书局 1998 年

宋 司马光等撰 胡三省音注.《资治通鉴》. 中华书局 1956 年

宋 杨万里.《诚斋集》. 四部丛刊影宋写本

宋 晁公武撰 孙猛校证.《郡斋读书志校证》. 上海古籍出版社 1990 年

宋 陈振孙.《直斋书录解题》. 上海古籍出版社 1987 年

宋 吴棫.《韵补》. 中华书局 1987 年

宋 郭茂倩.《乐府诗集》. 中华书局 1979 年

宋 李石.《续博物志》. 丛书集成初编第 1343 册. 商务印书馆 1936 年

宋 魏庆之.《诗人玉屑》. 上海古籍出版社 1959 年

元 陶宗仪.《说郛》. 上海古籍出版社 1988 年

明 许学夷.《诗源辨体》. 人民文学出版社 1987 年

明 谢榛.《四溟诗话》. 上海古籍出版社 1990 年

明 王世贞.《艺苑卮言》. 人民文学出版社 1961 年

明 安磐.《颐山诗话》. 台湾"商务印书馆"1986 年影印本

明 何孟春.《余冬诗话》.《丛书集成初编本》. 中华书局 1985 年

明 董斯张.《广博物志》. 上海古籍出版社 1992 年

明 游潜.《博物志补》. 清康熙刻本. 北京大学图书馆藏

明 胡应麟.《少室山房笔丛正集》. 上海书店出版社 2001 年

明 解缙 姚广孝等.《永乐大典》. 中华书局1986年

明 张溥.《汉魏六朝百三名家集》. 上海古籍出版社1994年

明 张溥撰 殷孟伦注.《汉魏六朝百三家集题辞注》. 人民文学出版社1960年

明 梅鼎祚.《历代文纪》. 台湾“商务印书馆”1986年影印文渊阁四库全书第1398册

明 冯惟讷.《古诗纪》. 台湾“商务印书馆”1986年影印文渊阁四库全书第1379册

清 徐寿基.《续广博物志》. 清光緒12年刻本. 北京大学图书馆藏

清 王夫之等.《清诗话》. 上海古籍出版社1963年

清 王夫之撰 张国星点校.《古诗评选》. 文化艺术出版社1997年

清 钱谦益.《绛云楼书目》. 商务印书馆丛书集成初编1935年

清 严可均.《全上古三代秦汉三国六朝文》. 中华书局1958年影印广雅书局刻本

清 刘熙载.《艺概》. 上海谷涧出版社1978年

清 何文焕.《历代诗话》. 中华书局1981年

清 马国翰.《玉函山房辑佚书》. 中华书局1990年

清 孙志祖.《读书脞录》. 光绪丁亥秋醉六堂刻本

清 何焯.《义门读书记》. 中华书局1987年

清 陈元龙.《历代赋汇》. 台湾“商务印书馆”1986年影印文渊阁四库全书第1419—1422册

清 丁福保.《历代诗话续编》. 中华书局1983年

清 丁福保.《全汉三国晋南北朝诗》. 中华书局1959年

清 王夫之.《读通鉴论》. 中华书局1975年

清 吴士鉴 刘承干.《晋书斠注》. 民国十六年嘉业堂刻本

清 万斯同.《晋将相大臣年表》.《二十五史补编》，中华书局1955年

清 周中孚.《郑堂读书记》. 商务印书馆 1959 年

清 永瑢等.《四库全书总目》. 中华书局 1965 年

清 李道平.《周易集解纂疏》. 中华书局 1993 年

清 马辰瑞.《毛诗传笺通释》. 中华书局 1989 年

清 郭庆藩.《庄子集释》. 中华书局 1961 年

清 沈德潜.《古诗源》. 中华书局 2006 年

清 杨伦.《杜诗镜铨》. 上海古籍出版社 1980 年

清 何焯.《义门读书记》. 中华书局 1987 年

清 陈祚明.《采菽堂古诗选》三十八卷补遗四卷. 乾隆十三年刻本

清 叶燮 薛雪 沈德潜.《原诗·一瓢诗话·说诗晬语》. 人民文学出版社 1979 年

余嘉锡.《四库全书总目提要辨证》. 中华书局 1980 年

程树德.《论语集释》. 中华书局 1990 年

刘师培.《中古文学论著三种》. 辽宁教育出版社 1997 年

刘师培:《中国中古文学史讲义》. 人民大学出版社 2004 年

陈寅恪.《金明馆丛稿初编》. 生活·新知·读书三联书店 2001 年

郭绍虞.《清诗话续编》. 上海古籍出版社 1983 年

汤用彤.《魏晋玄学论稿》. 生活·新知·读书三联书店 2009 年

姜亮夫.《陆平原年谱》. 古典文学出版社 1957 年

姜亮夫.《张华年谱》古典文学出版社 1957 年

陆侃如.《中古文学系年》. 人民文学出版社 1998 年

陆侃如.《左思练都考》.《北京大学五十周年纪念论文集》单行本

刘大杰.《魏晋思想论》. 上海古籍出版社 1998 年

刘汝霖.《汉晋学术编年》. 商务印书馆 1935 年

刘汝霖.《东晋南北朝学术编年》. 中华书局 1987 年

黄节.《汉魏乐府风笺》. 中华书局 2008 年

逯钦立辑校.《先秦汉魏晋南北朝诗》. 中华书局 1983 年

唐长孺.《魏晋南北朝隋唐史三论》. 武汉大学出版社 1992 年

唐长孺.《士族的形成和升降》.《唐长孺文存》. 上海古籍出版社 2006 年

田余庆.《东晋门阀政治》. 北京大学出版社 1991 年

张少康.《文赋集释》. 人民文学出版社 2002 年

曹道衡 沈玉成.《中古文学史料丛考》. 中华书局 2003 年

林庚等.《魏晋南北朝文学史参考资料》. 中华书局 1962 年

叶嘉莹.《汉魏六朝诗讲录》. 河北教育出版社 1997 年

楼宇烈.《老子道德经注校释》. 中华书局 2008 年

罗宗强.《玄学与魏晋士人心态》. 南开大学出版社 2003 年

罗宗强.《魏晋南北朝文学思想史》. 中华书局 1996 年

袁行霈 侯忠义.《中国文言小说书目》. 北京大学出版社 1981 年

袁行霈.《中国文学概论》. 高等教育出版社 1990 年

徐公持.《魏晋文学史》. 人民文学出版社 1999 年

钱志熙.《魏晋诗歌艺术原论》(修订本). 北京大学出版社 2005 年

钱志熙.《魏晋南北朝诗歌史述》. 北京大学出版社 2005 年

刘跃进.《中古文学文献学》. 江苏古籍出版社 1997 年

范子烨.《中古文人生活研究》. 山东教育出版社 2001 年

姜剑云.《太康文学研究》. 中华书局 2003 年

叶枫宇.《西晋作家的人格与文风》. 上海三联书店 2006 年

王晓毅.《郭象评传附向秀评传》. 南京大学出版社 2006 年

胡大雷.《中古文学集团》. 广西师范大学出版社 1996 年

潘建国.《中国古代小说书目研究》. 上海古籍出版社 2005 年

傅刚.《魏晋南北朝诗歌史论》. 吉林教育出版社 1995 年

李剑国.《唐前志怪小说史》. 天津教育出版社 2005 年

王志平.《中国学术史·三国两晋南北朝卷》. 江西教育出版社 2001 年

范崇高.《中古小说校释集稿》. 巴蜀书社 2006 年

朱一玄 宁稼雨 陈桂声.《中国古代小说总目提要》. 人民文学出版社 2005 年

孙启治 陈建华.《古佚书辑本目录》. 中华书局 1997 年

杜松柏.《清诗话访佚初编》. 台北新文丰出版公司 1987 年

唐久宠.《张华博物志的编成及其内容》.《中国古典小说研究专集》(2). 台北联经出版事业有限公司 1980 年

祝总斌.《"八王之乱"爆发原因试探》.《北京大学学报》. 1980 年第 6 期

傅璇琮.《中古文学丛考》.《中华文史论丛》. 1981 年第 3 辑

曹旭.《论西晋诗人张华》.《上海师范大学学报》. 1990 年第 4 期

卢红.《〈博物志校证〉札记》.《南京师范大学学报》1992 年第 1 期

沈玉成.《〈张华年谱〉〈陆平原年谱〉中的几个问题》.《文学遗产》. 1992 年第 3 期

祝鸿杰.《〈博物志校证〉补校》.《文献》. 1994 年第 1 期

汪春泓.《从东吴学术文化特点看陆机文学理论和创作》.《复旦学报》(社会科学版). 1999 年第 5 期

姜剑云.《论张华人生道路与人格精神》.《山西大学师范学院学报》. 2002 年第 1 期

朱晓海.《陆云〈与兄平原书〉臆次徧说》.《燕京学报辑刊》. 新九期

朱晓海.《潘岳论》.《燕京学报辑刊》新十五期

王媛.《〈博物志〉的成书、体例与流传》.《中国典籍与文化》. 2006 年第 4 期

跃进.《江南的开发及其文学的发轫》.《文学遗产》. 2007 年第

3 期

曹旭 .《张华“情多”的意义》.《文史知识》. 2008 年第 1 期

常为群 .《西晋诗歌研究》. 南京师范大学 2002 年博士论文。

(日)遍照金刚撰 卢盛江考注 .《文镜秘府论汇校汇考》. 中华书局 2006 年

(日)藤原佐世 .《日本国见在书目录》. 中华书局丛书集成初编本 1991 年

(日)兴膳宏 .《六朝文学论稿》. 岳麓书社 1986 年

(日)佐藤利行 .《西晋文学研究》. 中国社会科学院出版社 2004 年

(日)佐竹保子 .《西晋文学论》. 汲古书院平成十四年二月十三日发行

(日)田中顺子 .《自薦状としての張華「鷦鷯賦」》.《九州大學中国文学論集既刊号目次》第 15 号

(日)佐竹保子 .《张华乐府的三个特点》.《中日学者中国学论文集——中岛敏夫教授汉学研究五十年志念文集》. 复旦大学出版社 . 2006 年 10 月

后　记

本书是在我的博士论文《张华研究》的基础上修改而成。

2005年我从广州负笈北上，来到北京大学中文系跟随袁行霈先生读书。在先生的指导下，确立了《张华研究》作为博士论文的题目。

先生让我对张华的诗文集和《博物志》进行辑佚、校注，从而培养古籍整理的能力。这个环节不仅为本书的写作全面搜集文献材料，还对我后来从事古籍整理与研究工作深有影响。对于论文的写作训练方面，先生希望我不要局限于研究张华本人，而是以此作为观察整个西晋文坛发展变化的窗口。遗憾的是，我当时未能对先生的意思理解透彻，许多论文的细节没有做好。后来到北师大古籍所工作，应单位科研转型的要求开始接触元代的文学、文献研究，不知不觉疏远了魏晋文学研究的领域。直到不久之前才抽出时间来对论文进行一番修改，最后形成了这份书稿。尽管这份书稿对毕业论文的修正幅度较大，但还远远达不到先生的要求，我自己也不能感到十分满意。

本书的部分内容曾以单篇论文的形式发表在期刊上凡三篇：《〈博物志〉的成书、体例与流传》发表于《中国典籍与文化》2006年第4期，《试论张华对太康文学的推动作用》发表于《国学研究》第28卷，《〈博物志〉文献问题及其原因》发表于《古籍整理研究学刊》2013年第4期。另外，原稿附录《范宁〈博物志〉佚文补正》和《〈博物志校证〉补校》两篇文章，因中华书局重印范宁先生《博物志校证》，拟采录以附骥之尾，故本书撤去不收。

从当初确立博士论文题目到现在已经将近十年，我的身份也发生了许多变化。首先是从学生转变成老师。这个转变历经多年之后才逐渐适应过来，但当初的那种惶恐心情丝毫没有减少，经常还要揣着藏拙的念头。其次是由单身而成立了家庭。成家之后再没有无所牵挂的自在，每天汩没于生活的柴米油盐中，时常以各种琐事作为怠惰的借口，难得有一段完整悠长的时间来读书。

这几年中，母亲离世在我心里留下很深的悲痛，女儿出生又给我们的家庭带来许多欢乐，岁月就这样在悲喜交感中慢慢流走。忙碌是我生活的常态。每天早上睁开眼，脑袋里就会涌进许多事情，开始想今天必须做什么。除了计划中的事情，还经常有突然发生的事情。似乎一直在做事，回过头看又常常感到一无所得。这种茫然已经持续了很久，也许还要存在很长一段时间。

常怀惭愧之心，常怀感恩之心，这是先生对我们的教导。回想在北大读书时期，先生和师母杨贺松老师对我从学习到生活都关怀备至，使我享有一段长达四年的美好读书岁月，他们的崇高风范在我心里永志难忘。

外子陈伟文为了迁就我的工作需要而在生活中承担了许多家务劳动，如果不是这样，他完全可以取得更多、更好的科研成绩。每念及此，我总是心怀感激。

我的同门学长徐建委在本书申请出版基金过程中给予了大力支持，北师大出版社谭徐锋老师和曾忆梦老师为本书出版付出许多工作，在此略表谢忱。

对于本书中可能存在的错误和不足，真诚祈望同行专家指正。

王　媛

2014年2月20日